JN302492

山口大学大学院東アジア研究科 東アジア研究叢書1

東アジアの格差社会

・

横田伸子・塚田広人 編著

御茶の水書房

『山口大学大学院東アジア研究科 東アジア研究叢書』の
刊行について

　このたび、山口大学大学院東アジア研究科では、東アジア研究叢書を刊行する運びとなりました。私達は、東アジア研究科における研究・教育活動が、山口大学のみならず、日本の東アジア地域研究の発展の一助となることを願って、この東アジア研究叢書シリーズを発刊いたします。本書『東アジアの格差社会』は、その研究叢書シリーズの第一冊目として上梓されるものです。
　山口大学大学院東アジア研究科は、2001年4月に山口大学に開設された後期博士課程のみの研究科です。東アジア研究科は、アジアで指導的役割を果たす高度専門職業人として活躍できる人材の養成を目的として設立されました。開設当初は、研究教育の基盤を「東アジア経済・経営・法律コース」と「東アジア比較文化コース」の2つの領域としていましたが、その後2004年4月からは「東アジア教育開発コース」が加わり、現在に至っています。この約10年間で、修了生の多くが、東アジア各地域の大学や教育機関、研究機関等で活躍しています。
　山口大学は、主に韓国、中国、台湾、日本からなる東アジアという地域の教育と研究に長い伝統と蓄積を有してきました。しかし、グローバル化の進展とともに、東アジア地域を含むアジア諸地域全体がいっそう緊密に結ばれつつあることから、東アジア研究科の研究・教育対象も、西はミャンマーから東はシベリア辺りまで拡大しつつあります。
　さらに、東アジア研究科の特色ある活動として、多様な専門分野や地域について研究する研究者による学際的なプロジェクト研究を挙げることができます。今年度は、「教育の現代的課題とその探究」、「東アジアにおける文化伝承の研究」、「東アジアにおける医療供給体制と企業の役割」、「東アジアに固有の格差の実態と展望に関する総合的・実証的比較研究」の4つのプロジェクト研究が進められてきました。このうち、格差の実態と展望に関するプロジェクト研究の発展として、本研究科では2010年12月11日に、斯界の著名な研究者

の方々にもご協力をいただき東アジア国際学術フォーラム「東アジアにおける格差拡大と諸問題」を開催しました。同プロジェクト研究と同フォーラムの成果をもとに、このたび本書が刊行の運びとなりました。本書が今後、東アジアの格差問題の研究を一層進展させるための契機となれば望外の幸せです。

なお、本書は、山口大学経済学部同窓会鳳陽会の杉フジ様からいただいた御寄付を基に刊行されます。また、本書の基礎となった国際フォーラムの開催にあたっては、山口県医師会、山口大学教育研究後援財団、山口大学教育学部、同人文学部、同経済学部学術振興基金等から財政面をはじめとする多大のご援助をいただきました。ここに記して厚くお礼申し上げます。

東アジア研究科では、今後とも東アジアの現代的課題を学際的に捉えて研究を進めてまいる所存です。そして、その成果を引き続き東アジア研究叢書として公表したいと考えております。皆さまからの御教示、御協力のほどよろしくお願いいたします。

2012年3月

山口大学大学院東アジア研究科長

福田　隆眞

序　文

横田　伸子

本書の問題意識

　本書は、2010年12月11日に山口大学大学院東アジア研究科と経済学部の共催で開催された、東アジア国際学術フォーラム「東アジア社会における格差拡大と諸問題」の報告と議論の内容を中心に、東アジアにおける社会・経済システムの変化と格差問題に関する論文を加えて編まれたものである。

　現在、経済のグローバル化の進展とともに、全世界的に社会の様々な局面で格差が拡大し、貧困や社会的排除といった深刻な諸問題を引き起こしている。このような「1％の富裕層が富を支配する」社会の両極化に対する不満と怒りは、2011年9月に「ウォール街を占拠せよ!!」のスローガンとともに、若者を中心にニューヨークで始まった「オキュパイ（＝ occupy）運動」で爆発し、大きなうねりとなって瞬く間に世界中に拡がった。このような社会的な格差拡大は東アジアにおいても例外なく現れ、オキュパイ運動は東アジアの主要都市でもやはり若者を中心に激しく繰り広げられた。しかし、格差拡大によって引き起こされている諸問題は、東アジア社会共通の性格を帯びながら、同時に、各地域特有の社会状況の下でそれぞれの特徴をもって顕在化しているのも事実である。

　そこで、本書では、日本、韓国、中国における社会的格差拡大について、地域間の比較ができるよう、社会的排除、雇用、医療の問題に焦点をあて、その実態をそれぞれの地域を研究する研究者が、社会経済構造の深みから明らかにする。さらに、これらの問題に対して、各国政府がどのような社会政策を展開し、市民運動や労働運動が問題解決のためにどのような対案を提起しているのかも併せて見ていこうとするのである。

本書の構成

本書は4部構成からなっている。すなわち、第Ⅰ部 東アジアにおける社会・経済システムの変化と格差問題、第Ⅱ部 東アジアにおける格差拡大と社会的排除、第Ⅲ部 東アジアにおける非正規雇用の拡大と新たな労働運動の展開、第Ⅳ部 東アジアにおける健康格差と医療保障制度の課題である。それぞれのテーマについて、日本、韓国、中国で比較できるような構成にした。また、各テーマは相互関連が強いので、第Ⅰ部から第Ⅳ部を地域ごとに通読すると、各地域の社会・経済システムと格差拡大問題との関係性を構造的に理解するのに大いに役立つであろう。

以下、簡単に本書の内容を紹介する。

第Ⅰ部 東アジアにおける社会・経済システムの変化と格差問題

第Ⅰ部では、東アジアの格差社会の実態について考察する前に、グローバル化の流れの中で日本、韓国、中国の社会・経済システムがどのように変化し、それが格差問題とどのように繋がっていったかを考察する。

第1章「社会システムと格差問題」（塚田広人）では、社会システム全体の中での格差問題の位置づけを行っている。すなわち、格差問題をその中に含む全体構造としての社会システムの構造と機能を考察した上で、そこでの格差拡大が社会的にどのような意味を持つのかを論ずるという、本書の総論的な論文である。塚田は、格差問題を分配ルールと分配結果における問題と考え、格差問題を考えるための枠組みとして、社会的分配ルールの全体構造を把握する必要があると述べる。つまり、人間の分配行動は、自愛と友愛という二つの基本的行動動機を基礎とし、その上で効率性・公正性・友愛性の三つの基本的行動基準に照らして行われるというのである。それに加えて、市場経済社会では利潤の最大化というもう一つの行動基準が、公正性をはじめとするいくつかの分野で重要な問題を生んでいることを論じる。そして、市場経済社会における社会参加の機会の分配の問題を、自然資源の分配、雇用（労働）機会の分配、教育機会の分配から考察する。

第2章「韓国における『IMF経済危機』以降の組立型工業化と労働の非正規化」（横田伸子）では、1998年の「IMF経済危機」以降の韓国で、なぜ、労

働の非正規化が急速に進み深刻な社会問題となったのかについて、生産体制の変化にともなう労働力構造の変化と関連づけながら論じている。とくに、1987年の労働者大闘争以降、強力な労働組合運動を背景に内部労働市場を形成しつつあった大企業の男性正規労働者が、IMF 経済危機以降、なぜ、外部労働市場の非正規労働者に容易におきかえられていったのかを解明しようとするものである。ここでは、韓国の経済発展メカニズムを技術蓄積と技能形成から分析し、「技術・技能節約的発展」と特徴づけた服部民夫の組立型工業化論を手がかりにして、韓国の生産体制とそれに対応した技術・技能労働力の質の変化について考察している。具体的には、IMF 経済危機以降、韓国の成長と輸出を主導した製造業企業で急速に進んだモジュール型生産システムの導入と拡大にともなう労働力構造の変化の実態を、労働の非正規化を促す「脱熟練化」を軸に、事例分析とマクロ統計分析の両方から明らかにする。

第3章「中国における労働力コストの上昇と成長モデルの転換——和諧社会の構築に向けて——」(陳建平) では、中国の労働力不足による労働力コストの上昇が、従来の廉価で豊富な労働力資源に依拠した成長モデルの転換を促す構図を描いて見せる。まず、中国の労働力不足に関する議論を紹介し、とくにルイスの転換点を通過したか否か、人口ボーナスと過去30年間にわたる経済成長の関連について吟味する。加えて、廉価な労働力が無尽蔵でなくなり、賃金上昇を引き起こした要因についても検討する。つまり、経済発展の波が、これまで中国の経済成長を牽引した沿海部から中西部の内陸部に移っていることで、内陸部・農村部の余剰労働力、とくに農民工の需給構造に変化をもたらしているのではないかという仮説を立てるのである。さらに、こうした労働力需給構造の変化は、労働者収奪の上に成り立つ輸出主導型成長モデルに転換を迫るものであると論じている。その根拠として、2000 年代以降の、底辺労働者を始めとする労働者の権利を擁護する法制度制定の流れを示す。陳は、こうした内需主導型経済への転換を促す政策が、経済成長の歪みである地域・社会階層間の格差拡大や社会の不安定化を是正し、調和の取れた和諧社会構築への道筋を示すと展望している。

第4章「世代を越えた格差の固定化と学校教育の役割」(石井由理) では、日本において、社会的排除や社会的格差が教育機会の格差を生み、さらにその

ことが、世代を超えてさまざまな格差を固定化させるという認識が生じた要因について、教育を巡る社会システムの変化の視点から論じている。近年、低学歴の人ほど社会的排除を受けやすく、親の経済力が子どもの教育を受ける機会を左右し、子どもが受けた教育が彼らの将来の職業選択ひいては所得に大きな影響を与えている。その結果として、親から子への貧困や社会的排除の継承及び世代を超えた格差の固定化が懸念される。しかし、高度経済成長期やバブル経済の時代には、学校教育はむしろ、進学機会の選択における親の経済力と子どもの学力の階層間格差を縮小し、社会階層を上昇させるような、格差を固定させない機能を持つものと考えられていた。ところが2000年代に入って、社会階層移動と教育との関係に対する一般社会の認識が変化したのである。本章では、なぜ、このような認識の変化が生じたのかついて、内外の教育社会学における研究文献の丹念なサーベイを通じて考察している。

第Ⅱ部 東アジアにおける格差拡大と社会的排除
第Ⅲ部 東アジアにおける非正規雇用の拡大と新たな労働運動の展開

第Ⅱ部から第Ⅳ部の論文は、東アジア国際学術フォーラム「東アジア社会における格差拡大と諸問題」における報告をもとに本書に収録されたものである。

第Ⅱ部では、日本、韓国、中国における格差拡大と社会的排除の実態を、それぞれの研究者の視点から考察している。すなわち、第5章「若者と社会的排除――日本のネットカフェ生活者の相談データから――」(岩田正美)、第6章「韓国の労働市場の構造と社会的排除」(チャン・ジヨン)、第7章「中国の三農問題と都市農村格差」(厳善平)である。

第Ⅲ部では、第Ⅱ部を受けて、東アジア社会に共通する格差問題の一つである非正規雇用の拡大に焦点を当てるとともに、日本、韓国、中国の非正規労働者による新しい型の労働運動や労使関係の展開についてそれぞれ考察している。第Ⅲ部の章別構成は、以下の通りである。第8章「日本における非正規雇用の拡大と個人加盟ユニオンの展開」(遠藤公嗣)、第9章「韓国における非正規労働者組織化に対する再検討」(ウン・スミ)、第10章「米国主導資本主義破綻後の中国の行方――中国における格差拡大と労使関係の変化――」(上原一慶)である。

最後に、第11章は、東アジア国際学術フォーラムにおいて、第Ⅱ部と第Ⅲ部の討論者であった野村正實氏による、「東アジアにおける格差問題の意義――論文へのコメント――」である。第11章で、野村正實氏が、第Ⅱ部と第Ⅲ部の各章を要約し、それぞれについて詳細なコメントを行い、総括的な感想を述べているので、序文では、第Ⅱ部と第Ⅲ部の各論文についての紹介は省く。

第Ⅳ部　東アジアにおける健康格差と医療保障制度の課題

　第Ⅳ部では、社会的格差拡大にともなう、日本、韓国、中国における健康格差の問題と医療保障制度の課題について分析している。医療保障制度においては、東アジアにおける社会政策の違いがもっとも鮮明に表れており、比較の視点から3つの論文を読み進めると興味深い発見が得られよう。

　第12章「日本における社会格差と健康」（福田吉治）は、日本における社会格差の拡大が健康格差及び医療格差に影響を与えているのかという問いに対して、社会疫学の立場から医療データの分析および先行研究のサーベイをもとに、過去、現在、未来という切り口で国際比較の視点も交えて答えを出そうとした論文である。結論として、2000年代以降、所得にともなう健康格差が拡大したかどうかは明確にはいえないが、社会格差の拡大による医療格差は地域レベルにおいても、個人レベルにおいても確実に進みつつあることが示されている。しかし、国際比較の視点からは、日本の健康格差も医療格差も相対的に小さいもので、とくに、医療保険については、そのカヴァレッジが徐々に縮小しつつあるものの、曲がりなりにも皆保険は維持され、地域の医療アクセスもある程度確保されている。こうした日本の医療保障制度は、東アジアにあって、むしろ特異な存在である。

　第13章「韓国の医療格差と医療保障制度――『医療民営化』政策と『社会的苦痛』の深刻化――」（ペク・ヨンギョン）では、新自由主義的な政策を推進する韓国の歴代政権下で、拡大する社会的格差拡大と医療格差の関連について論じる。現代韓国において、社会的格差を正当化し社会保障と公共性を縮小してきた新自由主義的な政策は、医療の領域では医療民営化の方向へ向かっている。この結果、国民の健康増進よりも、医療を一つの成長産業ととらえて市場と営利を指向する医療民営化政策が、医療の公共性を毀損し、健康格差や医療

格差を拡大させるメカニズムを明らかにしようとする。とくに、社会的格差拡大にともない、医療を受ける機会の不平等が深化し、それと裏腹の関係で国民健康保険制度の機能が弱化することで、医療格差と健康格差が足並みをそろえて急速に拡大している韓国の医療制度の現在と未来を描いて見せるのである。

中国社会においては、1980年の改革開放以来、約30年に亘る経済発展の結果、地域間・階層間格差が急速に拡大した。しかし、第3章、及び第7章、第10章で見たように、2000年代に入って格差社会から脱却して、調和のとれた「和諧社会」構築が中国社会の喫緊の課題となった。こうした脈絡の中で、第14章「中国の医療保険制度における医療格差の是正に向けて――効率追求から公平性重視へ――」（袁麗暉）では、中国の医療保険制度の分析を通じて医療格差の現状を明らかにし、その要因を探る。すなわち、農村部における農民を対象にした新型農村合作医療、都市部における企業従業員と公務員を対象にした都市就業員基本医療保険制度、この制度の適用外の非就業者を対象にした都市住民基本医療保険制度、さらに、中国の経済発展を底辺で支えた低賃金労働力の供給源である農民工に対する医療保険制度について、そのカヴァレッジと保険料及び保障水準の比較分析を行うのである。この結果、制度間及び地域間で、医療保険による保護レベルに大きな格差が確認される。袁は、これらの分析結果を踏まえて、中国における医療格差是正と皆保険制度設立に向けての処方箋を提示している。

以上、本書の問題意識と構成を紹介した。本書を通じた学術的な営みの中で、東アジアの格差社会の実態を浮かび上がらせ、そこから生じる諸問題解決の手がかりの一端でも提示できたとすれば、望外の幸せである。

本書を出版するに当たって、限られた時間、紙幅の中で論文を寄せてくださった執筆者の方々に感謝申し上げたい。また、編者の責任によって、原稿の取りまとめ、整理、編集に手間取り、御茶の水書房及び担当の小堺章夫氏に多大なご迷惑をおかけしたことをお詫びする。

 2012年5月   編者を代表して 横田　伸子

東アジアの格差社会
目　次

CONTENTS

『山口大学大学院東アジア研究科 東アジア研究叢書』の刊行について ─ 福田 隆眞 　i

序文 ─────────────────────────── 横田 伸子 　iii

《第Ⅰ部　東アジアにおける社会・経済システムの変化と格差問題》

第1章　社会システムと格差問題────────── 塚田 広人 　3

第2章　韓国における「IMF経済危機」以降の組立型工業化と労働の非正規化 ──────── 横田 伸子 　25

第3章　中国における労働力コストの上昇と成長モデルの転換
　　　──和諧社会の構築に向けて──
　　　──────────────────── 陳 建平 　43

第4章　世代を越えた格差の固定化と学校教育の役割 ── 石井 由理 　65

《第Ⅱ部　東アジアにおける格差拡大と社会的排除》

第5章　若者と社会的排除 ─────────── 岩田 正美 　83
　　　──日本のネットカフェ生活者の相談データから──

第6章　韓国の労働市場の構造と社会的排除
　　　──────────────────── チャン・ジヨン 　101

第7章　中国の三農問題と都市農村格差──────── 厳 善平 　115

CONTENTS

《第Ⅲ部 東アジアにおける非正規雇用の拡大と新たな労働運動の展開》

第8章 日本における非正規雇用の拡大と個人加盟ユニオンの展開 ———————————————— 遠藤 公嗣 133

第9章 韓国における非正規労働者組織化に対する再検討 ———————————————— ウン・スミ 153

第10章 米国主導資本主義破綻後の中国の行方 ———— 上原 一慶 169
　　　——中国における格差拡大と労使関係の変化——

第11章 東アジアにおける格差問題の意義 ———— 野村 正實 187
　　　——論文へのコメント——

《第Ⅳ部 東アジアにおける健康格差と医療保障制度の課題》

第12章 日本における社会格差と健康 ———————— 福田 吉治 203

第13章 韓国の医療格差と医療保障制度 ———— ペク・ヨンギョン 221
　　　——「医療民営化」政策と「社会的苦痛」の深刻化——

第14章 中国の医療保険制度における医療格差の是正に向けて
　　　——効率追求から公平性重視へ——
　　　　　　　　　　　　　　　　　　　　　　　　袁 麗暉 239

執筆者紹介　261

第Ⅰ部
東アジアにおける社会・経済システムの変化と格差問題

第 1 章

社会システムと格差問題

塚田 広人

1．はじめに

　格差問題は社会[1]の構造・機能に関わる問題である。本書の他の章ではその現状分析が行われるが、本章では、社会システム全体の中での格差問題の位置づけを、すなわち格差問題をその中に含む全体構造としての社会システムそのものの構造と機能、またそこでの格差問題の位置づけを考察する。
　社会成員が協力して作り出し、その分配にあずかることを目指すものを社会的有用物（social advantages）と定義する[2]。現在、雇用、医療などの重要な社会的有用物の分配においてその差が拡大していることが広く懸念されている。私たちがこの現実に対してどう対応するべきか、それをどう把握し、対処するべきかを考察するにあたっては、まず、格差の拡大という現象がどのような社会的意味を持つのかを理解することが必要である。市民社会、そして市場経済社会では、以下で見るように、その成員の自愛 self interest と友愛 fraternity の行動動機が出発点となり、それに応じて諸制度が形成され、機能している。それは政府の役割、特に社会保障を成長させ、現時点では各国経済に混合経済または福祉国家という特徴を帯びさせるに至っている。こうした社会システムの全体的枠組みの中で格差問題はどこに位置する問題なのか。以下

では、格差問題を分配ルールと分配結果の場面における問題と考え、格差問題を考えるための枠組みとして、社会的分配ルールの全体構造を考察し、その中に格差問題を位置づけることを試みる。

そのために、以下では、まず、第1節で格差問題の現状に簡単にふれ、それを考察するためには、人間がどのような分配を求めているかという分配基準に関する考察が必要であることを論じる。ところで人間の経済的行動は生産場面での効率性の上昇と、分配場面での公正性と友愛性の実現を目指して行われる。よって第2節で人間の分配行動は自愛と友愛という二つの基本的行動動機を基礎とし、その上で効率性・公正性・友愛性の三つの基本的行動基準に照らして行われることを論じる。そして市場経済社会では利潤の最大化というもう一つの行動基準が公正性をはじめとするいくつかの分野で重要な問題を生んでいる[3]ことを見る。そして第3節では社会参加の機会の分配の問題にふれる。

2．社会システムと格差問題

（1）問題の背景：経済のグローバル化の影響

これまで市民社会、またその主要な形態としての市場経済社会においては、労働成果の分配と労働への参加機会の分配に関していくつかの重要なルールが作られてきた。1970年代までの諸国家はそれまで市場経済が生み出してきた雇用、生活保障などの諸問題に対し国家ごとに対応してきた。そこでは企業、家計、政府の間で国家単位の生産と分配、再分配の構造が作られてきた。しかし、20世紀終盤以降に顕著となった市場のグローバル化、すなわち企業活動のグローバル化、特に国境を越えた立地変更の容易化、活発化の進展は、ここ2、30年程の間、それまで国家単位で形成・運営されてきた福祉国家の動きに大きな影響を与えている。特に企業が「流出する」側の国々ではそれへの対応が急がれてきた。そこで各国は企業の定住、新規立地を促進するため、企業における税と社会保険料の負担を抑える政策を進め、それは各国の福祉的財源を減らすこととなる[4]。こうして経済のグローバル化は、本書の諸章で分析されるように、雇用、医療、教育といった重要な分配機能において問題を生じさせ

ている。

(2) 格差問題考察の視点

　人間は各個体の（また種としての人類の）生存の確保のために、社会を作って生きる道を選び、ここ数世紀においては、市民社会、市場経済社会という社会形態・構造を作り、人間総体として生産力を発展させてきた。そこでの社会作りの基準は、生産の効率性、分配の公正性と友愛性であった（これらは第2節で詳しく見る）。これらの目標に向けた社会作りは常に試行錯誤の過程にあるが、近年、格差の拡大が強く懸念されている。では、格差の問題はそもそもどのように考察すべきなのか。それは人間の社会作りという文脈の中でどのような意味で問題であるのか。

　差とは二つ以上のものが互いに異なっている状態、あるいは異なっている程度を意味する。本書ではこの差は所得、住居、雇用、医療、教育等の人間社会において協働あるいは交換によって生み出される有用物の分配における差を対象としている。格差とは差の一つであるが、その差が等級等として、ある段階的な大きさとなっている状態を意味する[5]。一般には段階的な差は、組織における職務、給与の段階の違いなど望ましい場合があるが、本書で扱っている格差は「望ましくない段階的な差」を想定している[6]。では、望ましくない格差とは何か。格差という問題を考えるにあたっては私たちはまずこの問いに答えねばならない[7]。

　このように格差問題は社会における財の分配に関するものであり、そこでは分配ルールまたは分配結果が問題とされる。それは次のような問題場面として考えられる。

1、あるものの分配結果が不適切である。

そして、その原因として、

2.1　分配ルールが不適切である。または、

2.2　分配ルールは適切であるが、その適用方法が不適切である。

　ある分配状況を不適切であると判断するためには、私たちはそのような判断のための基準、すなわち分配のあるべき姿に関する基準を持っていなければならない。そしてこの基準の考察は、次に見るように、社会を作るにあたっての

人間の基本的行動動機と基本的行動基準という視点から検討することが有効であると考えられる。

3．市場経済社会における三つの基本要素の実現の問題

　生産と分配の方法として市場経済の仕組みを選択した社会は、現在、一般に、混合経済、福祉国家という特徴を持つに至っている。ここで混合経済とは社会の経済活動の主要な部分が民間部門と政府部門の二つによってになわれている状態を指し、また福祉国家とは社会の目標の中に国民全員の福祉の向上が含まれている国家を指す。ところで人間は最も基本的な行動動機として自愛と友愛の二つを持つ。ここで両者は次のような構造を持つと考えられる。

　ここでの分配における行動動機は広義の自愛であり、＜自己の満足を増やすこと＞と定義する。自己の満足には自己が財を消費することから得られる直接的満足の増加と、他者が満足することから得られる間接的満足の増加がある。直接的満足の増加は、図‐1のように、強奪、独立自営、交換といった行動から得られる。ここで補償措置とは交換行動に参加できない労働能力喪失者としての弱者に対する、社会全体の生産物からの移転を意味する。これには保険行動と贈与行動の二つがある。間接的満足の増加は贈与から得られる。

　これらの動機はそれぞれ「狭義の自愛」と友愛にわけることができる。第三者からの称賛を求めて行われる贈与は自愛動機に含まれる。したがって上の区

図‐1　自愛と友愛

	動機	行動	結果		
自愛（広義）	友愛	贈与	相手の満足増加→自己の間接的満足の増加		
	自愛（狭義）	贈与	第三者からの賞賛→自己の間接的満足の増加		
		交換	補償措置	自己の直接的満足の増加	
		→生産性上昇	交換	自己の直接的満足の増加	
		独立自営	自己の直接的満足の増加		
		強奪	自己の直接的満足の増加		

分では友愛的行動も広義においては自愛的行動の一部である（自愛⊂友愛）。しかし、友愛は他者の満足を増やすという間接的経路を通じて自己の満足を増やすという特徴を持つので、ここではそれを狭義の自愛と並列させ、区別する。以下、本稿では、自愛を上記の友愛の部分を除く狭義の意味で使用する。

　問題は現行の社会制度は、こうした人間の基本的行動動機である自愛と友愛の動機を最大限に実現するように機能しているか、である。その際、市場経済という行動の枠組みの中では人間がその行動基準、行動目標を利潤の最大化に置かざるを得ないことが、市場経済を内包する社会において公正性の問題をはじめとする重要な問題を生んでいる。そこでまず、市場経済社会における利潤最大化という行動基準と、そしてさらに21世紀初頭の現在、経済のグローバル化の急激な進展という新しい特徴のもとで、人間社会における効率性、公正性、友愛性の三つの基本的行動基準がそれによってどのように影響を受けているのかを見よう。なお、人間社会の基本的行動基準としてはもう一つ、社会参加の機会の分配の問題があるが、これは第3節で自然分配の公正性の問題と関連させて扱う。

（1）市場経済社会における生産の効率性の実現状況について

　生産物をより少量の労働で作ること、すなわち労働生産性を上げることは人間の基本的な行動基準の一つであるが、市場経済ではそこに他者との販売競争という要素が加わる。もしそこで競争に勝ち抜こうとすると、競争相手に比べてよりよいものをより安く作らねばならない。すなわち他者よりも生産性を高めねばならない。ところで市場経済社会では企業が生産の中心を担う。そして企業が他者との販売競争に勝つためにはより多くの資金が必要であり、そのために利潤の最大化が基本的な行動原理となる。そこでは人間は、雇用主も被用者もともに自らの労働を利潤最大化のための手段として扱う。この手段化の弊害は特に立場の弱い被用者側で顕著となる（過労死等）。また、激しい企業間競争は投資競争につながり、過剰な投資、投機による景気変動の要因となる。ここでもその痛み（特に不況期の失業、所得減）は特に被用者側に大きい。この景気変動それ自体と、景気変動の全期間を通じた、また特に不況期における、被用者側における生産物の分配と労働条件の決定における不利益が、市場経済

社会における生産の効率性によって生み出される。

(2) 市場経済社会の成果分配における公正性の実現状況について

1) 賃金と貢献度、等価交換について

商品交換が恒常的となった社会では交換の基準は等価交換である。すなわち、市場経済における商品の売買は、第一に「自由意思にもとづく合意によって行われる」がゆえに公正であると考えられる。第二に、その時、各人の自由意思は交換の公正な基準として交換物に含まれる効用＝労働の量が等しいことを選択すると考えられる[8]。ここでの労働の量は生産における「貢献度」と同義であり、賃金決定の基準は貢献度に基づく分配である。したがって、企業形態の協働活動においては生産物の販売収入の中で各労働者の貢献度に基づく賃金分配が公正な状態である。たとえば社長一人と労働者一人で、貢献度がそれぞれ2対1、販売収入が3だとすると、社長と労働者の取り分はそれぞれ2、1となり、これが正しい分配分となる。

ところで企業形態による生産と分配においては、通常、労使間で交渉力の格差が存在する。雇用主と被用者の交渉力は不均等であり、一般に、売り手市場となる好況期の頂点を除けばこの力の不均等は被用者に不利に作用し、彼らの取り分を低く抑えやすい[9]。このとき被用者の取り分は、実際の貢献度以下に抑えられる傾向を生む。

市民社会の成立当初、市場経済と自由意思による商品交換は相互を有利にするものとして期待された[10]。しかし実際はこのように交換における交渉力格差と不等価交換が生じ、それは賃金分配において深刻となった。これに対し、いくつかの政策が採られてきた。一つは労働立法により被用者側の団結を保証し、交渉力を強めること、もう一つは所得再分配（たとえば生活保護制度）により最低限の生活を保証することにより、一定水準以下の賃金を社会が排除することであった（最低限の生活保障は友愛の動機から発する行動でもあるが、同時に、市場経済の賃金分配における公正性の実現を助けるための効果を伴っている）。

なお、労働者の団結行為は労働力という商品の価格決定に影響を与えるが、雇用主側における同様の行為、すなわち複数企業が価格支配力を持つような団

図-2　団結行為の評価（労働者の場合と企業主の場合）

```
功利主義の原則
    ↓
等価交換の原則＞    自由な賃金契約
    ↓派生           ↑
労働者の団結行為    自由な幸福追求の原則

功利主義の原則＞    少数企業の大きな利益＞多数消費者の大きな不利益
（＝多数者の利益）          ↑
                    少数企業の団結行為
                            ↑
                    自由な幸福追求の原則
```

結行為は禁止されている。一見するとこれは不公平に見える。しかしそうではない。図-2のように、労働者の団結行為を正当化する理由は等価交換の原則である。それはさらに自由な幸福追求の原則に対して功利主義の原則が上位におかれていることから派生する。労働者の団結行為は社会全体の利益を増やすが、雇用主のそれは増やさない。この判断がこうした、一見した不公平な取り扱いの背後にあり、それは社会で支持されている。

　各人の幸福追求の自由が重要な原則であることは認められている。ただし各人の目的の実現は各人相互の協力関係の存続をその条件とするので、この幸福追求の自由は他者の協力の意欲を失わせるようなものであってはならない。この意欲を失わせる場合の一つは、各人の幸福追求の行為が他者の同様の行為を妨害する場合である。それは限りある財の分配において生じやすい問題である。この問題を人間は相互に納得する分配ルールを作ることで解決してきた。この納得するルールが、上のような各種の原則とその間の上下関係なのである。

（3）市場経済社会の成果分配場面における友愛性の実現状況について

　市場経済を採用している社会では、友愛性は市場での自愛動機に基づく所得獲得後、社会保障としての再分配行動の実施という順番で行われている。ところで、市場経済機構は絶えざる競争による勝敗を伴い、また景気変動を伴うので社会構成員にとって将来の生活見通しが不安定となりやすい。これによって各人は自己の将来の生活の変動に備えた貯蓄の強化、貯め込み行動を強めざるをえない。これにより社会保障を支える動機としての人間の友愛性（慈恵性）

は発揮されにくくなる[11]。上述のように、現代の市場経済社会の多くでは、過少な分配分しか受け取ることができない社会成員に対して、他構成員の自愛または友愛の観点からの再分配を公的に行うことが合意されている。ただし、ここでは、競争がもたらす雇用主における強い利潤獲得の動機が、社会保障に対する支出をできるだけ減らすという形で、雇用主における生来の友愛の動機を抑える方向に働く。市場経済は、この面で友愛の動機の発現を抑える側面を持つ。

(4) 友愛性の動機把握について

先述のように、社会保障制度を支える動機は自分が困窮したときに備える保険としての自愛の動機と、困窮者を助けるために行う友愛の動機の二つがある。それらは大まかに見れば、おおむねそれぞれ社会保険制度と社会扶助制度の動機となっている。但し社会保険制度の動機の一部にも友愛の動機が含まれうる。ここで友愛の動機によって成立している部分は、相互利益（give and take）という市場における行動原理ではなく（それは自愛の動機から発するものである）、人間の友愛的・利他的動機から発する、市場経済部門に対する追加的補正部分であるという意味で、友愛的補正的経済部門と呼ぶことができる。この友愛的補正的部門の社会的位置づけは次のようである。

この補正的経済部門は、市民社会の成立以降、徐々に成長を続け、現在では国民経済における生産と需要の双方において市場経済部門と並ぶもう一つの重

図-3 社会構造における市場経済部門と友愛的補正的経済部門

	市場経済部門	
市場経済行動	自愛動機	（友愛動機部分）
民間保険制度	自愛動機	
公的保険制度	自愛動機部分	友愛動機部分 友愛動機部分
社会扶助制度 個人的扶助行動	自愛動機部分	友愛動機部分
		友愛的補正的経済部門

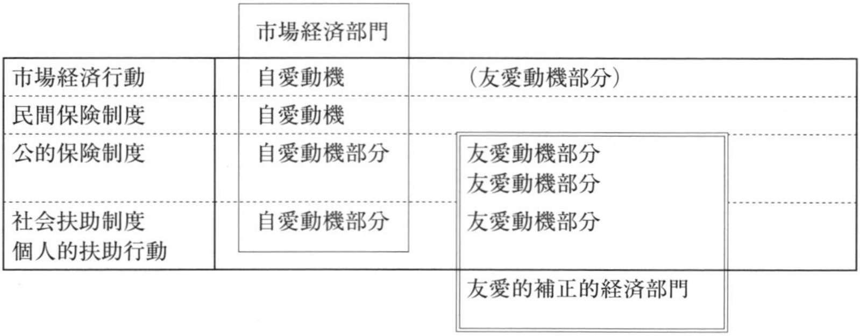

要な社会部門となっている。自愛の動機に基づく市場経済部門においては行動の判断主体は当事者であり、市場で何と何を交換するか、何にいくら払うかは個人が判断し、その基準となるのは最大化原理である。すなわち自己の満足を最大化することがその行動の目的であり、かつ、この満足は通常、貨幣量によって表わされるので、各人にとって動機と行動の関係、すなわちある行動によってその動機がどれだけ満たされているかの判断が容易である。市場経済部門を持つ社会では、人間はこのようにまず市場において自己の満足（＝獲得する商品量＝獲得する貨幣量）の最大化を目指して行動する。獲得する貨幣量は自己の販売物が他者の需要を満たす程度に応じて達せられるので、その意味では市場経済では自己の自愛心の満足が同時に他者の自愛心を満足させる。

　しかし、友愛的補正的経済部門の適切さを判断することは最大化原理ではなく比較の原理、すなわち＜ある財を自ら消費することから得る自己の満足＞と＜その財を他者に贈与することから得られる他者の満足を見て自己が得られる満足（間接的満足）＞の比較によるので、最大化原理としての自愛的行動の場合に比べて判断が難しい。これが友愛性そのものの把握を難しくし、同時にそれに基づく行動の適切さ、たとえば社会的扶助行動の水準の適切さの判断を難しくする。

　友愛性における適切さの問題をその主たる場面である贈与の行為について見よう。ここでは図‐1における友愛性に基づく贈与を想定する。一般的に、人間は困窮者に対して、もし自分に余裕がある場合は何らかの援助をしたいと思う存在である[12]。しかし上の比較原理ゆえに、その動機の、またそれゆえ行動の適切さを精確に判断することは難しい。そのことは自分自身の内部において、困っている人に対して生じる贈与動機の強さは去年と今年といった異時点間で一定ではない不安定なものと感じさせるかもしれず、また、同様の余力があるように見える二人の人間の間で、困窮者への贈与額が大きく異なる事態を生むかもしれず、そのことはこの動機の存在、安定性への疑念を生むかもしれない。しかし、こうした疑念は、ある対象の大きさを厳密に測定できる物差しが見つかっていないといったものであり、現実に存在する個人的、社会的扶助行為はその存在を示していると言えよう。

(5) 友愛性と社会的行動：社会保障制度の意味

　現実には多くの国で公的保険制度と社会扶助制度として、困窮状態にある個々人に対する集団行動による保障、すなわち社会的な生活保障の行動が行われている[13]。たとえばそれは日本では憲法第25条の最低限の文化的生活の権利、そしてその具体化の一つとしての生活保護の実施、そのための基準の設定という社会的行動として表れている。しかし、ここでその保護行動・保護水準のうちどれだけが自愛動機によるものであり、どれだけが友愛動機によるものであるかを明確に答えることは難しいであろう[14]。そこで明確なのはただ、両動機の合成結果として生じたある援助水準のみである。ここで実現される保護水準は憲法制定時の、またそれ以降の年々の保護基準制定時の国民の代表者たちによって合意されてきたものであるが、憲法においても、保護基準においてもそもそも保護行為がなぜ行われるのかという根本的動機において両動機がどのように存在しているかの説明は行われていない。しかしそれが現実に行われているということは、現行の制度を私たちが支持していることを意味し、そしてそれはそこで実際に行われている援助内容・水準が私たちの両動機の合成結果に合致していると国民が認めていることを意味している。このように自愛と友愛は人間の感情であり、それを直接認識することはできないが、政府による行動あるいは個人的慈善行動の形で現実の分配行動として現れることによって認識することができる。

　しかし、このように、公的保険制度と社会扶助制度においてそれを支える両動機の状況、ありよう、たとえば行動動機における両者の比重が必ずしも明確に、精緻に認識されてはいないということは、現実の社会保障の行動がその実施内容、水準において安定したものではないことを、そしてそれゆえ変動の余地がありうるものであることを意味している。それは具体的には所得再分配の量、たとえば保証されるべき最低限の文化的水準とはいかなるものであるのか、生活保護の水準はどれだけであるべきか、という問いや、再分配と経済成長の優先順位の問題、たとえば現在の人間と将来の人間のどちらの満足を増やすことを優先させるべきか、といった問いに答えることのむずかしさとして表れる[15]。前者は日本でも1950年代後半の朝日訴訟から最近の生活保護基準の改

定をめぐる議論[16]に至るまでしばしば問われ続けている問題であり、後者は特に政府赤字の累積時に強く意識される問題である[17]。

このように社会的保障の行動の動機を精確に理解することには困難を伴うが、これに関しては次の点に留意すべきであろう。社会保障の行動における問題の基本は社会の協働の生産物を両動機によってどのように分けるかである[18]。これは以下のように図示することができよう。ここでは各人は協働の生産物から自己の貢献分に見合った取り分を得ることを望む。点線で示された部分がそれである。このときの「分ける動機」は自愛心である。次にそこから自愛心に基づく保険動機と友愛心に基づく贈与動機から再分配分を控除する。右側の再分配制度の太い直線部分がそれである。友愛心に基づく他人への贈与比率（自己の当初取り分全体に比してのそれ）は自己の当初取り分の水準によって影響を受ける。また自己の取り分は社会全体の生産力の変化に応じて変化する。ここで両動機のあり方は直接には把握できない（図-4の点線部分内のAa対Ab、Ba対Bbの比率。）。しかし両者の合成結果は再分配制度によって明示される（右端の再分配制度の部分）。

現実の社会保障の行動は強制力を伴う。しかし社会的強制力を持つ再分配行為は一つの問題、すなわち個々人の動機による行動と社会的強制力のもとに生み出される行動との不一致という問題を生む。そもそも援助行為、再分配行為

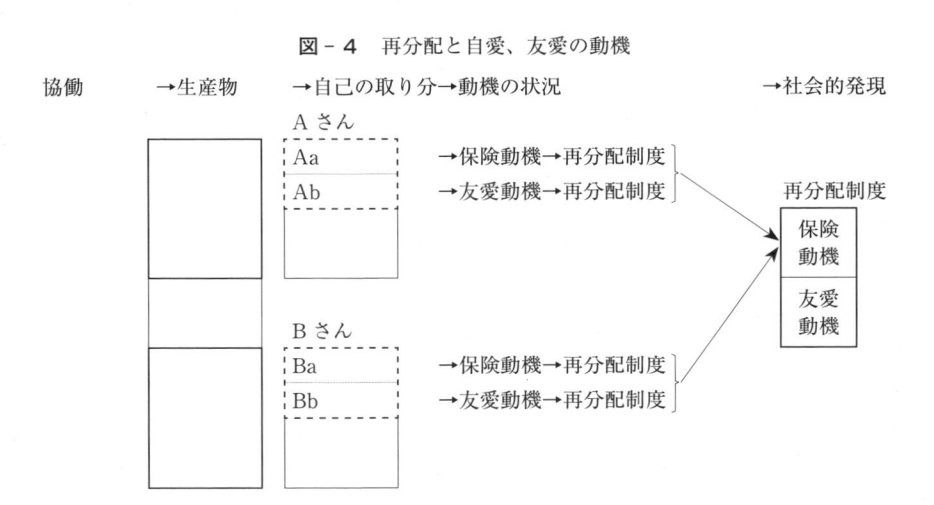

図-4 再分配と自愛、友愛の動機

の一半を生む友愛の動機がどの場合に最も満たされるか,すなわち,どのような内容の援助行為,たとえば誰にどれだけの額を与える行為が各行動主体に最大の満足を与えるかは当事者だけが判断できる。しかし,現実には援助行為の主要な部分としての社会による保障の行動は政府を通して,強制力のもとに一律の援助内容として行われている(援助内容の法的な平等性。たとえば日本の生活保護制度であればある地域に住むある人員構成の家族には一定額の保護費が与えられる)。しかし与える側,すなわちその時点でその原資を税として拠出する側の個々人は,それぞれこれより多く,あるいは少なく与える方が自己の満足(間接的満足)を最大化すると判断するかもしれない。

　このような問題が存在するにもかかわらず,社会保障の行動が行われ,維持されていることは何を意味するか。それは私たちが＜集合的だが個別的観点から見れば精確さに劣る＞行動を＜個別的だが精確性に優る＞行動と比べ,結果としては前者から得られる満足の方が後者より大きいと判断していることを意味すると考えられる。遠方にいる困窮した人が近くに移動すれば,その人に対する友愛心は以前から近くにいる困窮した人に対する友愛心と同等となるであろうという意味で,個々人が持つ友愛性の対象は親族に対するそれを除けば地理上の遠近関係によって本質的に区別されることはないであろう。しかし実際には,人間は対象者が遠方にいるとその状況が把握しにくいので友愛の動機は発揮しにくくなる。遠方にいる困った人に対してもその人たちの苦境が自分に十分に伝われば同様に助けてあげたいが,空間的な距離がそのような感知を難しくする。この困難さは情報手段が未発達の時代には大きかったが,その発達はこの空間的距離を小さくしてきた。また人類は生産力の発達とともに多数の個体との間の協力関係・接触関係を強めた。この二つの変化から友愛性の対象となる他個体の数は増え,その対象者は国単位,世界単位のそれへと広まりを見せている[19]。

　とはいえ,こうした傾向は進みつつあっても,現時点においては遠方の困窮者に関する情報は近隣の人たちに比べて少なくならざるを得ない。ここで「困っている人をその困窮の程度に応じて助けたい」という友愛の動機を持ちつつも,「しかしどれだけ助けたらよいかわからない」という理性的判断が働き,実際の友愛的行動を抑える。こうした遠方の困窮者に対して判断と行動が難しくな

るという個人レベルの友愛行動の困難性を、私たちは次のようにして、援助内容の判断と対処を代理者としての政府に託すことによって解決している。広範な人たちが友愛の対象者として含まれる場面では、そしてそれは経済力の発達とともに起こることであるが、各人が友愛の動機を最大限発揮するためには空間的距離を隔てた各人が相互にお互いの代理人となり、お互いに遠方の援助者の代理人となって困窮した近隣者に対応することが有効である。その代理人の役割を職業として引き受けているのが政府である。各人にとっては自らの代理人となる政府に援助対象者の選択と援助水準の判断と行動を負託することが効率的である。そしてそこでは代理者の判断が迅速に行われるためには判断基準、援助基準の共通化、標準化が必要となる。個々人においては援助に関する判断は異なりうるので、これは個々人のそれぞれの間接的満足の最大化という目標から見れば、政府の標準的な判断と行動が個々人のそれと異なりうるという意味で次善の策ではある。しかし遠方の人を含め困窮者を助けたいという友愛の動機を多少の誤差はあれ最大限に達成できるという意味では最善の策である。人々が現行社会で政府を通じた援助行為、友愛的行動を、たとえそれが自らの友愛基準とは精確には一致しないものであるにもかかわらずそれを支持しているのはこの理由によると考えられる。

4．市場経済社会における参加機会の分配の問題

（1）市場経済社会における自然分配の公正性について

　市場経済社会で自愛と友愛の動機を最大限発揮し、そこからの満足を最大化させるために解決すべきもう一つの重要な分配問題がある。それは市場への参加機会の分配である。それは、市場経済をトランプのゲームにたとえるならば、各個体に最初にどのようにカードを配るかという問題である。たとえば各人は親から受け継ぐ能力と財産において異なった条件を持って生まれてくる（生まれつきの心身の能力と相続財産の格差＝生来の機会の不均等）。この出発点の不均等とさらにその後の人生の途上で与えられる運の差（＝不均等）が、各人のその後の人生の獲得物の様々な不均等を生む。こうした社会への参加機会の

初発的な不均等をどう扱うかは各社会の構成員が判断・決定することである。たとえば家族という社会内では子供の間で生来の能力が異なっていても親が子に与える分配分はおおむね平等になることが多いであろう。他方、家族関係の外にある市場経済社会では近親関係にない他者との間の関係は家族間におけるような贈与関係ではなく等価交換関係が一般的となる。そしてそのさいの交換内容は各社会（ここでは各国を想定する）において異なった生来の機会の不均等の扱い方（たとえば相続財産の扱い方）によって影響されている。こうして各人が自らの自愛と友愛を最大限に実現することを目指し、そのために社会を形成するとき、その社会のルールとしてこれらの生来の差をどう扱うことを選ぶかは各人の利害に大きく影響する。

　現時点においてはこれらの生来の不均等に対する扱い方についてはおおむね次の点に対する合意が存在すると言えよう。まず、技術的には、親から受け継ぐ能力の再分配は困難であるが、物的な遺産は再分配が可能である。次に、人は労働に見合って利得を得るべきであるという貢献度原則を採用すると遺産は相続不可能となるが、他人との関係に比べての親と子の関係の特別の強さを考慮するとそのすべてを再分配することもまた不適切である。両基準の合成結果として、現行の一定の再分配（相続税）が認められていると言える[20]。これらが現行社会における相続遺産面での機会の不均等に対する対処方法の原則となっていると考えられる。

（２）自然資源の分配について

　相続財産には土地等の自然資源が含まれる。現代社会において各人が市場経済に参加する際に、自然資源の所有量は労働力、資金等と並ぶ、重要な提供要素の一つとなるので、その所有・分配のあり方は重要である。ところで自然資源は人間が作り出したものではなく、かつ限りがあるが、人間の生存に不可欠である、という性質、すなわち有限性と必需性を持つがゆえに、そもそも個人の私有財産として分配してよいかという問題がある。

　本来自然資源は地球上に生まれてくる人間全員に平等に使用する権利があると考えることも可能であり、その場合はさらに、個々人に対して一定期間の使用権は認めても相続は認めるべきではないと考えることも可能である[21]。し

かし現時点においては、一般には現存の自然資源の分配状況、特にそのうちの法的に私的な所有部分として認められている部分に対しては、おおむね歴史的に正当な交換過程の結果として生まれたものと見なし、それゆえそれらはそのまま与件としておくことで問題はない、とする考え方が採られている。しかし、このような立場に立つ場合でも、自然資源の不均等な分配が社会的な問題を生じさせる場合には社会による強制的な再分配もまた認められている[22]。

こうして、市場経済社会においては、協働者間における生産物の分配方法（自愛に基づく分配ルールの必要性という公正性の問題）、そこからの労働できない者への再分配の方法（友愛性の問題）に加えて、市場経済への参加機会に影響する重要な一要素としての自然資源の分配方法（同じく公正性の問題）という三つの分配場面のそれぞれにおける分配ルールの確立が必要である。先に述べたように、生産物の公正分配の問題では等価交換の実現に向けた対策が採られてきたが、まだ完全ではない。友愛性の問題もその実現を政府に負託するという対策が採られてきたが、これもその動機それ自体がさらに解明される必要がある。そして、社会への参加機会の一問題としての自然資源の分配ルールの問題はその私有そのものが許されるべきかという原理的問題を未解決のまま残しており、先の二つの問題に比較していっそう議論の余地は大きい[23]。人類の人口が大きく増えた現在、自然資源の新しい分配方法の考察はさらに重要な課題となっていると言えよう。

（3）市場経済社会における雇用分配ルールについて

社会に参加する機会の分配という問題分野には、さらに、雇用機会の分配の問題がある。これは特に市場経済社会の発達とともに重要になっている。人間が生きていくためには労働することが不可欠である。封建社会の末期まで、人間は長い間、農業、牧畜、採集など、土地を直接の労働場面とし、自営形態の労働を行ってきた。しかし、市民社会に入り、市場経済が発達し、旧来の土地、水資源を中心とした自営形態の労働は減り、第2、3次産業の従事者が急増している。そこでは企業形態での生産が、そしてその中では雇用形態による労働が中心的に行われるようになった。社会参加の機会という文脈で考えると、このような雇用中心社会では雇用の機会を分配すること、その機会を社会成員に

保障することが非常に重要となっている。そもそもどのような社会であれ、社会とはその構成員にとってその生存を改善してくれる限りで存在意義がある。もしそれができない場合はその社会は凝集力を失い、解体するであろう。そして市場経済社会ではその成立以来、景気の変動という形で雇用の喪失の危険が常態となり続け、その解決、雇用機会の保障が最重要な課題の一つとなってきた。

この、市場経済社会における労働機会としての雇用が持つ重要性をふまえ、現在、多くの国では労働、雇用の機会は社会が保障すべきであるという考えが広く受け入れられている。たとえば日本国憲法では「すべて国民は勤労の権利を有し、義務を負う。」（第27条）と定めている。それは義務であるからすべての国民がそれを行わなければならず、また権利であるから、働く機会が見つからない人には国、つまり社会がそれを保障しなければならない。多くの国ではこの責任を果たすための政府の行動は、政府が行う建設関連事業による直接の雇用創出とその波及効果によるそれの形で、また職業紹介事業の形で、また所得の保障（雇用保険、または生活保護）の形で行われている。なお、最後の形態はそれ自体は労働の機会を保障するものではなく、労働活動から生まれる満足、生産する活動そのものから生まれる満足を与えるものではないという欠点を持っており、その意味で社会に求められる労働の機会の保障の課題に十分に応えるものではない。上のような考え方が存在はしているものの、世界の国々の雇用状況、失業状況を見れば、社会への参加機会の保障としての雇用機会の分配は、経済のグローバル化が進む現時点においても依然として深刻な問題であり続けている。

（4）市場経済社会における教育の分配ルールについて

教育の機会の分配は人間社会における社会参加の機会のもう一つの重要な問題である。現在の社会では一般に教育の機会を社会成員全員に対して一定程度、公的に保障することが行われている。この教育機会の公的保障は、国際人権規約や日本国憲法に示されている、社会は等しい能力の者には等しい教育を与えるべしという教育機会の均等の原理に立っている[24]。この原理は、一つには、新しく生まれてくる人間が、それまでの人間が到達した高い生産水準とそれが

可能とする生活水準を維持し、発展させるためには後世代全体の能力を発展させることが有効である、すなわち各人の能力を伸ばすことで社会全体の生産性が向上するとの判断による。また、一つには、人間相互の理解と尊重を深め、人間間の平和的関係を強化するとの判断によると考えられる[25]。20世紀半ばの世界大戦の後は後者の視点が重視されている。

ところで国際人権規約がその実現を目指すべしとするところの高等教育までの無償教育の実現程度は、現実の各国においては大きな差がある。東アジアでは特に他国に比べて日韓の家庭における教育費支出・負担、特に高等教育に対するそれが高いことは良く知られている[26]。また授業料など家庭の負担を低く抑えてきた欧州諸国では近年それを一定程度引き上げる動きが見られ、従来の「無償教育への前進」という目標それ自体が不安定になりつつある。その意味で現在、社会参加の機会の分配の一つとしての教育の機会の分配の問題については、どのような教育を誰の負担で実現すべきなのかの根本問題が問われつつある状況にある。この問題の再考が現在求められているのであるが、その際には、上にふれた教育の効果としての社会全体の生産性上昇と平和的協力に向けた相互理解と尊重の精神を育てるという二つの目的に十分留意する必要がある。

5．おわりに

本書で注目され、また現在、日中韓といった国々で生じている教育機会、労働機会（雇用）と成果の分配（賃金、社会保障における給付）における格差は、現行の法制度のもとで生まれたものであり、その意味では合法的な結果である。しかしいかなる法制度も変更されうるものであり、そしてそれを変更する力は社会成員の集合的判断である。本章ではこれらの分配ルールがどのような集合的判断を通して形成され、変更されるかに焦点を当て、その判断は、自愛と友愛という二つの基本的行動動機を基礎とし、そしてその上で効率性・公正性・友愛性の三つの基本的行動基準に照らして行われると考えられることを述べた。したがって、現行の諸分野における格差が合法的であっても、それがこれらの基準から見て不適切である場合はそれらは新しいルールを必要とするので

あり、変更されるべきものとなる。

　この現行ルールに対する適・不適の判断は社会構成員の、自らがおかれた状況に対する理解の変化に応じて変化しうる。そしてその理解は上に述べた二つの動機と三つの基準を総合して形成されると考えられる。したがって具体的な分配場面における現時点における社会構成員の判断が、これらの動機、基準に照らしてどのように変化してゆくかを知ることが必要となる。現在、本書の検討対象である三カ国では、機会と成果の分配における格差の拡大が懸念される状況にあり、それはこうした現行の社会の合意状況・法制度に変更をもたらす可能性がある。こうした格差の問題状況とそれに対する社会構成員の理解の現状を明らかにすること、そしてそれは人間の二つの基本的行動動機と三つの基本的行動基準に関する各国の理解・認識の状況に照らしてどのような具体的な変更を求めているのかを解明することが私たちの重要な課題となる。

注
1) 社会の用語について。英語の society は a group of people living together と説明される（*Oxford Advanced Lerner's Dictionary*, 1995）が、ここで live の主要な内容は生活手段の生産と分配である。
2) これは J. ロールズの the division of advantages from social cooperation の概念に拠っている（Rawls, 1971, p.7.）。なおロールズが社会づくりにおいて重視する自発的参加意欲は社会関係資本 social capital の視点からも重要な要素である（篠田・宇佐美、2009年、71頁）。
3) その典型例はいわゆる K. マルクスの指摘する不払い労働の問題である。なお、彼はこの分配における公正性の問題が生産面においては景気変動の一因ともなるとも考えている。
4) なお、これに対する一つの対処方法として、EU 諸国のように工業化諸国が広域の経済的統合を推進することは、域内の労働生産性を向上させ、新興国への立地移動をある程度抑える効果を持つであろう。
5) 新村出編、1983年、419頁。
6) 福田吉治氏は、格差の意味には「単なる統計的なばらつき」の意味と、「価値観を含んだもの」とがあり、それはたとえば較差（difference）と不公平（inequity）の二語であらわされると述べている（2010年12月の山口大学における東アジア国際学術フォーラムでの報告より）。ここで不公平として表現される内容は、本論におけるように較差がある段階的な大きさに至り、社会的に重要な問題となった状態を

意味するものであると考えられる。その意味ではそれがなぜその段階で問題となるかを示す社会的基準が重要である。たとえば石川経夫氏は「市場評価のレベルで問題とすべき『真の賃金格差』が存在するのは、同一の能力・嗜好を持ちながら同一の所得機会に恵まれない人々のいる場合である」(1991年、286頁) と述べるが、ここにはそうした基準の一案がある。

7) 野村正実氏は格差問題を考える視点として、1、格差を問題とする前に、まず、格差は好ましくないか、に答えねばならない(その際、好ましくない理由としては、企業の発展にとって好ましくない、国民経済の発展にとって好ましくない、社会の安定、再生産にとって好ましくない、等がありうる)。2、もし格差はある範囲では望ましい、というものであるならば、その範囲とは何か、と問題を提起している(前掲の山口大学における東アジア国際学術フォーラムの第二部におけるコメント)。本稿の視点もこれと類似している。

8)「効用＝労働の量」の考え方については、塚田、2009年、第6章を参照のこと。

9) 日本の1990年代以降の20年余りの低成長期間は、この交渉時の力関係が労働者に大きく不利に働いた期間の一つであると言える。

10) Smith, 1950.

11) しかし2011年3月の東日本大震災時に示された国内外の多額の資金援助に示されるように、大きな自然災害は、こうした市場における競争の圧力からの貯め込み行動を一時的であれ弱める力があるかもしれない。

12) 柳澤嘉一郎氏は次のように述べる。「人は日頃、利己を優先して生きているが、その一方で純粋な利他性をもっている。それらは二つとも、本能として、遺伝子によって脳に刻まれている。…多くの人たちはこの二つの生き方をそれぞれもっていて、二つのバランスをとりながら生きている。」(2011年、13頁)。人間は自然との戦いの中で、集団で生きることが各個体の生存に有利であることを学んだ。次に当然、集団を維持するためには相互の生存を互いに支え合うことが必要となることも学ぶ。これが友愛性の始まりであると言えよう。

13) 近代民主社会は、そもそも国民全員が平等に幸せになる権利があり、そのための行動の自由を平等に持つことを認めることをその原理に含んでいる。当初、平等な市民の商品交換からなる市場経済社会は生産力を急速に高め、最も貧しい労働者にも豊かな生活がもたらされると期待されたが、その後貧富の格差が拡大した。そこから、市場経済が結果として国民大多数の幸せを実現できるよう、その長所を生かしながら同時にその欠点を補正することが市民社会の課題として認識されてきた。

14) なお日本国憲法における生存権規定の確立過程については葛西まゆこ氏の整理が詳しい(2011年、第2章)。

15) たとえばある再分配政策が現在の消費を増やし現在の人間の満足を増やしても、長期的には投資に回る資金を抑えることで将来の人間の満足を減らすという関係がある場合、どちらを選ぶべきかといった問いがそれである。

16) 井上英生「生存権裁判と憲法 25 条」（日本科学者会議編、2010 年、261-263 頁参照）。また湯浅誠『反貧困』2008 年、岩波書店、181 頁以下参照。
17) 1990 年代から 2000 年代のバブル経済崩壊後の過程で、政府財政の累積赤字が将来の経済成長に与える影響を懸念し、社会保障費の伸びを抑えるべしという意見が示されるようになったことはその一例である。
18) ここでは、他者と協働しない個人（独立生産者）による生産もその生産物を他者と交換する場合は、その人は社会的分業・協働行為に参加しているという意味でそれも協働行為に含む。
19) R.G. ウィルキンソンも同様の見解を示している。「かつて人々は最も近い人たちや親しい人たち以外の苦難には心を動かされることはなかったのに比べ、われわれの道徳世界の境界は広がってきている。」（邦訳、2009 年、291 頁）。
20) 金子宏は相続税の根拠として、英米系の国々では「死亡時、一部を社会に還元すべし。」との考えが、欧州大陸諸国では「偶然の富の増加を抑制すべし。」との考えがあると紹介している（金子、2009 年、465 頁）。前者の根拠としては、社会から受け取ったものに対する対価で生前には社会に払い切れなかったものの清算という動機が推測され、後者の根拠としては富は自らの労働により得るべしとの原則を重視する考え方が推測される。なお、後者に関連して、子が遺産の一部を受け取る積極的根拠の一つとして子が存在することで親の労働意欲を高める効果が存在することが考えられる。
21) この論点については塚田 2009 年、第 4 章を参照のこと。
22) たとえば日本の 20 世紀半ば、戦後すぐの農地改革がその例である。日本のそれは占領軍の武力的圧力が背景にあって行われたが、そうした圧力なしに国内の平和的議論によってそれを進める場合もある。フィリピンの包括的農業改革はその一例である（塚田、2009 年、補章を参照のこと）。
23) 塚田、2009 年、第 4 章を参照のこと。
24) 日本国憲法第 26 条、国際人権規約の A 規約、経済的、社会的及び文化的権利に関する国際規約、第 13 条。
25) なお、特に高等教育の機会に関連した費用負担の問題については、塚田、2009 年、第 5 章を参照のこと。
26) 塚田、2009 年、185 頁。両国の高等教育負担における家計支出の占める割合は OECD 内で群を抜いている。

参考文献

和文
石川経夫、1991 年、『所得と富』岩波書店
葛西まゆこ、2011 年、『生存権の規範的意義』成文堂

金子宏、2009 年、『租税法』第 14 版、弘文堂
国際連合、1966 年、「国際人権規約（経済的、社会的及び文化的権利に関する国際規約）（A 規約）」中の高等教育に関連する部分
英文　http://www2.ohchr.org/english/law/cescr.htm#art13
邦訳　http://www.mofa.go.jp/mofaj/gaiko/kiyaku/2b_004.html（2011 年 7 月 29 日取得）
新村出編、1983 年、『広辞苑』岩波書店
篠田武史・宇佐美耕一編、2009 年、『安心社会を作る　ラテン・アメリカ市民社会の挑戦に学ぶ』新評論
塚田広人、2009 年、『社会システムとしての市場経済』第二版、成文堂
湯浅誠、2008 年、『反貧困』、岩波書店
柳澤嘉一郎、2011 年、『利他的な遺伝子』筑摩書房

英文

CROWTHER, Jonathan, ed., 1995, *Oxford Advanced Lerner's Dictionary*, Fifth edition, 6th impression, with corrections, 1998, Oxford University Press.
RAWLS, John, 1971, *A Theory of Justice*, Harvard University Press.
SMITH, Adam, 1950, *An inquiry into the nature and causes of the wealth of nations*, edited by Edwin Cannan, 6th ed., London.
WILKINSON, Richard.G., 2005, *The Impact of Inequality*, The New Press. 池本幸生他訳、2009 年『格差社会の衝撃』書籍工房早山

第 2 章

韓国における「IMF 経済危機」以降の組立型工業化と労働の非正規化

横田 伸子

1. はじめに

　1997 年、タイに端を発したアジア通貨危機が韓国にも波及し、同年 12 月、韓国政府は IMF に特別緊急融資を要請した。IMF の融資と引き替えに、経済の緊縮政策及び規制緩和政策を内容とするコンディショナリティを受け入れたことで、98 年には、それまでの高度経済成長はマイナス成長に逆転し、財閥企業の連鎖倒産が大量失業を引き起こすという「IMF 経済危機」が招来された。とくに、IMF の構造改革要求を受けて、当時の金大中政権が社会的合意機構「労使政委員会」を 98 年 1 月に発足させ、整理解雇制導入や勤労者派遣制度の大幅規制緩和といった労働市場の規制緩和政策を矢継ぎ早に行ったことが、韓国の労働社会に与えた影響は大きい。なぜなら、企業が、それまでタブー視されていた整理解雇に本格的に乗り出し、それによって生じた正規労働者の穴を非正規労働者で埋めるという構造調整を断行したため、大量失業とともに非正規労働者の急増が深刻な社会問題となったからである。

　本章では、1987 年の「労働者大闘争」以降、強力な労働組合を背景に内部労働市場を形成しつつあった大企業の男性正規労働者までが、IMF 経済危機を契機に非正規労働者に容易に置き換えられていった理由を、生産体制の変化

とそれにともなう脱熟練化から探る。この際、IMF経済危機以降の生産体制の変化は、70年代からIMF経済危機前後までの韓国の経済発展メカニズムを分析した服部民夫の「組立型工業化」論の延長線上に位置づけられるのではないだろうか。服部は、一国の技術発展の性質と労働者の技能形成を関連づけて工業化のパターンを分類し、後発工業国の工業化モデルの一つとして「組立型工業化」を提示した。そこで本章では、IMF経済危機以降、とりわけ2000年代に入って、韓国の代表的輸出製造業で急速に導入され広範に普及したモジュール型生産システムは、組立型工業化が深化・高度化した生産体制であるという仮説を立て、それを検証したい。同時に、生産システム、ひいては生産体制[1]の変化にともなう労働者の技能の質の変化を明らかにすることで、何故、IMF経済危機以降、比較的、雇用が安定していた正規労働者まで非正規労働者に易々と置き換えられるようになったのかを解明する。

ここではまず、IMF経済危機以降、韓国の生産体制がどのように変化し、それが労働過程や技能労働力の質をいかに変化させたかについて、韓国の独占的自動車企業である現代自動車を具体的事例として分析する。現代自動車は、韓国の輸出指向型工業化を牽引すると同時に、モジュール型生産システムの導入を積極的に行ってきた代表的製造業企業だからである。次に、現代自動車で見られた労働力構造の変化が、韓国の製造業生産労働者に一般的に当てはまるかどうかを、マクロデータの分析を通して確認する。

2．IMF経済危機以降の生産体制の変化：
  「組立型工業化」論を中心に

韓国の経済発展メカニズムを、生産体制と労働者の技能形成を構造的に関連づけて説明しようとしたのが、服部民夫の「組立型工業化」論である。

韓国は、開発の初期段階において、機械・金属工業などの基幹産業がきわめて脆弱であったため、設備機械や部品といった生産財を輸入に頼らざるを得ず、これらを豊富な低賃金労働力で組み立てて輸出するという組立型工業化の原型が1970年代に形成された。服部によれば、この構造は、1987年の「労働者大闘争」以降の民主化過程で、上昇する人件費を抑えるため省人化を目的として行われた膨大な自動化投資と、高品質中核部品の輸入及びその組立技術の導入

によって、高度化され深化した（服部［2005］、p.88、p.94）。

　一方、服部は、技術の高度化のレベルを標準－先端として縦軸に、技術の性質を組立型技術－加工型技術として横軸に配し、各国の工業化パターンの技術蓄積と高度化の過程を分類している。これによれば、韓国の組立型工業化は、組立型技術に依拠しながら発展した。組立型技術とは、高度な技術・技能が体化した設備機械や部品を輸入し未熟練労働力でもって組み立てる工業や、原料から製品生産までの工程がすべて自動化されている輸入装置産業の技術のことである。これは、自前の技術蓄積や労働者の熟練をほとんど必要としない。すなわち、韓国の組立型工業化の技術発展は、標準－組立型技術から先端－組立型技術への高度化で、服部は「技術・技能節約的発展」と特徴づけている（服部［2001］、pp.114-118）。

　これに対し、日本や先発工業国の工業化は、自ら設備機械や部品の生産を行い、熟練労働者が素材から形を作り出すという意味での加工型技術を基盤とした工業化パターンだった。日本の工業化は、韓国と同様に標準－組立型技術からスタートしたが、標準－加工型技術へ移行した後、先端－加工型技術へ向かう技術の高度化コースをたどった。これは、日本が、先発工業国の技術発展速度がそれほど急ではない時代に工業化したため、自ら生産財を製造する加工型技術を習得し、それに必要な技能を形成する時間的余裕があったからである。しかし、先発工業国の技術が急激に発展した1970年代以降に本格的に工業化した韓国は、技術蓄積や技能形成にかかる時間やコストを圧縮するために、技術や技能が体化した生産財を輸入に頼る組立型工業化を指向したのである（服部［2007］、pp.33-36）。

　設備機械や部品といった生産財を韓国に供給したのは、主に日本である。とくに、1970年代後半の「ME革命」によって、日本の工作機械生産の主流が自動数値制御のNC工作機械に移ったことが、その輸入に頼る韓国の組立型工業化を急速に高度化させた。つまり、このような設備機械自動化によって、労働者の熟練をプログラム化し、熟練なくして精密で迅速な加工を可能にしたからである。こうして韓国は、日本からNC工作機械を輸入することで、熟練を節約して商品レベルを高度化し、大量生産を行う基本戦略を成立させることができた（服部［2001］、pp.114-115）。

しかしながら、服部は、IMF経済危機以降、韓国の組立型工業化がどのように変化したのかについてはほとんど論じていない。そこで、「モジュール化」という生産システムの分析を手がかりに、1998年のIMF経済危機以降の韓国の生産システムの変化について見てみよう。何となれば、これまで韓国の輸出指向型経済成長を主導してきた電子産業や自動車産業では、IMF経済危機を契機に、とりわけ2000年代以降、生産システムのモジュール化が急速に進展したからである。

　モジュール化とは、一つの有機的に複雑に絡み合った製品や工程を、機能的に半自律的な構成要素である部品や工程＝モジュールに分解することである。モジュールは構造的一体性と自己完結的機能を持つ部品や工程なので、モジュールを一定のルールに基づいて組み合わせて統合することで製品を効率的に生産することができる。さらに、少ない種類の汎用的な共通部品や規格化された標準部品で構成されたモジュールの組み合わせによって、多くの製品バリエーションを生み出せる。それゆえ、モジュール型生産システムで重要なのは、どのようにして製品をモジュールに分割し、それらのモジュールをどのように連結するか（＝インターフェース）といった、技術者の設計能力となる。技術者には、製品を構成する部品や工程間の複雑で有機的な結合をできるだけ排除し、モジュール間の相互依存性や相互補完性ができるだけ小さくなるように設計することが要求される。したがって、モジュール性の高い設計をすることによって、生産の効率は増す一方で、労働者の作業は、モジュールの組み立て・装着のような単純反復的なものになり、熟練は解体へ向かう。また、標準化され規格化された部品やモジュールを、市場需要に応じて柔軟に生産するのに欠かせないのが、機能がコンピュータ上のソフトウェアで実現されるデジタル化された自動化機械・設備である。これによって、第一義的な労働は、技術者やテクニシャンによるソフトウェアのプログラミングとなり、従来の直接労働者の熟練の必要性は劇的に低下する。デジタル化・自動化と対になったモジュール型生産システムの導入によって、自前の技術蓄積や労働者の技能形成が薄い、韓国のような後発工業国でもハイテク産業に容易に参入できるようになった。

　桑原哲は、1995～2005年の日本、韓国、中国の東アジア市場における輸出品目のモジュール化レベルと比較優位の相関関係を分析している。桑原によれ

ば、日本とは対照的に、韓国、中国はモジュール性の高い品目ほど比較優位が高く、その傾向は2000年以降一層強まっている（桑原［2011］、p13）。ここからも、韓国では、モジュール型生産システムを有する産業が輸出と経済成長を主導したことがわかる。つまり、韓国は、主に日本から高品質中核部品や自動化機械・設備を輸入し、それらを組み立てて輸出して経済発展を遂げた。とくに、IMF経済危機以降、なかんずく2000年代に入ってからの、デジタル化・自動化と対になったモジュール型生産システムの導入はまさに、組立型工業化が深化・高度化したものと言える。こうして、韓国の企業がモジュールやインターフェースの設計・開発に技術力を傾注するようになるのとは裏腹に、直接労働者の労働の多くは、モジュールを装着し組み立てる単純反復的作業に変わり、このことは企業内技能形成の必要をますます減退させた。このような企業内技能形成の必要性や意味の低下は、正規労働者を非正規労働者に置き換える主要な要因となった。

3．モジュール型生産システムの導入による労働過程と労働力構造の変化
——現代自動車グループの事例から

韓国の中核的輸出産業として経済成長を牽引した自動車産業を例に、モジュール型生産システムの導入が労働過程や労働力構造をどのように変化させたのかを考察する。

韓国の自動車産業は、IMF経済危機によって、それまでの現代自動車、起亜自動車、大宇自動車、双龍自動車による寡占体制から、現代自動車グループが自動車市場の約70％を占める独占的体制になった。それゆえ、IMF経済危機以降の現代自動車の生産体制の変化は、韓国自動車産業のそれといっても差支えない。そこで、現代自動車グループの事例分析を通して、韓国自動車産業における生産システムのモジュール化進展にともなう労働過程及び労働力構造の変化について検討したい。この際、とくに、自動車生産に必要とされる技術と技能の性質の変化に着目する。

現代自動車は、IMF経済危機以降、生産システムのモジュール化を急速に進めた。画期となったのは、2000年に現代モービスというモジュール生産の拠点となるモジュール専門企業が設立されたことである。以降、現代自動車は、

モジュール化率を急激に高めている。現代自動車のモジュール化率の推移を見ると、IMF経済危機直前の、1997年に生産が開始されたスターレクスのモジュール化率は12.5％に過ぎなかったが、経済危機後の99年4月に量産が始まったサンタフェは24.0％にも高まっている。2000年代に入るとモジュール化率はさらに高まり、2004、2005年の3車種では36.0％、2006、2007年の2車種では42.0％にまで達している（キム［2009］、p.47）。先進国の自動車企業の中で、モジュール化をもっとも積極的に推し進めているフォルクスワーゲンのパサートのモジュール化率が37.0％であることからしても、現代自動車のモジュール化率は世界最高水準と考えてよい（全国金属産業労組［2006］、p.40）。

現代自動車では、プラットフォームを統一することで、多様な車種が同一の基本構造を持つようになり、これによって、異なる車種の生産に規格化・標準化された汎用的な共通部品であるモジュールを用いることができるようになった。このことが、モジュール化を急速に推し進める前提条件となったのである（キム［2009］、p.9）。さらに、生産システムのモジュール化は、生産設備のデジタル化・自動化と互いに相乗効果を及ぼし合いながら進展した。

こうして、モジュール化によって、現代自動車では生産過程を効率化するのに成功した。例えば、1999年に生産が開始されたヴェルナは、2005年にモジュール型生産システムを導入して新型モデルに移行した。これにともない、現代自動車蔚山1工場の艤装工場では、使用部品数が1,604個から1,366個に、工数が1万4,061秒から1万3,075秒に、それぞれ14.8％、7.0％削減された（キム［2009］、p.72）。

しかしながら、生産システムのモジュール化とデジタル化・自動化は、部品数や工数を縮減しただけでなく、労働過程を大きく変化させた。つまり、完成車メーカーの直接労働過程の多くは、標準化された単純組立工程化したのである。これによって、直接労働者[2]の必要人員数が大幅に減少するとともに、その熟練は自動化機械・設備に代替されて特別な熟練や知識はほとんど必要なくなり、脱熟練化が進んだ。

では、現代自動車車体工場の直接労働過程で働く直接労働者構成が、モジュール化前後でどのように変わったのかを見てみよう。表－1は、前述のモジュール生産システム導入前の旧型ヴェルナ（LCモデル）と、2005年に導入された

表-1 車体工場のモジュール導入によるライン別必要人員の変化

(単位:人)

ライン	LC (1999年)				MC (2005年)			
	一般作業者	キーパー	組長	小計	一般作業者	キーパー	組長	小計
車体床	20	2	4	26	0	4	0	4
車体側面	26	2	6	34	4	4	2	10
車体成型	12	2	4	18	10	4	2	16
車体移送	40	2	8	50	22	2	6	30
車体仕上げ	28	0	4	32	26	0	4	30
総合計	126	8	26	160	62	14	14	90

出所:現代自動車社内資料[2004]より作成。

後の新型ヴェルナ(MCモデル)の車体工場で働く直接労働者のライン別必要人員の変化を示したものである。まず、モジュール導入前のLCの全体必要人員数は160人だったのが、モジュール導入後のMCでは90人になり、直接労働者数は大幅に減少した。とくに、直接労働者数の減少が顕著だったのが車体床、車体側面ラインで、これらはもっともモジュール化と自動化の影響を受けたラインである。モジュール導入前は車体工場の主たる作業は溶接だったが、すでに部品が組み付けられた状態のモジュールを扱うようになった導入後は、溶接作業が大幅に減ると同時に、重量のあるモジュールの溶接は無人ロボットに代替されるようになった(チョ・ペク[2010]、p.288)。この結果、直接労働者の中でも一般作業者は、車体床と車体側面ラインでそれぞれ、20人から0人へ、26人から4人へと大きく減少する。だが、これとは逆に、自動化の進展とともに、ロボットの制御や監視に加え、機械の手入れや整理整頓、清掃などの予防保全作業は重要性を増し、これを行うキーパー[3]は、それぞれ2人から4人に増えている。

車体床と車体側面ラインに次いで、モジュール導入後に直接労働者の人数が減少している(50人→30人)のが車体移送ラインである。部品が組み付けられた重量のあるモジュールの移送を人の手で行うのは困難なため、自動化や省力化が進んだからである(全国金属産業労組[2006]、p.48)。ここでも、一般作業者は、40人から22人へとほぼ半減しているのに対し、自動機械の制御や

監視を担うキーパーの人数は導入前後で2人と変わらない。

以上のラインには、全生産過程が自動化に向かう流れの中で、技術的に必須だからではなく、過渡的に残されている工程が多い。あるいは、自動化にともなう雇用調整に労組が反対しているため、自動化できずに残された工程もある。これらの労働過程は、モジュールを自動化機械・設備に装着したり、均等に送ったりする単純反復作業に過ぎない（チョ・ペク［2010］、p.291）。このことは、モジュール導入によって、労働過程の標準化・単純化と労働の脱熟練化が急速に進んだことをよく表している。

一方、直接労働者の減少幅が比較的小さいラインは、車体仕上げと車体成型である。これらのラインでは、モジュール導入後でも、自動化機械では対処できない作業を行う経験的熟練が必要とされ、直接労働者の人数はほとんど変わらなかった。たとえば、車体仕上げラインでは、ドアの閉まりをよくしたり、でこぼこを直す微妙な調整能力のような、長年勤めた作業者のみが持ちうる経験的熟練が不可欠である。そこでは、一般作業者数は2人減っただけで26人ともっとも多いが、自動化が進んでいないため、自動化機械・設備の制御や監視、予防保全を行うキーパーは1人もいない。車体成型ラインの一般作業者数についても同様で、導入前後で12人から10人へと2人減ったに過ぎない。

このように、現代自動車のモジュール型生産システムの導入は、自動化とともに完成車メーカーの直接労働者、中でも直接作業を専ら行う一般作業者の人員数を大きく縮小させ、脱熟練化を引き起こした。今後とも、さらなるモジュール化及び自動化によって、特段の熟練を必要としない直接労働者は、自動化機械・設備や非正規労働者に益々置き換えられていくようになるだろう。実際、2000年に団体協約で非正規労働者比率は生産労働者の16.9％とすると労使間で合意されたにもかかわらず[4]、団体協約は守られず、2002年に27.5％に達して以来ずっと、30％内外という高い水準を推移している。こうした労働力の非正規化は、主に構内請負という形を取ることで労働力の外部化も同時に進んでいる（チョ［2006］、p.14）。現代自動車の構内請負労働者の基本給は、正規労働者の80％程度であるが、ボーナスや手当てなどを含めると、正規労働者の給与に対する比率は66％程度に落ちる（チョ［2006］、p.12）。このように構内請負労働者という非正規労働者を用いることで、現代自動車は人件費抑制と労

働力の数量的柔軟化に成功している。

　他方、生産システムのモジュール化と自動化によって、直接労働過程でも、自動化機械・設備の制御・監視及び予防保全を行うキーパーの重要性と比重が増したのは見たとおりである。モジュール導入前にわずか5.0％だった直接労働者に占めるキーパーの比率は、導入後には15.6％に増大し、直接労働者を管理・監督する組長の比重と同じになった。キーパーの比重が増したのは、彼らが一般作業者を支援するだけでなく、間接部門の保全工や品質管理工が専門的に行う自動化機械・設備の維持・保全のようなシステム調整労働の重要性が増すにつれ、間接労働者の補助的業務を担うようになったからである。

　システム調整労働とは、生産を担当する直接労働ではなく、生産システムが円滑かつ完璧に作動するよう保障する間接部門の労働である。保全工や品質管理工の仕事がこれにあたり、伝統的な意味での経験的熟練とは性格を異にし、工程制御、プログラミング、トラブルシューティング、品質管理等を行う（チョ・ペク［2010］、p 296）。自動化が進めば、必然的にシステム調整労働に従事する間接労働者の役割の重要性は増す。具体的には、1994年の現代自動車蔚山1工場の車体工場では、生産労働者508人中、直接労働者が486人で95.6％を占めたのに対し、間接労働者は品質管理労働者の22人、4.3％に過ぎなかった。しかし、モジュール化が進展した2010年になると、生産労働者は332人と大きく減少するが、それは、直接労働者（254人、81.3％）の減少に因る。これとは裏腹に、間接労働者数は62人（保全工40人、品質管理工22人）と3倍近くに増え、比率も18.6％に拡大している（チョ・ペク［2010］、p.287）。

　このように、現代自動車傘下の完成車メーカーでは、モジュール化と一対をなした自動化の進展によって、生産労働者が、システム調整労働を担う一握りの熟練労働者と、大部分の脱熟練化した直接労働者に二極化されたと言える。これは、システム調整労働を担う間接労働者やキーパーの役割や技能の重要性が増す一方で、直接労働者の意味や比重は大きく低下し、自動化機械や非正規労働者に置き換えられていったことを意味する。

　しかしながら、日本のトヨタ傘下の完成車メーカーが直接労働部門でのみ非正規労働者を用いるのとは異なり、現代自動車では、システム調整労働を専門的に行う間接部門でも、構内請負で非正規労働者を活用している（チョ［2006］、

p.14）。これは、システム調整労働を担う間接工の技能形成が急激な自動化についていけず、外部化せざるを得ないからと考えられる。たとえば、現代自動車では、機械・設備の高度化と新技術の導入拡大にともない、間接労働者の技能不足で業務を遂行できないケースが増大している。この場合、工程技術課の工程技術者（＝エンジニア）が対応し、部分的に機械・設備の提供企業社員の応援を仰ぐ。加えて、会社の間接労働者に対する教育訓練も消極的で不十分である。保全工の職業訓練は現代自動車傘下の職業訓練院で行われるが、年間300人程度しか教育課程を履修できず、蔚山工場だけでも3,000人を超える保全工がいることを考えると、ごく少数しか教育を受けられない実情が浮かび上がる（チョ・ペク［2010］、p.300）。

このような現代自動車の生産体制は、現場の技能労働排除を指向するエンジニア主導的生産体制と特徴づけられる。すなわち、現代自動車ではモジュール型生産システムの導入によって、脱熟練化という形で、生産現場から経験的熟練に基づく技能労働を急速に排除していった。さらにこうした脱熟練化は、システム調整労働の間接部門にまで及び、正規労働者の請負労働者による代替を促した。

これまで、モジュール型生産システムの導入によって、現代自動車の完成車メーカーの労働過程及び労働力構造がどのように変化したかを見てきた。しかし、現代自動車のモジュール型生産システムは、2000年に設立されたモジュール企業の現代モービスを中心に系列化された下請部品企業による部品の外注生産によって支えられている点を見逃してはならない。現代モービスは、最先端デジタル技術を駆使して、モジュールを設計するとともに部品調達システムを運営し、調達された部品を組み立ててモジュール生産を行うことで、今や、現代自動車の付加価値生産を中心的に担っている。次に、現代モービスの独特な企業経営及び生産システムと労働力構造を考察する。

現代モービスは、部品企業を重層的下請構造の中に系列化し、上位企業に有利な部品納品契約によって納品単価を切り下げることで下位下請企業に負担を次々と転嫁し、部品コストの圧縮を図っている。この構造によって、下請部品企業の正規労働者の賃金は、現代自動車の完成車メーカーで働く構内請負労働者の賃金より低くなっている。すなわち、完成車メーカーの構内請負労働者の

賃金に対して、一次下請部品企業と二次下請部品企業の正規労働者の賃金は、それぞれ76.9％、66.7％である（チョ［2006］、p.14）。このように、下請部品企業に対する納品単価切り下げ圧力と、それの労働者賃金への転嫁が、現代自動車のモジュール生産体制におけるコスト削減に大きく役立っている。

　しかし、現代モービスという企業自体の経営及び生産システムと労働力構造こそ、IMF経済危機以降の現代自動車における技能労働排除的な生産体制の特徴を端的に表している。まず、現代モービスの企業経営の一つの特徴は、設備投資によるリスクを回避するため既存企業の資産買収を通じて成長してきた点である。企業買収の際、設備や資産だけを引き受け、労働者は継承せず非正規労働者で置き換えるか、あるいは別法人を設立し、既存の労働者を請負会社の請負労働者として間接雇用する（全国金属産業労組［2006］、p.121）。実際、現代モービスのモジュール工場の雇用状況は、2004年現在で、全従業員3,148人中、正規労働者は76人だけで、請負会社による間接雇用の非正規労働者が3,072人と大部分を占めている。また、現代モービスの牙山工場では、管理職16人を除いて、残り389人すべてが非正規労働者で、ライン別に異なる構内請負企業がモジュール生産を行っている（全国金属産業労組［2006］pp.122-123）。これらの労働者の賃金水準は、完成車メーカーである現代自動車牙山工場の構内請負労働者の70％である（全国金属産業労組［2006］、p.124）。このように、現代モービスは、全生産労働者を構内請負で用いることによって、「無雇用・無労組」を基本原則に労使関係が存在しない状態で、人件費コストを最大限節約すると同時に、雇用の柔軟性を最大限確保し高い収益率を達成している。

　では、現代モービスの労働過程を見てみよう。現代モービスに納品された部品は、構内請負労働者によってモジュールに組み立てられ、完成車メーカーに納品される。現代モービスは、高度にデジタル化・自動化されたモジュール組立ラインを持ち、そのため、作業は単純反復的な組み立てが中心で、新規作業者でも1週間もあれば十分業務を遂行できるようになる（キム［2009］、pp.75-76）。さらに、作業過程で、自己判断で作業を中断するなどの職務権限は労働者にはまったく与えられておらず、労働過程から徹底して労働者の自律的な判断と技能を排除する自動化機械優位のシステムといえる。それゆえ、自律的な

人間的技能を排除する程度は、完成車メーカーの生産ラインよりずっと強い（全国金属産業労組［2006］、pp.63-64）。

要するに、現代モービスは、重層的に下請系列化された部品企業による外注生産によって部品を調達し、それを構内請負企業を用いてモジュールに組み立て完成車メーカーに納品する。このように下請部品企業と構内請負労働者を活用することで、現代モービスは最大限のコスト削減を達成し、市場需要に応じた高い柔軟性を実現できるのである。

4．IMF 経済危機以降の韓国製造業における技術・技能労働力構造の変化

現代自動車で見られた労働力構造の変化が、IMF 経済危機以降、韓国の製造業で一般的に見られるなら、韓国における労働の非正規化の社会構造的な意味や理由も普遍化して理解されよう。そこで、職種別に労働者数が集計されている『賃金構造基本統計調査』[5] 上に現れた製造業生産労働者を、韓国標準職業分類[6] を利用して技術・技能の特性別に区分し、韓国における 1993 年〜2005 年の技術・技能労働力構造の変化を分析する。

まず、韓国標準職業分類の第 5 次改訂（2000 年）と第 6 次改訂（2007 年）に依りながら、製造業生産労働者を区分する範疇の定義づけをしたい。

第 5 次改訂の韓国標準職業分類によれば、大分類 1 が専門家（Professionals）となっており、このうち、製造業の生産に関わるのは、中分類 11. 科学専門家、12. コンピュータ関連専門家、13. 工学専門家である。これらは大卒以上の技術者あるいはエンジニアで、ここでは専門技術職とする。また、大分類 2 は、技術工及び準専門家（Technicians and Associate Professionals）で、このうち、中分類 21. 科学関連技術従事者、22. コンピュータ関連準専門家、23. 工学関連技術従事者が製造業関連の職業で、これらを技術技能職とする。高卒あるいは専門学校以上の学歴が必須で、文字通りテクニシャンと考えられる。ただし、近年、高学歴化が進み、大学進学率が 80％を超えている現状では、専門技術職と技術技能職の間に学歴差がほとんどなくなりつつある。また、専門職を中軸とするような社会経済構造の変化にともない、大分類 2 が技術者あるいはエンジニアとしての性格を強めた結果、大分類 1 と 2 の技術・技能の差は縮小し、

第6次改訂では両者は統合された。

　これに対し、大分類7は、技能員及び関連技能従事者（Craft and Related Trade Workers）、大分類8は、装置・機械操作及び組立従事者（Plant、Machine、Operators and Assemblers）で、技能職生産労働者である。大分類7の技能員及び関連従事者は、高校卒業程度の学歴で、鉱工業、建設業に関連する知識と技能を応用でき、例えば、金属の成型や各種機械の設置や整備などを行う。また、生産過程のあらゆる工程や使用される材料、最終製品に関する事柄を理解していなければならず、作業は手と手工具を用いて行い、機械を用いる場合も、機械の性能よりは労働者の技能の要素がより重要になる。こうした技能の特性は、「暗黙知」などを含んだ、伝統的な意味での経験的熟練に近い。それで、この範疇を熟練技能職と呼ぶことにする。ところで、現代自動車の労働力構造で検討したシステム調整労働者は、大分類1及び2、それに7にそれぞれ分散して属するため、システム調整労働者だけを抽出することはできなかった。

　他方、大分類8の装置・機械操作及び組立従事者は、高校卒業程度の学歴を持ち、大規模で、時として高度な自動化産業用機械及び装備を操作し、あるいは部品を組み立てて製品にするなどの業務を行う。この作業には、機械・装置操作だけでなくコンピュータによる機械制御など技術的革新に適応する能力も含めて、機械及び装置に対する経験と理解が要求される。とくに自動化機械・装置の積極的な導入にともない、従事者が急増した技能職範疇であるので、文字通り、装置・機械操作及び組立技能とする。韓国の技能労働力の変化を考察したファンスギョンは、この技能の特徴として、自律的な人間的技能の核心である、作業過程で判断し構想する認知的熟練（= cognitive skill）度が、単純労務職に次いで低いと分析している（ファンスギョン［2007］、pp.78-79）[7]。

　最後に、大分類9の単純労務従事者（Elementary Occupations）が挙げられる。単純労務従事者の業務は、小学校卒業程度の学歴があれば事足り、主に、単純かつ日常的で、場合によっては肉体労働が要求され、作業者の創意や判断はほとんど必要とされない。モジュール化や自動化によって引き起こされた脱熟練化がこうした単純労務職を増加させたことは想像に難くない。ここでは、そのまま単純労務職と呼ぶ。

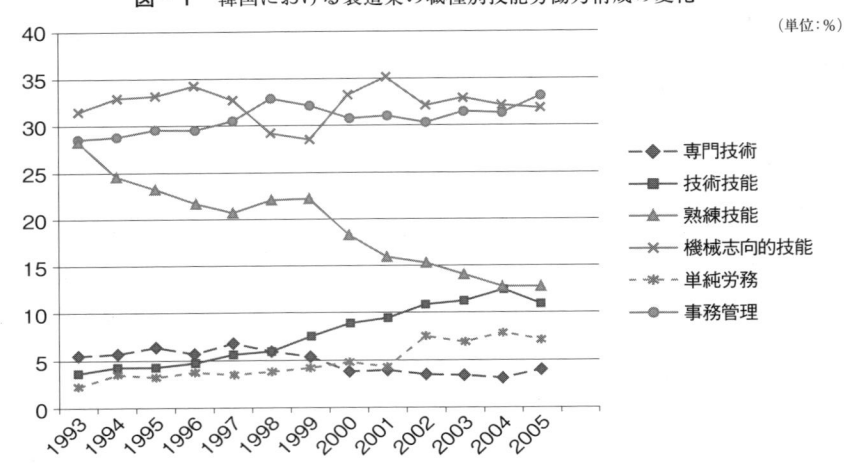

図 - 1　韓国における製造業の職種別技能労働力構成の変化

(単位:%)

凡例:
- 専門技術
- 技術技能
- 熟練技能
- 機械志向的技能
- 単純労務
- 事務管理

出所：韓国労働部『賃金構造基本統計調査』各年版原資料より作成。

　以上のカテゴリー別に技術・技能労働力の構成比の推移を見た図-1によれば、まず、技術技能職労働者の拡大が目を引く。すなわち、技術技能職は1993年3.7％から持続的に拡大し、とくにIMF経済危機以降、大幅に増大して、2005年には11.0％にまで達している。専門技術職と技術技能職の技術・技能的差が縮まり、技術技能職の技術者としての性格が強くなったことを勘案すると、両者を合わせた技術者の比重は、同時期9.2％から15.0％へと拡大している。これは、現代自動車の事例で見たように、エンジニア主導的な生産システムが、製造業一般に普及しつつあることを示唆する。

　しかし、もっとも顕著なのは、伝統的な経験的熟練を多く含む熟練技能職の構成比が大きく縮小していることである。1993年の28.4％から2005年には12.7％と半分以下に縮小し、労働者の技能に依拠するところが大きかった旧来の熟練が減少し、労働力構造が急速に脱熟練化していった様が見て取れる。このような脱熟練化の趨勢は、単純労務職の拡大からも確認される。1993年に2.3％に過ぎなかった単純労務職は、2004年には8.0％、2005年には7.2％と、比重にして3倍以上も拡大している。

　こうした、技能労働力の脱熟練化が急速に進んだのは、生産システムのデジ

タル化・自動化の急進展ゆえに違いない。1993年にはすでに、それに対応する装置・機械操作及び組立技能が31.6％と、製造業技能労働者の中軸を占めていた。それ以降もその構成比の大きさは、若干の上下動はあってもほとんど変わらず、30〜35％の間を推移している。前述したように、装置・機械操作及び組立技能は、自律的に構想し判断するのに必要な認知的熟練の程度が低い技能である。デジタル化・自動化にともない、こうした認知的熟練、言わばものづくりの技能の必要がいかに失われていったかは、三星電子で製品開発・生産プロセスのイノベーションにかかわった吉川良三氏の次のような言葉にも端的に表れている。

「…いまは製造装置の技術も進歩しているので、生産現場ではものづくりの知識がない人でも立派な戦力になります。実際にものをつくるのはすべて優れた工作機械がやってくれるので、オペレーターにはものづくりの知識はそれほど必要ないのです。優れた製造装置になると、熟練工なみのテクニックを持っています。ものづくりの暗黙知のようなものまでが最初から工作機械にインプットされているので、特殊なものの生産を除けば、現場の作業者が熟練した職人の技を身につけていようがいなかろうが、何ら問題がありません…」(吉川・畑村［2009］、p.123)。

要するに、1990年代以降、とくにIMF経済危機を契機に、韓国製造業の技術・技能労働力構造は、技術技能職と専門技術職といったエンジニアや専門職の比重が拡大する一方で、認知的熟練やものづくりの技能の要素が強い熟練技能職が急速かつ大幅に減少した。これと裏腹に、生産体制の自動化にともない、認知的熟練度の低い装置・機械操作及び組立技能が生産労働力の枢要を成すようになった。こうした趨勢は、単純労務職の増大とともに、韓国製造業の生産労働者の脱熟練化を示すものである。

5．おわりに

以上のように、1998年のIMF経済危機を画期として、韓国の大企業を中心に、生産システムのデジタル化・自動化とモジュール化を中軸とする生産体制の「革

新」が起こった。しかし、革新とは言っても、それは、経済危機に直面して、組立型工業化という韓国独特の経済発展メカニズムを深化・高度化させることに他ならなかった。こうして、元々、技術・技能節約的であった韓国の生産体制は、自律的な構想や判断にもとづく認知的熟練や経験的熟練を排除する脱熟練化の方向により一層、突き進んで行ったのである。これは、マクロ的な技術・技能労働力構造の変化となってたちどころに現れた。すなわち、自動化機械のプログラミングや制御・保全などを専門的に行う一握りの技術者＝エンジニアの重要性が高まる一方で、多くの技能労働者が脱熟練化したのである。とくに、1987年の労働者大闘争以降、技能労働者の企業内養成と結びついて、男性正規労働者による内部労働市場が徐々に形成されていた大企業において、IMF経済危機を境に脱熟練化が急激に進んだ。このように、組立型工業化という生産体制の発展とともに熟練の重要性が大幅に減じる過程で、正規労働者は非正規労働者に容易に置き換えられていったのである。この結果、大企業男性正規労働者を中心とする強力な企業別労働運動は弱体化し、内部労働市場の中で、安定的な雇用と良好な労働条件を享受してきた大企業男性正規労働者の雇用は、労働の非正規化に表されるように劣化の一途をたどることとなった。

　　（本章について詳しくは、拙著『韓国の都市下層と労働者――労働の非正規化を中心に――』（2012年、ミネルヴァ書房、近刊）を参照されたい。）

注
1) ここで生産体制とは、ある一定の生産システム導入にともなう生産過程全体を組織する様式の総体を指す。
2) 直接労働過程に従事する労働者を指す。ここでは、一般作業者、キーパー、組長、班長であるが、表－1で引用した全国金属産業労組［2006］では、班長の人数は示されていない。また、直接労働者に対して、設備の維持や保全、品質管理を専門的に行う間接部門の労働者として保全工、品質管理工がいる。
3) キーパーとは、現代自動車の生産現場にのみ存在する職務である。1987年の労働者大闘争以降、現代自動車の労使関係が対立的になり、一時は労働組合が現場統制力を掌握するまでになった。このため、一般作業者の設備及び品質管理に対する積極的な姿勢を期待できず、会社側が古参労働者にキーパーとしてそれらの職務を任せたのが始まりである（チョ・ペク［2010］、p.293）。

4) 1987年に現代自動車労働組合が結成されて以来、労働組合は、正規労働者を3K職務につかせないことを要求し、その代わり、会社が3K職務に構内請負をアウトソーシングすることを容認してきた（チョ［2006］、p.13）。
 5) 予め断っておかなければならないのは、『賃金構造基本統計調査』の対象は男性常用労働者に著しく偏っていることである。『賃金構造基本統計調査』は、企業規模10人以上の常用労働者を対象とするが、女性賃金労働者の6～7割が臨時職・日雇い労働者で、女性常用労働者の約4割が従業員10人未満の零細事業体に集中しているため（横田［2007］、p.85）、女性労働者の約8割は調査対象から除外されている。したがって、第4節では、主に従業員10人以上の製造業企業に就労する、男性常用労働者の労働力構造の変化に対する分析となる。
 6) 韓国標準職業分類は、1963年から2011年までの間で、66年、70年、74年、92年、2000年、2007年に6回改訂されている。本章の分析対象期間では、2000年の第5次改訂で、生産過程の自動化の進展にともない、第7分類の技能員及び関連技能従事者から、第8分類の装置・機械操作及び組立従事者に移動した職業がある。これによって、資料の連続性に若干の問題が生じるが、技術・技能労働力構造の推移を知るには大きな支障はない。
 7) ファンスギョンは、認知的熟練を、自動化機械によって容易に代替されず標準化されない認知的作業（＝構想－筆者）を行う技能の核心的要素と捉えている。ファンによれば、認知的熟練点数は、専門技術職で1.61、技術技能職で0.54、熟練技能職で-0.39、装置・機械操作及び組立技能で-0.66、単純労務職で-1.39であった（ファン［2007］、p.79）。

参考文献

1．日本語文献

青木昌彦・安藤晴彦編著［2002］『モジュール化　新しい産業アーキテクチャの本質』東洋経済新報社

桑原哲［2011］「製品アーキテクチャのモジュール化の進展における日本、韓国、中国の東アジア地域における比較優位構造とその変化について」『RIETI Discussion Paper Series 11-J-001』

田中博秀［1984］『解体する熟練　ME革命と労働の未来』日本経済新聞社

野村正實［1993］『熟練と分業――日本企業とテイラー主義』御茶の水書房

服部民夫［2005］『開発の社会経済学――韓国の経済発展と社会変容』文真堂

服部民夫［2007］『東アジア経済の発展と日本――組立型工業化と貿易関係』東京大学出版会

松本厚治・服部民夫編著［2001］『韓国経済の解剖――先進国移行論は正しかったのか――』文真堂

吉川良三・畑村洋太郎［2009］『危機の経営』講談社

2．韓国語文献

キムチョルシク〔김철식〕［2009］『상품연쇄와 고용체제의 변화―한국 자동차산업 사례연구（商品連鎖と雇用体制の変化――韓国の自動車産業事例研究）』서울대학교 사회학과 박사학위논문（ソウル大学校社会学科博士学位論文）

全国金属産業労働組合連盟〔전국금속산업노동조합연맹〕［2006］『현대자동차의 모듈생산방식―아산공장 사례를 중심으로（現代自動車のモジュール生産方式――牙山工場の事例を中心に）』

チョソンジェ〔조성제〕［2006］「한・중・일 자동차산업의 고용관계 비교―도요타, 현대, 상하이 폴크스바겐의 비정규직실태를 중심으로（韓・中・日の自動車産業の雇用関係比較――トヨタ，現代，上海フォルクスワーゲンの非正規職の実態を中心に）」韓国労働研究院（한국노동연구원）『노동정책연구（労働政策研究）』제6권 제2호（第6巻第2号）

チョヒョンジェ・ペクスンニョル〔조형제・백승렬〕［2010］「유연 자동화와 숙련 성격의 변화―대자동차 차체공장의 시스템조정 노동을 중심으로（柔軟自動化と熟練の性格の変化――現代自動車車体向上のシステム調整労働を中心に）」『산업노동연구（産業労働研究）』제16권 제1호（第16巻第1号）

韓国労動部 各年.『職種別賃金実態調査報告書』原資料

韓国統計庁［2000］『한국표준직업분류（韓国標準職業分類）』

韓国統計庁［2007］『제6차 한국표준직업분류개정（第6次韓国標準職業分類改訂）』

現代自動車社内資料 2004年3月

ファンスギョン〔황수경〕［2007］『한국의 숙련구조 변화와 핵심기능인력의 탐색（韓国の熟練構造の変化と核心技能人力の探索）』韓国労働研究院

第3章

中国における
労働力コストの上昇と成長モデルの転換
―― 和諧社会の構築に向けて ――

陳　建平

1．はじめに

　2010年5月に起きたホンダ中国部品工場でのストライキについて、米ニューヨークタイムズ紙のPhilip Bowring氏は、「先細りする中国の労働資源（China's Dwindling Resource）」と題するコラムの中で、次のように述べている。「これは、これまで労働者よりも、国の内外を問わず、企業によって掠め取られてきた中国の奇跡の成長の果実の取り分を、より公平に分配せよと要求しているだけである。世界中のほとんどの国において、「社会主義」中国ほど、労働分配率の低い国はない。しかしこういった労働争議の活発化の背後にあるのは、イデオロギーではなく、無味乾燥なデータ、すなわち人口動態である。30年間上昇し続けた15歳から64歳の生産年齢人口の比率が、今年、71.9％のピークをつけたのである。就労人口の絶対的規模が2015年にピークに達し、その後に緩やかに減少しはじめる。実際、労働可能人口は既にピークに達しているかもしれない。というのはより多くの人の就学期間が伸びているため、労働市場に参入するのは15歳よりもだいぶ遅くなることと、労働市場への女性の参加も今では70％にとどまり、これ以上増える見込みがないと思われるからである。」[1]
　氏はさらに、「中国全体でみると、15歳から19歳の労働者の数は1億600

万人に過ぎず、20歳から24歳の1億2,200万人よりも少ない。40代及び50代の人口は3億7,800万人であるのに対して、20歳以下は2億7,300万人に過ぎず、特に地方において、若い出稼ぎ可能な人口の低下が著しい。中国は経済成長を維持し、労働生産性を上昇させるためには、別の方法を見い出さざるをえなくなるだろう」と続け、人口構造から見た中国における労働コスト上昇の見通しを指摘した。

　一方、英フィナンシャルタイムズ紙は、同じく2010年6月3日付けで掲載された「権利の主張を認められた中国人労働者（Chinese labour is licensed to stake its claim）」[2]と題するコラムの中で、著者のDavid Pilling氏は、「中国経済の離陸から30年間の発展を築く土台となった無限に提供される低賃金労働力の時代は終わりに近づいている。その背景の1つには、人口動態がある。中国の「一人っ子政策」のために、40歳未満の労働者の数が20%も減少したのである」と述べ、同様に人口構造の変化に言及している。氏は同コラムの中で、若い労働者は、親世代の出稼ぎ労働者と違って、単なる出稼ぎには満足せず、都市部への移住を考えていて、そのために都会の生活に不足のない賃金の獲得を望んでいると、労働観の変化をも指摘した。さらに、2008年に施行された「労働契約法」が、労働者に有利に働き、今後、外資企業にとって賃金上昇の圧力がさらに高まるであろうとの見通しを示した。

　いずれの論者も、人口構造に着目し、労働力不足や人件費の上昇が不可避と見ており、さらに将来の見通しや外資系企業への影響について見解を示している。

　ホンダ部品工場での賃上げ要求のストライキは、その後24%の賃上げで妥結したが、ホンダの工場以外にも、華南地区を始め、各地の外資系企業で賃上げを求めるストライキが続発していた[3]。実は、それよりもさらに遡ること数年前の、2004年ごろに、華南地方において、「農民工不足」が大きく問題となったことがあった。低賃金の外資系企業、特に労働条件の厳しさに定評のある香港・台湾系の工場が深刻な人手不足に陥ったのである。広東省で人手不足となった理由としてあげられたのは、第1に賃金が安いため、労働者の参入が細ったということ、第2に長時間労働など、労働環境の劣悪さ、第3に労働需要の急速な増加に供給が追いつかなくなったこと、第4に従業員の宿舎など福利厚生

面が極端に遅れていたことである[4]。それに対して、広東省政府がこれまで他に比べて低かった最低賃金基準を引き上げることで対応したが、その後でも、程度の差こそあれ、毎年のように、農民工不足が取りざたされるようになった。要するに企業側が設定した労働条件、労働環境に対して、労働者側が足で投票してノーと突きつけたということである。

2008年のリーマンショック後に世界的金融恐慌が起き、景気が減速し、労働に対する需要も減少したため、状況が幾分緩和されたが、2009年夏以降、労働力の需給関係が再び逼迫するようになってきている。関志雄氏によると、労働力不足が起きた背景には、景気回復に加え、中部と西部（内陸部）における経済発展の加速、そして発展段階における完全雇用の達成を意味するルイス転換点の到来といった中国経済の構造変化があるという[5]。

これまで外資系企業にとって、中国といえば、農村部には1億5,000万人から2億人の余剰労働力があり、ここから途切れることなく労働力が供給されると思われた。しかも3年ほどで労働者が入れ替わるため、賃金は低いまま推移する。また中国人労働者は手先が器用で、勤勉で、休日出勤や残業を含む長時間労働もいとわないというので、この労働力を求めて外資は中国に進出し、中国で製造し、世界中に輸出するビジネスモデルが確立された[6]。他方、中国経済が1970年代末からの改革・開放政策以降、30余年にわたって高成長を実現しえたのも、こうした廉価で豊富な労働力供給があったからこそといっても過言ではない。

しかし、ホンダ部品工場スト事件を始めとする一連の出来事は、外資系企業にとって、廉価で豊富な労働力が供給され、ストが起きず、採用も解雇も自由な雇用天国が、もはや過去のものとなりつつあることを示しているように思われる。そのことがまた同時に、廉価で豊富な労働力をテコに、輸出中心に経済発展を遂げて来た中国の成長モデルそのものが転換する時期を迎えたのではないかと示唆するものでもあった。というのは、中国のこれまでの経済成長は、労働者に対する「あくなき収奪」[7]の上に成り立っているともいえ、成長の背後には、地域、階層間の格差の拡大や社会の不安定化などさまざまな問題を抱えている。各地で頻発する年間10万件にも及ぶ暴動や「群体性事件（集団抗議行動）」などからもわかるように、社会的対立が激化しており、先延ばしで

きないところまで来ている状況といえる。中国政府が打ち出した「和諧社会（調和の取れた社会）の構築」の目標は、これら諸問題に対する中国政府の認識と対応を反映したものといえる。農業税の廃止と農業手当ての支給、「労働契約法」の施行、各地の最低賃金基準の引き上げ、社会保障制度及び社会扶助制度の整備と充実、一人っ子政策の緩和や都市と農村の二重社会を作り出した戸籍制度改革の動きなど、和諧社会の構築に向けて、国民の不満や社会的対立の緩和が狙いと思われる社会の底辺にある労働者や農民に目を向けた政策が次々と打ち出されている。

中国における労働力不足[8]問題は、つまるところ、労働市場において、これまでの均衡を崩す要因が生じたからに他ならない。この現象が局地的、または一時的なものなのか、それとも全面的、構造的なものなのかについては、さまざまな議論があるが、本稿はそうした議論を踏まえながら、中国における労働力不足現象の意味を考え、その背景や、成因及び影響について論じるものである。

2．労働力不足をめぐる諸議論

2003年末から、珠江デルタ地域、長江デルタ地域、福建省東南部、浙江省東南部など、これまで農民工の出稼ぎ先として真っ先に挙げられた地域で、程度の差こそあれ、いずれも労働力不足の問題が出現し出した。従来の賃金水準では、企業の求人目標が達成できず、不足が10％から20％に及ぶといわれ、未だに根本的改善が見られない。

また、中国国家統計局が発表した「2009年農民工観測調査報告」によると、東部地域の農民工の数は9,076万人で、依然最多数を占めるものの、前年比で888万人減少し、減少幅が8.9％となっている。それに対して、中部地域と西部地域の農民工の数はそれぞれ2,477万人と2,940万人で、いずれも前年比で30％を超える増加となった。

農民工が減少した東部地域の中で、長江デルタと珠江デルタがそれぞれ、238万人、7.8％及び954万人、22.5％の減少となっており、特に珠江デルタ地域の減少が目立った。この二つの地域がそれぞれ全国農民工の2割前後を受け

入れていることから、いわゆる農民工不足問題は、この二つの地域において特に顕著であり、中国全体の状況を象徴するものであると考えてよい。

今回の農民工不足の現象が発生した原因について、「2009年農民工観測調査報告」は、中西部におけるインフラ建設など、2008年の経済危機に対して4兆元にのぼる緊急景気対策が採られたために、中西部での雇用機会が増え、沿海部からのUターンや地元での就職など農民工にとって選択肢が増えたためと指摘している。

また、この二回の農民工不足現象を比較分析した研究（李・田［2011］）によると、農民工不足の原因については、基本的には、経済成長及びそれに伴う需要の増加が、二回の農民工不足現象の直接的原因であるとするが、低賃金、低コスト、輸出指向型の経済成長モデルが二回の農民工不足の背後にある根深い原因になっており、さらに、戸籍制度の制約や各種の社会保障制度の欠如がこの二回の農民工不足の重要な原因ともなっているという。

ただ、二回の農民工不足を比較して見ると、前回は基本的に華南地方が主であったが、今回のそれは全国各地にも広がりを見せている。職種的にも技術職、熟練工から未熟練工にまで拡大した。それについて、中国社会科学院人口と労働経済研究所社会保障室主任の張展新氏は、社会経済の発展により、農村労働力の供給コストが上昇したこと、計画出産政策により、適齢労働人口が減少したことから、二回の農民工不足は、構造的なミスマッチから全面的な供給不足に変化したことを示していると指摘している[9]。

三浦有史氏は、「不足と余剰が同居する中国の労働市場」と題するレポートの中で、農民工の「出し手」となるはずの河南、山東、河北、安徽などの省に依然として余剰労働力が滞留しており、そしてそうした地域の方が最低賃金の上昇率が高いとの指摘を行っている（三浦［2011］）。

人口構造から見て、農村余剰労働力の供給能力が低下しているとしている点について、張氏はニューヨークタイムズ紙や、フィナンシャルタイムズ紙の主張と軌を同一にするものであるが、開発経済学では、工業化の過程において、伝統部門から近代部門へ労働力の移動が行われ続けた結果、ついに余剰労働力が払底し、賃金の上昇が起きる時期のことは「ルイスの転換点」として有名である。

3．ルイス転換点は到来したか

「ルイスの転換点」はイギリスの開発経済学者のアーサー・ルイス（1915～1991年）が提唱した概念で、経済の成長プロセスで農村部住民が働き手として都市部工場などに流れるものの、産業の規模が大きくなるに従って最終的には余剰人口が枯渇する。この時期を「ルイスの転換点」と呼ぶ。その後は雇用需給のひっ迫を通じて、労賃が急ピッチに上昇する傾向があるとされる。

国家統計局がまとめた「2009年農民工監測調査報告」によると、東部地域では農民工の人数が前年比8.9％減少した。中でも珠江デルタでは22.5％減と不足が目立っている[10]。

また、国家統計局のデータによると、農村就業者数4.73億人のうち、居住地から離れた出稼ぎ就業者数が1.4億人あり、農村企業就業者数の0.85億人を加えると、非農業部門における農民工の数が2.25億人に達する。これは農村就業者数4.73億人の47％に相当する。現在の中国の農業生産力水準では、1.8億人の農業労働力の確保が必要なため、実質農村余剰労働者は6,800万人程度にとどまる。さらに、そのうち40歳以下の労働力となると、5,000万人前後とされており、農村就業者数全体の10％強に過ぎない。農村労働力はもはや無限に供給できる資源ではなくなったのである[11]。

関志雄氏も中国がルイス転換点に差し掛かっている根拠として次の3点を挙げている[12]。

1）出稼ぎ労働者の不足が長期化し、当初は東部に限られていた労働力の不足が、中西部にまで広がる傾向を見せている。その上、不足は技術者や熟練労働者にとどまらず、非熟練労働者にも広がっている。

2）1998年まで実質賃金の伸びは一貫して実質GDP成長率を大幅に下回っていたが、その後、両者の関係が逆転するようになった。

3）国務院発展研究センターの社会主義新農村建設推進課題チームが、2005年に全国17省の2,749村に行った調査によると、全国の農村には約1億人の余剰労働力が依然残されているが、その多くは農業以外の産業への就業転換が難しい中高年労働力に当たり、農業以外の産業への就業転換が可能な青壮年労

働力は転換を終えつつある。この調査において約四分の三の村は、「村内の出稼ぎに出ることができる青年労働力はすでに出尽くしている」と答えている。

　また、中国国務院発展研究センター金融研究所の巴曙松氏は、2011年4月末に発表された第6回全国人口調査の結果について、「今回のデータを見て、中国がルイスの転換点を過ぎ、人口ボーナスもまもなく終わることが確認できた」と述べている。そして、このルイスの転換点は、中国経済を生産要素主導型から生産力主導型へ転換させ、この二つの転換を迎えることにより、以下のような結果がもたらされると予想している。すなわち、

　1）労働者の賃金上昇が物価の上昇を招き、労働力の供給が十分にあった時期の低インフレ状態は続かなくなる。

　2）経済成長が鈍化する。

　3）労働力供給の停滞が国民の所得配分を改善し、賃金水準が向上し、消費が活発となる。

　4）消費の増大が貯蓄率の低下を招き、投資も減速する。経済成長の動力は投資から消費に変わる。

　5）所得配分が合理的になり、クズネッツの波（建築需要に起因するおよそ20年周期の景気循環）がスムーズに切り抜けられるようになる[15]。

　一方、中国がまだルイスの転換点を迎えていないとする意見もある。中国経済改革研究基金会国民経済研究所の樊綱所長は、2010年7月28日、香港で開かれた「香港サミットフォーラム（香港中華総商会主催）」に出席した際、中国経済がこれからの30年間も引き続き高度成長を維持するとの楽観的な見通しを示したと新華社が伝えた。それによると、樊綱氏は、労働力や資本の投入といった、中国経済を過去30年間支えてきた高度成長の要因は、これからの30年間も引き続き存在すると述べている。資本投入については、「中国の現在の貯蓄率は過去最高の水準にあり、貯蓄の対国内総生産（GDP）比は51％に達している。これは世界の歴史を振り返っても非常にまれなことだ。また海外資本が絶えず流入しており、こうした現象が今後も継続することを確信する。資本投入の経済に対する支援作用は、今後30年間は弱まらない見込みだ」と話した。一方、労働力については、「最近、給与水準が上昇したが、中国がルイスの転換点に到達するにはまだ10年から15年かかる。中国の労働力コスト

はかつてのように安くはなくなったが、総合的に見れば、中国はこれからも労働力コストが相対的に安い国の一つであり続けると考えられる」と語っている。さらに、「中国の対教育投資は非常に大きい。企業は20年、30年の発展期を経て、徐々にトップレベルに迫りつつある。人的資本、教育水準、科学研究の体制が徐々に向上するのに伴い、今後30年は革新という要因が中国経済の発展においてより大きな役割を果たすようになり、労働力コスト上昇の影響をある程度補うようになると予想される」と続け、中国経済発展への自信を覗かせている[14]。

また、日本総研の三浦有史氏も、2010年に刊行された『第二次農業センサス』に基づいて推計した結果、中国農村における余剰労働力は1億2,233万人あること、2004年以降に本格化した未熟練労働力の不足は、WTO加盟を受け急速に膨らんだ需要に供給が追いつかなくなったためであること、中国が「転換点」を通過したかについては経済学者の間でも意見の一致を見ないのは、賃金や労働力移動にかかわるデータの制約が大きいからであること、といった結論に達している（三浦[2011]）。

こうして見ると、中国がルイスの転換点に到達したかどうかについては、諸説紛々であり、学者間でも意見の一致が見られない。すでに転換点を超えたとする者もいれば、10年後に訪れると見る者もいる。しかし、ルイスの転換点を越えたか否かは別として、もはや中国の労働力資源が無尽蔵ではなくなったということについては、あまり違いはないようである。そして、このことの意味するところは、この無尽蔵だった労働力資源がいずれ枯渇した暁には、賃金の上昇や成長の鈍化が待ちかまえており、そうなれば、中国がこれまでとってきた、廉価で豊富な労働力資源に基づいた成長モデルも転換せざるを得なくなることなどについても、それほど異論はない。

国連が各国の人口データに基づく2100年までの人口予想を公表しているが、その予想データをグラフ化したものが図1である。それを見ると一目でわかるように、中国の生産年齢人口は、2015年にピークを迎え、その後緩やかに減少に転じる。全人口に占める生産年齢人口の比率も、2015年を境に下がり始め、2030年以降はより急激な降下が訪れると予想される。

こうして見ると、少なくとも、労働人口がピークに達する2015年までは、

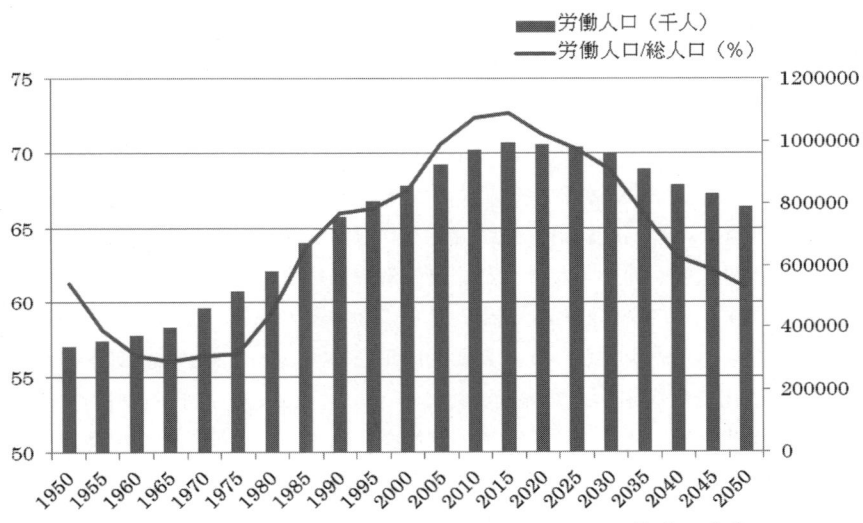

図-1　中国労働人口（15〜64歳）の推移

■ 労働人口（千人）
― 労働人口/総人口（％）

出所：国連 World Populaton Prospects: The 2010 Revision Database に基づいて作成。

ルイスの転換点が到来したといえないのではないか。また、10億人規模の労働力を維持する2030年時点においても、農村における余剰労動力が枯渇するとは考えにくい。都市と農村を隔てる二重戸籍制度の撤廃が実現し、農業の労働生産性が向上すれば、まだ相当数の労働力が農業から解放される可能性が高い。

　開発経済学の視点では、伝統部門の抱える余剰労働力をどう解消するかが課題となっており、どちらかというと、余剰人口や労働力をネガティブに捉えている感がある。他方、人口経済学からは人口の構成が経済成長にどのような影響を与えるかについての捉え方があり、どちらかというと、人口をポジティブに捉えることができる見方である。

4．人口ボーナスと中国の経済成長

　一般に人口転換のモデルとして、所得水準の上昇に伴い、出生率、死亡率が「多産多死」から「多産少死」、さらに「少産少死」へと変化するとされる。こ

の「多産少死」から「少産少死」に至る過程において、人口ボーナス期が訪れることがある。

　人口ボーナスとは、一国の人口構成で、生産年齢人口に対し、年少人口、老年人口（合わせて従属人口という）が少ない状態を指す。通常、人口ボーナス指数（生産年齢人口／従属人口）の比率が2以上の数値となる状態を指す。これは、「多産多死」社会から「少産少子」社会へ変わる過程で現れる状態で、労働力が豊富なため高度経済成長が可能な状態になる。一国に一度だけ現れるという。所得水準が向上するにつれ、出生率も変化するので、この状態がいつまでも続かず、いつかは終焉を迎え、さらにその逆の状態になる。その逆の状態のことを人口オーナスという。高齢人口が急増する一方、生産年齢人口が減少し、少子化で生産年齢人口の補充はできず、財政、経済成長の重荷（onus）となった状態を指す。人口オーナスの状態を説明するのに好都合な指標が従属指数である。従属指数は人口ボーナス指数とは逆に、従属人口／生産年齢人口×100で得られる。人口ボーナスも人口オーナスも、いずれもある国の人口構成がその国の経済発展にどのような影響を与えるかを説明する際に用いられる。

　1970年代末から中国が計画出産政策（いわゆる「一人っ子政策」）を実施して来た結果、1990年代から現在まで、人口ピラミッドが35～45歳までの世代が最も多い「つぼ型」となった。出生率の低下によって、生産年齢人口の割合が増加し、非生産年齢人口が減少した。それが、労働投入量の増加と貯蓄率の上昇をもたらし、1980年代以降の30余年間に亘る中国経済の成長を支えてきたことは疑いない。

　中国の人口ボーナスについて研究したものとして、大泉の「中国の人口ボーナスはいつまで続くのか——持続的経済成長の課題——」などがあるが、それによると、典型的な人口転換モデルほど明確ではないものの、中国も同様に多産多死から少産少死へ移行してきたことが示されており、2009年の粗出生率（人口1,000人当たりの出生数：単位‰）は12.1‰と、先進国と変わらない水準にあるという（大泉 2011）。

　しかし、出生率の低下と生産年齢人口比率の上昇が、必ずしも直ちに経済成長につながるわけではない。生産年齢人口比率が上昇しても、労働市場にそれ

を吸収する力がなければ、労働力の増加につながらないし、国内貯蓄率の上昇をもたらすことも難しい。また国内貯蓄率が高まっても金融制度の発展が遅れれば、成長を促進するような資本ストックの増加にはつながらない。諸条件がそろってはじめてボーナス効果が現れる。

　中国の人口ボーナスがいつまで続くかについては、さまざまな意見がある。大泉氏は、生産年齢人口の比率が上昇から低下に向かう時点を人口ボーナス終了時点と見なし、中国の場合、早くも2010-2015年に終わりが来ると推計しているが、中国国務院の馬力参事官は、それと異なる見解を示している。2010年5月18日に「2010年中国人口と発展諮問会」に出席した際に、馬氏は「中国の労働力の変動と判断」をテーマとした報告を行い、「中国の従属人口指数は2013年に転換点を迎え上昇し始めるが、2010年から2035年までは、「人口ボーナス期」の基準である50％を下回り、労働力が豊富で扶養負担が低く、貯蓄率が高い「人口ボーナス期」となる。これは経済発展と社会のモデル転換に有利となる」と述べている[15]（図-2参照）。生産年齢人口のピーク期の予測は大泉氏とさして変わらないが、それを人口ボーナス期の終点と見なすかどうかで意見が分かれているようである。

　図-1の中国生産年齢人口の推移を見ると、2030年ごろまでは、中国は依然として10億人の生産年齢人口を抱えており、図-2からその時点の中国の総人口が約14億人と予測されるので、人口ボーナス期が2035年まで続くとする馬氏の見方が支持されているように思われる。ただし、一人っ子政策が続いてきた結果、年少人口が減り続けており、この政策が続いていけば、生産年齢人口の高年齢化が予想される。したがって、実際に、いつまで人口ボーナス期が続くかは、中国の人口抑制政策がいつまで続くかにかかっているといえるのかもしれない。

　ただ、人口ボーナスが終わっても、経済成長が終わるというわけではない。生産年齢人口比率が上回っている間は、依然高水準の国内貯蓄率が期待できるからである。この貯蓄が効果的・効率的に使用されるならば、高い経済成長率を維持できる可能性が高い。また、教育水準の向上や、第二次産業、第三次産業への労働力シフトが、労働生産性を向上させる可能性もある。実際、中国の場合、2000年代に入って生産年齢人口の増加率が1％を下回っているにもか

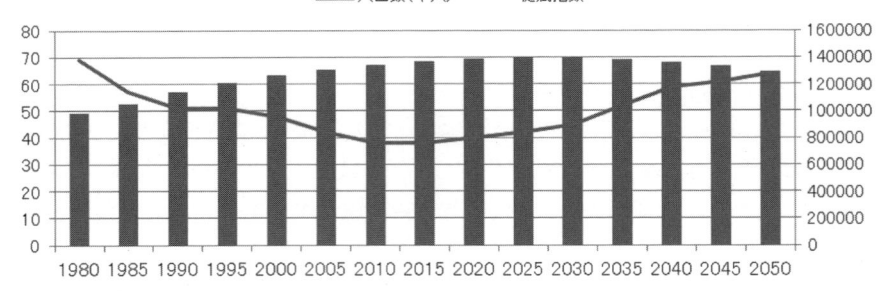

図-2 2050年までの中国人口動態と従属指数

人口数(千人)　　従属指数

出所：国連 World Populaton Prospects: The 2010 Revision Database に基づいて作成。

かわらず、成長率に鈍化の兆しは見られていない。大泉氏はその原因を労働力の移動にあると見る。すなわち、内陸部から安価な余剰労働力が沿海部に供給され続けることで、高い貯蓄率をもたらし、生産年齢人口の変化から推測される以上の労働投入量の増加を可能にした。さらに、余剰労働力を吸収し続ける限り、人口ボーナスの期間は、人口動態から推計されるものより、長期化することになることもある。したがって、中国経済を展望するに際して、内陸部・農村部の余剰労働力が今後どのような動きをするのかに注意する必要があるという（大泉［2011］）。

5．労働コスト上昇の背後にあるもの

ところが、内陸部・農村部の余剰労働力の動きを左右する可能性がある政策が次々と打ち出されている。

まず農業に関する政策を見てみると、農業税を廃止したのは2006年であるが、各種の農業手当は、それよりも早い段階で農民に支給されていた。耕作面積に応じて支払われる耕作手当（2004年）、肥料や燃料の購入に対する農業総合手当（2006年）、優良品種の播種に対する良種手当（2002年）[16]、農業機械の購入に対する農機手当（2004年）などがその主たるものであるが、農業生産の安定化や農民所得の向上に大きく貢献している。また2007年から農民の家電購入に対する補助（家電下郷）が始まり、その後同様な補助として、2009

年に「自動車下郷」(2010年末終了)、「バイク下郷」(2013年末終了予定)などが続き、農民の消費需要を喚起することで内需の振興を図る一方、農民の生活水準及び消費水準の向上、農村の安定化をも狙いとしている。

次にリーマンショック後の経済危機への対策として、中国政府は4兆元にのぼる景気対策を講じたが、その多くは計画されていたインフラ建設の前倒し実施であった。それにより、中国経済がいち早く景気回復し、再び9％以上の高成長の軌道に乗った。なかでも、内陸部の経済成長が目を引く。

内陸部は、もともと対外依存度が低く、海外発の危機の影響が相対的に軽微で、加えて政府の大型景気対策でインフラ投資が盛んに行われたため、成長の勢いが強い。2010年の各省市自治区のGDPを見ると、総額でトップ3を占めているのは、広東省、江蘇省、山東省と相変わらず沿海地域が並んでいるが、成長率で見ると、天津（17.4％）、重慶（17.1％)、海南（15.8％)、青海省（15.3％)、四川省（15.1％)、内蒙古（15％)、湖北省（14.8％)、湖南省（14.5％)、安徽省（14.5％)、陝西省（14.5％）と、ベスト10のうち、天津市と海南省を除いて、ほとんどが中西部地域に属している[17]。2009年と比べると、すべての内陸部省市自治区が10％を超えたこと、ベスト10に入る内陸部地区の数が7から8に増えたこと、などが目に付く。政府の内需振興策と、企業の内陸部移転の促進策が功を奏して、沿海部の経済発展の波がいよいよ内陸部に及んできたと見て差し支えないであろう。

図-3 2010年各地区GDP伸び率

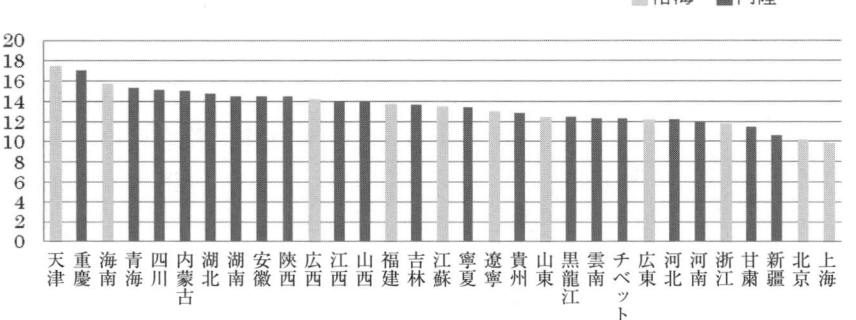

■沿海 ■内陸

出所：中国経済網　http://www.ce.cn/macro/more/201102/15/t20110215_22214061.shtml

図-4　2009年各地区GDP伸び率

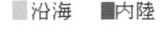

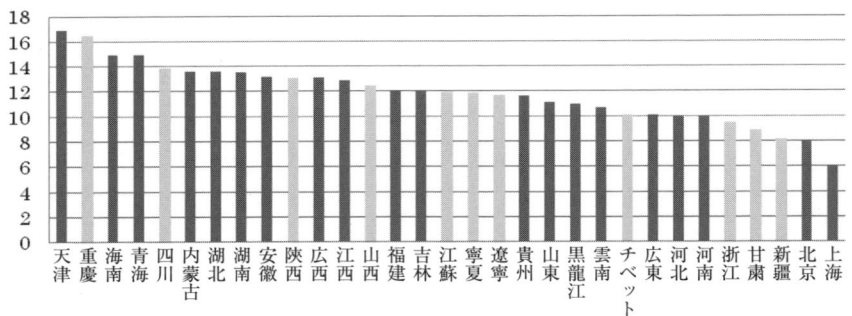

沿海　内陸

（棒グラフ：天津、重慶、海南、青海、四川、内蒙古、湖北、湖南、安徽、陝西、広西、江西、山西、福建、吉林、江蘇、寧夏、遼寧、貴州、山東、黒龍江、雲南、チベット、広東、河北、河南、浙江、甘粛、新疆、北京、上海）

出所：中国経済網　http://www.ce.cn/macro/more/201002/26/t20100226_21016776.shtml

　東部地域における農民工不足と、中西部における農民工の大幅な増加は、内陸部での経済の著しい成長という中国経済の新たな潮流が生まれたことが背後にあったからに他ならない。
　もう一つ無視できない流れは、中国における労働者権利擁護の動きである。
　ニューヨークタイムズ紙の Philip Bowring 氏がいみじくも指摘したように、改革開放後の中国は、世界中を見ても、これほど労働分配率の低い国はないといわれるぐらい、経営者にとっては天国、労働者にとっては厳しい国であった。中華全国総工会集団契約部部長の張建国氏は、記者とのインタビューの中で、多発する労働争議や、「民工荒」とよばれる労働力不足の背後には、労働者収入の低さ、福利待遇の悪さがあると指摘し、珠江デルタの農民工の月給は12年間わずかに68元上昇したに過ぎず、半分以上の出稼ぎ労働者は労働時間を延長することで収入を増やすほかなかったとする広東省総工会の2005年の調査を示しながら、さらに次のように語った。「中国の労働所得の GDP に占める比重は、1983年に56.5%のピークを迎えた後は、下降の一途をたどり、2005年には36.7%に下がり、22年間に20ポイント減少した。それに対して、1978年から2005年の間に、資本所得の GDP に占める比重が20ポイント上昇したのである。全国総工会が行った調査によると、23.4%の労働者は5年間賃金が増えておらず、75.2%の労働者は今の社会の所得分配が不公平だと感じており、

61％の労働者は、一般労働者の所得が低すぎることに最大の不公平を感じている」とされ、賃金決定に労働者も参加する労使協議のメカニズムを構築すること、労働契約法にのっとり、組合が労働者を代表して経営側と集団労働契約を結ぶことの重要性を訴えている[18]。

中国経済発展の歪みや社会的不公平の増大に対して、2005年の第十期全国人民代表大会第3回会議において温家宝首相は、「経済社会の中に突出した矛盾や問題が存在する」ことを認め、「和諧社会」の構築に全力をあげる方針を示した。2006年10月の共産党16期六中全会において、「和諧社会構築にかかわる若干の重大問題に関する決定」が決議され、正式に党と国家の執政目標として提起された。和諧社会の構築に向けて、労働者の権利擁護が重要な課題となっており、地域ごとに定められていた最低賃金基準の引き上げや「労働契約法」の施行（2008年）などは、こうした流れに沿った動きといえよう。

中国の最低賃金は、2004年に施行された最低賃金規定により、省・市ごとに少なくとも2年に1回見直されることとされており、同規定の施行後、沿海部では毎年10％程度最低賃金が引き上げられてきたが、2008年9月のリーマンショック後は、賃上げよりも雇用維持を優先させるため、一時的に改定が見送られていた。その後、景気刺激策や金融緩和措置等により景気が回復し、労働者の賃上げに対する関心が高まってきたため、2010年に入ってから各地で最低賃金の見直しが再開され、2011年9月末までに、21の省市自治区が最低賃金基準を引き上げ、引き上げ幅が平均21.7％であった。引き上げが行われた各地の中で、最高となったのは、深圳市の1,320元で、ついでに浙江省の1,310元、広東省の1,300元、上海市の1,280元、北京市と天津市及び新疆自治区の1,160元、江蘇省の1,140元、河北省と山東省及び福建省の1,100元と続く。特に広東省は2010年の21.1％の引き上げに続き、2011年も18％以上を引き上げ、全国のトップに立った。また、人的資源と社会保障省のスポークスマンは、2011年から2015年の11期五カ年計画期間中に、最低賃金が2倍になる見通しだと語っている。これは同省にはそのような計画があるが、実際には、市場動向など多方面の要素によって決まるので、見通しと述べるにとどまったようである[19]。

この最低賃金は、大体各地の平均賃金の40％～60％に相当するといわれ、

農村から都会に出稼ぎに来る「農民工」に適用される場合が多く、農民工の賃金決定に重要な意味を持つ。また、最低賃金の上昇は、各地の平均賃金の上昇をももたらし、労働者の所得向上に寄与したことは間違いない。所得分配の不公平や格差の拡大など、中国経済のゆがみを是正する上でも、正しい方向に向けて踏み出す重要な一歩と考えてよかろう。

労働者の権利擁護にとって、最低賃金水準の引き上げと同じぐらい重要な意味を持つのは、2008年に施行された「労働契約法」である。

改革開放以前は、労働者は国営企業で働き、終身雇用が保証されていた。改革開放後、深圳経済特区において、はじめて「労働契約制」が導入され、1986年には特区以外の国有企業にも広がっていった。1995年に「労働法」が施行された後は、全国的に「労働契約制」が実施されるようになり、基本的労働制度の一つとなった。ただ、実際に締結された労働契約は1～2年の短期的なものが多く、企業にとっては雇用のフレキシビリティが高い。特に外資系企業では、18歳から22歳までの若くてフレッシュな労働力を2～3年で入れ替えて雇用することが多い。別の視点からは、これは一種の「使い捨て型」労働制度ともいえる。豊富で廉価な労働力を求めて進出した外資企業にとっては、これほど都合のよいものはなかったのである。

しかし、いくら働いても低所得者層から脱出できない人々の不満が増大し、各地でストライキや労働争議が多発するようになり、さらに、労働契約を結ばないまま、農民工を劣悪な条件の下で長時間労働させることや、一方的・短期的解雇、試用期間の濫用、賃金の未払いなど、違法な雇用行為が社会問題として大きな注目を集めるようになり、全人代でも度々取り上げられるようになった。こうしたことが背景となって、2005年に労働契約法の第1次草案が作成・審議され、その後、各方面から公募した19万件もの意見を参考にしながら、3度にわたって草案が作り直され、2007年6月にようやく正式に労働契約法が制定され、2008年1月1日に施行された。

労働契約法は、従来の労働法に比べて、労働者の権利を大幅に拡充するなど、いわば「社会的弱者」である労働者の保護を重視する側面が強い。期間雇用契約を2回繰り返したなら、3回目の契約時には、労働者が終身雇用を求める権利を有するとする規定があり、また、書面による労働契約が未締結のまま1年

以上勤務させた場合、自動的に終身雇用契約が締結されたものと見なされ、その間の賃金を倍額支払う義務を企業側に課しているなど、労働者の身分の安定化を図っている。企業からの解雇による労働契約解除については、企業側が支払う義務を有する経済補償金に関する規定が詳細化され、勤続年数満1年につき1カ月の賃金を基準とした。一方、労働者側から契約解除を申し出る場合は、30日前までに書面にて辞職通知を出せば、企業側はこれを拒否できないとしている。そのほかに、工会（労働組合）の役割強化についての規定を見ると、第43条では、「雇用事業主が一方的に労働契約を解除するとき、その理由を工会に対し事前に通知しなければならない。雇用事業主が法律もしくは行政法規の規定又は労働契約の約定に違反する場合、工会は、雇用事業主に是正を要求する権利を有する。雇用事業主は、工会の意見を検討し、且つ、処理結果を書面により工会に通知しなければならない」とし、さらに集団契約に関する条項では、「企業における従業員の一方と雇用事業主とは、平等な協議を通じ、集団契約を締結することができる。集団契約草案は、従業員代表大会又は従業員全体に提出し、討論を通じて、採択しなければならない。集団契約は、工会が全従業員の一方を代表して雇用事業主と締結する。工会が設置されていない雇用事業主については、上級工会の指導により労働者の推挙する代表が企業と締結する」と規定しており、この手続きを踏んだ集団労働契約がなければ、いくら労働契約や会社規則を董事会が承認決議したとしても無効と判断されるため、工会の存在は不可欠となる。実際、世界的に労組を認めない米ウォルマートやマクドナルドにも工会を設立させている。

　このほか、無契約での低賃金・劣悪雇用環境の温床となっている派遣労働について、「労働関係の成立に際しては、書面にて労働契約を締結しなければならない」とし、「雇用事業主は、雇用日から1カ月以上1年未満の期間、労働者と労働契約書を締結しない場合、労働者に月ごとに報酬の2倍の賃金を支払わなければならない」と罰則規定を設けている。また、派遣労働者にも、組合参加・結成の権利があるとし、労働者の権利を守る機関としての組合の役割を重視している。

　労働契約法の施行により、労働者が権利意識に目覚め、自らの要求を訴えることが多くなり、賃上げを求めるストや労働争議が多発するようになっている。

日本の報道では、とかく日系企業への影響や、中国の経済成長のかげりなどについての論評が目立つが、海外では、ポジティブな捉え方をするものも見られる。モルガン・スタンレーのチーフエコノミストのステファン・ローチ (Stephen Roach) 氏は、中国の英字新聞「チャイナデイリー」に寄せた「The silver lining of wage increase」[20]と題する論評のなかで、中国における賃金上昇の動きに対して、これは中国の消費主導型成長戦略の重要な一部であると指摘し、購買力不足が依然として中国の歪んだ経済発展にとっては致命的問題であり、中国のGDPに占める個人消費の割合が40％程度に過ぎず、国際的水準には程遠く、中国自身の2000年時点の51％に比べても、10ポイント低く、早急な改善が求められていると説明した。さらに、国際社会は、中国の廉価労働力時代の終焉を嘆き悲しむのではなく、むしろ、中国が待望の消費主導型発展モデルへ重要な一歩を踏み出したことの建設的意味に焦点を合わせるべきだと結んでいる。

　確かに、賃金上昇は、企業にとっては、労働コスト上昇につながるため、経営状況を厳しくする要因として忌み嫌われるが、中国を「世界の工場」のみでなく、「世界の市場」としても捉える場合、賃金の上昇は、所得の増加につながり、購買力の向上、消費の拡大、需要の増加としても反映されるので、一概にネガティブに捉えるべきでないことは明白である。また、急速な経済成長により引き起こされた、格差の拡大や社会的分配の不公平などの問題の解消には、底辺の人々の所得向上が不可欠であり、そういう意味では、労働力不足を現象として現れる中国における労働コストの上昇は、社会の進歩に向けた重要な一歩と捉えることができ、中国が格差容認の「先富論」から「共同裕福」を目指す「和諧社会」へ実質的に舵を切ったことを意味する。「より平等でより豊かな社会を」という中国社会主義の理念がどこまで実現できるのか、中国の高度経済成長がいつまで持続可能なのか、これらはいずれも中国がどれほど真剣に「和諧社会」の実現に向けて努力するかにかかっているので、今後の中国の動きからは眼が離せない。

6．今後の展望——むすびに代えて

　中国における労働コストの上昇は、中国経済に以下のような影響を与えるであろうと推察される。
　まず、企業側からすると、労働コストの上昇は、企業の経営を圧迫することは明らかである。特に廉価な労働力を目当てに進出した外資系企業にとっては、事態は深刻を極めるであろう。このような経営環境の変化は、企業に重大な経営戦略の転換を迫る。より人件費の安い地域または国へ移転するのか、より付加価値の高い製品の製造へ転換するのか、はたまた、労働力の代用として機械を大量導入するのか、いずれにしても、企業の命運を左右するような選択に直面するであろう。中国国内企業にとっても、問題は同じである。中小企業の多くは、安い出稼ぎ農民工に頼っており、最低賃金の引き上げは、こうした企業にも経営方針の転換を迫るものである。生産要素間、特に資本と労働力間は代替可能であり、労働力が供給不足となれば、資本による代替が起き、生産構造が労働集約型から資本集約型・技術集約型へと転換が行われるのが自然の流れであろう。
　次に、これまでの中国経済は廉価な労働力を武器に、輸出先導で成長してきたが、労働コストの上昇は、こうした国家の経済発展戦略に対しても見直しを迫るものであろう。特に東部沿海地域は、これまでこの戦略で成長を遂げ、また、中国経済全体の成長を引っ張ってきたが、もはや経済成長の主役の座が内陸部地域にわたりつつあることは、先に述べたとおりである。ここに第二の転換、すなわち、輸出先導型経済成長から内需主導型経済成長への転換が行われようとしていることがわかる。
　さらに、底辺層の所得の底上げは、全体の所得向上につながり、これまで取り残されてきた内陸部の8億人が巨大な消費市場の形成に向けて動き出すことが予想される。すでに発達した東部沿海地域の5億人市場に加え、内陸部の8億人市場が成長してくれば、いよいよ中国は「世界の市場」として本格的に動き出すであろう。世界経済における中国の重みがさらに増してくるであろうことは想像に難くない。

他方、中国の人口構造からは、今後 2、30 年の間に急速に高齢化が進み、成長の鈍化、社会負担の増大などの問題が深刻化してくるであろうことは、容易に予測できる。経済成長のダイナミズムが保持されている間に、社会階層間の格差縮小、社会保障制度の整備を完了しておかないと、格差が固定化され、社会階層間の対立が深刻化し、階級間闘争に変質することも十分考えられる。そういった意味で、中国経済が危機を内包しながら成長する危うさを具有しており、細心な注意を払いつつ慎重な舵取りが求められよう。

注

1) The New York Times, June 3, 2010. http://www.nytimes.com/2010/06/04/opinion/04iht-edbowring.html?ref=global&pagewanted=print
2) Financial Times, June 3, 2010. http://www.ft.com/intl/cms/s/0/9c959f2e-6ea6-11df-ad16-00144feabdc0.html
3) 朝日新聞、2010 年 7 月 30 日付け記事「中国、外資でスト多発　日系が 7 割、ネット・携帯で連鎖――朝日新聞調査」
4) 中国労動与社会保障部、「关于民工短欠的调查报告」、経済参考報 2004.9.8.
5) 関志雄、「ルイス転換点の到来を示唆する『民工荒』――産業高度化の契機に――」、「中国経済新論・実事求是」2010.4.29. http://news.searchina.ne.jp/disp.cgi?y=2010&d=0429&f=column0429001.shtml
6) 鬼塚義弘「中国労働力不足を考える――歴史的転換点にさしかかる」、「季刊　国際貿易と投資」、spring 2005、No.59
7) 本書第 10 章から借用。
8) 本稿でいう「労働力不足」の「労働力」は、一般的な労働力をいうのではなく、主として「農民工（農村からの出稼ぎ労働者）」を指す。
9) 新華網、「结构性短缺还是劳动力供给全面不足?――透视民工荒背后」、2011.2.24. http://news.xinhuanet.com/society/2011-02/24/c_121119689.htm
10) 中華人民共和国国家統計局、「2009 年农民工监测调查报告」http://www.stats.gov.cn/tjfx/fxbg/t20100319_402628281.htm
11) 呉奇修、「强化健康人力资本 支撑经济长期增长」、「中国经济时报」、2009.12.7.
12) 関志雄、「労働力過剰から不足へ向かう中国」、「中国経済新論・実事求是」、2011.9.29. http://www.rieti.go.jp/users/china-tr/jp/ssqs/110929ssqs.htm
13) 中国網、「2 つのターニングポイントを迎えた中国経済」、2011.5.18. http://japanese.china.org.cn/business/txt/2011-05/18/content_22589997.htm
14) 人民網日本語版、『「中国経済は今後 30 年も高度成長維持」樊綱氏』、2011.7.29.

http://j.people.com.cn/94476/7085527.html
15）新華網、「2013年我国人口抚养比将现"拐点"仍有25年"人口红利"期」http://news.xinhuanet.com/politics/2010-05/18/c_12115988.htm
16）良種手当は6品目の作物に対して支給される。開始年度順に並べると、大豆（2002年）、小麦（2003年）、米（2004年）、トウモロコシ（2004年）、綿花と油菜（2007年）となる。
17）新華網、「2010年全国各地GDP数据一览 准万亿俱乐部4家」、2011.2.15. http://news.xinhuanet.com/fortune/2011-02/15/c_121077453.htm
18）中工網、「改革收入分配制度，关键在于提高工人待遇」、2010.5.11. http://news.workercn.cn/c/2010/05/11/094340219258449.html
19）中国網日本語版（チャイナネット）、「中国最低賃金基準、5年で倍増の見通し」、2011.7.10. http://japanese.china.org.cn/life/txt/2011-07/10/content_22960084.htm
20）China Daily, July 27, 2010. http://www.chinadaily.com.cn/cndy/2010-07/27/content_11052286.htm

参考文献

大泉啓一郎［2011］、「中国の人口ボーナスはいつまで続くのか——持続的経済成長の課題——」、『RIM 環太平洋ビジネス情報』、2011、Vol.11、No.40

三浦有史［2011］、「中国の余剰労働力と都市労働市場のインフォーマル化——「第二次農業センサス」からみた農民工の実態」、『RIM 環太平洋ビジネス情報』、2011、Vol.11、No.41

厳善平［2008］、「中国経済はルイスの転換点を超えたか」、『東亜』、2008、12月

山下昇［2008］、「中国労働契約法の内容とその意義」、『日本労働研究雑誌』、No.576、July 2008

古田秋太郎［2008］、「中国労働法改正の影響について」、『中京経営研究』、第17巻第1・2号

李波平・田艳平［2011］、「两轮"民工荒"的比较分析与启示」、『农业经济问题』、2011年、01期

姚先国、曾国华［2009］、「≪劳动合同法≫与劳动者权益保护」、『中国人力资源和社会保障发展研究报告（2009）』、中国劳动社会保障出版社、2009

第4章

世代を越えた格差の固定化と学校教育の役割

石井 由理

1．はじめに

　近年、日本でもマス・メディア等で社会的排除や格差社会ということばがよく聞かれるようになった。そしてこれらをめぐる議論の中で必ずといってよいほど出てくるのが、これらの現象と教育、特に学校教育との関わりである。社会的排除を受けている人々の共通項として低学歴が指摘され（岩田、2007；阿部、2009）、親の経済力の問題が子どもの教育機会に与える影響や、子どもが受けた教育が彼らの将来の職業選択に与える影響、その結果としての格差の固定化が懸念されている。

　しかし、これらのことばは、高度経済成長期やバブル経済の時代には、日本社会の状況を指すことばとしてはほとんど使われることのなかったものである。かつてはむしろ、教育は社会階層を上に移動するための手段、つまり格差を固定させない機能をもつものと考えられていた。この10年ほどの間に社会階層移動と教育との関係に対する一般社会の認識が変化したのである。本稿では、この認識の変化はいつ頃から生じたのか、なぜそのように変化したのか、について考えてみたいと思う。

2. 社会的排除と格差社会

　岩田（2007; 2010）によれば、社会的排除ということばは、ヨーロッパの社会政策領域から出てきた用語であり、主要な社会関係すなわち雇用関係や福祉国家の諸制度、結婚や地域関係などから排除されている状態を指す。これに対し、社会的排除を阻止し、すべての人々を社会に取り込んでいこうという意味で用いられるのが社会的包摂ということばである。

　岩田（2010）は、この社会的排除という状態は、「ある個人の人生の中で複合的な不利が連鎖していくプロセス」であるとし、ネットカフェで生活する若者がどのような複合的な不利を抱えているのかを紹介しているが、そこから見えてくるのは、「不利」の一部は本人というよりはむしろ親の世代の問題だということである。彼らは、不安定な経済状態や婚姻関係にある親をもち、それが原因となって自分自身が低い学歴や不安定な住所をもつようになり、その結果不安定な就労状態になるという共通点をもっている（岩田、2007; 阿部、2009）。日本においては、学歴と初職階層が現在の職業階層を決めるメインルートであり（直井、1991）、正規雇用となるか非正規雇用となるかの選抜・配分が、本人が学校教育を終えた時点で完了する度合いが高まりつつある（堀、2007）ことを考えれば、不安定な就労状態からスタートした彼らはその後も不安定な仕事を持ち続ける可能性が高く、やがて彼らもまた不安定な状態の親になって、彼らの子どもの抱える「複合的な不利」の一部となる。つまり、ある個人の人生の中での不利の連鎖のうちのいくつかは、実は世代を越えた連鎖だということになる。社会的排除と教育の関連性という点からいえば、親世代の社会階層を要因とした子どもの教育機会からの排除、子ども本人の教育（学歴）を要因とした正規雇用およびそれに付随する福利厚生等の社会制度からの排除、その結果子ども本人が到達する社会階層というように、教育は、社会的排除という状態を生み出す「複合的な不利」の連鎖のプロセスに、世代を越えて関わっていることになる。

　一方、格差社会ということばは政策領域から出てきたものではなく、すぐにこれに匹敵する英語の訳語が見つかるようなユニバーサルな用語でもない。

様々な意味を複合的に含んだことばであり、そのとらえ方も多様である。このため、人それぞれに異なる個性や能力があるのだから格差が生じるのは当然のことであり、むしろ個人の努力や能力の差にかかわらずすべてが平等であることの方が問題であるとして、格差社会自体を否定的にはとらえない主張もあるし（佐藤、2000; 渡部・日下、2006）、様々な条件の違いを無視して二極化して考えることが間違いだという主張（日垣、2006）もある。また、格差社会とは階層序列が明確になり、貧困という、あってはならない状況に閉じ込められた層が出現し、経済的、社会的に安定している層との亀裂が大きくなっている社会である（岩田、2007）という主張もある。

そこで、近年話題になっている「格差社会」ということばがどのような意味合いで使われているのかを、日本の雑誌記事タイトルから探ってみた。「格差社会」のキーワード検索で見てみると、2005年以降にこのキーワードをタイトルに含む記事が急増している。そしてその内容をタイトルに含まれることばから拾ってみると、「貧困」の世代を越えた「固定化」や「連鎖」、「再生産」が起きており、これを「克服」し「縮小」すべきだという論調が多い。格差社会とは貧困層を生み出すものであり、それが個人の能力のみでなく親の社会階層という属性によって決まる、不平等な競争の結果として固定化されているのではないかというところが、問題とされているのである。

次に「格差」と教育との関係に対しては、どのようなとらえ方をされているのかを探るべく、1970年から2010年の間に「教育格差」というキーワードでどのような記事が書かれているのかを検索してみた。やはり2005年頃を境としてこのことばの意味するところが変化しているようである。1970年から2005年の間でも教育格差に関する記事はあるが、それらは外国における貧富の差やジェンダーを原因とする教育機会の不平等の問題、日本の地方と都市の間の教育予算の違いに関するものがほとんどである。日本国内における社会的排除や貧困と教育の関連を扱ったものは、2005年以降に急増している。内容としては、家庭の経済力の差が子どもの教育機会に与える影響、所得格差と学歴との関連、子どもの学力差を学校教育の内容によっていかに小さくしていくことができるか、奨学金などの制度によって教育の機会の不平等をいかになくしていけるか、といったものが混在している。

この 2005 年というタイミングには、その前年に『ニート―フリーターでもなく失業者でもなく』(玄田・曲沼、2004) や『希望格差社会』(山田、2004) などの一般読者を対象とした本が出版されたことがあるようである (水牛、2006)。これらの出版物をきっかけとして、近年、日本社会において社会的排除を伴う貧困層を生む格差社会が進行し、それが結果として個人の教育機会に影響を及ぼし、さらに教育が原因となって貧困層の固定化に一役買っている可能性、それに対抗する手段としての学校教育の可能性などの視点から、教育格差ということばが使われるようになってきたことがわかる。

このような現在の格差社会論のポイントを、広田 (2007) は、今の格差自体よりも将来にわたる格差の拡大傾向を問題にしている点にあるという。将来、社会階層の上下で所得の差異が広がっていき、生活水準ラインを大幅に下回る低所得層が増加し、さらに世代を越えた階層再生産が強まる予測があるというのである。そして、教育は知識の配分と地位の配分の双方に関わっている、将来の地位達成に影響を与える重要な要因であるとしている。

3．欧米における教育研究と社会的排除・格差社会

日本では 2000 年代に入って社会的排除を伴う貧困層の固定化と教育の関係が広く注目されるようになったが、他国ではこの関係はどのようにとらえられているのだろうか。

先に述べたように、社会的排除およびそれを阻止するものとしての社会的包摂は、ヨーロッパの社会政策領域から出てきたことばであり、ヨーロッパの教育政策にも見出すことができる。たとえば、2006 年に出された "Key Competences for Lifelong Learning—A European reference framework" (The European Union, 2006) では、グローバル社会に適応すべく、教育面で不利な立場になりがちな人々に対処すべきとして、具体的に「技術を持たない人、特に読み書き能力の低い人、早くに学校教育から抜けた人、長期にわたって失業中の人、長い休業ののちに仕事に復帰した人、高齢者、移民、障がい者」を対象者としてあげているが、そもそもこの枠組みを設定する目的自体に、加盟国の住民の社会参加を促進し、雇用可能性を高め、社会的な連帯を維持すること

が含まれている。最低限身につけておくべき基礎知識が日々更新される知識基盤社会において、社会的、経済的に排除をされないようにする手段としての教育の役割が期待されているのである。

また、EU加盟国であるイギリス、イングランドの学校教育政策では、1999年に出されたナショナル・カリキュラム（Department for Education and Employment & Qualifications and Curriculum Authority, 1999a; 1999b）の中で、カリキュラム全体を貫く価値観として"Inclusion"（包摂）を取りあげ、人種、宗教、障がい、エスニック・グループ、言語、ジェンダー、その他様々な文化的・社会的背景などを原因とした教育機会の不平等がないように、実際の教室内の教育活動の中で様々な工夫をするように求めている。一般社会の中で排除されやすい人々に対して、学校における教育機会の不平等が学力格差を生み出して将来の排除の原因とならないよう、むしろ学校教育は彼らの将来の社会参加のための能力を身につけさせるよう、細心の注意を払うように促しているのである。

以上のように、社会政策領域から出てきたことばだけあって、用いられる文脈としては、現在社会的に排除されている人々および将来排除される危険性の高い人々を、いかに教育を通して社会的に包摂していくか、平等な教育を提供することによって排除を予防していくか、という現実の問題解決に焦点が置かれている。よって、現在社会的排除を伴う貧困を抱えている人々の親世代がどうであったかには直接言及してはいない。しかし、欧米の教育社会学は一貫して「誰が、なぜ学力を獲得するのか」に関心を向けてきた経緯があり（耳塚、2007）、社会階層による教育機会の差は、「古い社会学」と呼ばれるように、イギリスでは古典的テーマであった（菊池、1992）。社会的に包摂されるための十分な学力を獲得できた者とできなかった者との背後にある親世代の社会階層の影響は、学校内における学力獲得プロセスへと関心が移った新しい教育社会学が出てくる以前から、ずっと着目されてきたことなのである。そして新しい教育社会学自体の関心もまた、学校内での学力獲得プロセスにおける出身階層の影響にあり、社会階層と教育の関係を異なる視点から問い続けていくものであった。

ヨーロッパ以外でも、たとえばアメリカにおいては、1964年成立の公民権

法で、人種、宗教、民族などの理由による教育機会の不平等があるかどうかの調査が求められ、調査結果がコールマン・レポートとして出されて以来、社会階層と教育の関係は常に研究対象となってきた。この調査の際に予測されたのは、民族間の学力水準格差は教育上の人種差別が原因であり、教育機会の平等を達成することによって誰もが能力に応じた社会的地位を占めることができ、社会全体が効率的に活性化されるであろうということであった（河野、1993）。つまり、民族という属性を理由とした教育環境の格差があり、そのために能力を十分に伸ばすことができず、低い社会的地位に甘んじている人々がいるということである。貧困層に属する民族に偏りがあることを考えれば、その民族の属性による教育環境は貧困層の教育環境とも重なっており、その教育環境の結果として低い社会的地位に到達するということは、教育を介した社会階層の再生産ということになる。

4．日本における教育研究と格差社会

イギリスの影響で「社会階層と教育機会」は教育社会学の古典的テーマであり、アメリカで出されたコールマン・レポートやそれに続く社会階層と教育の関係を扱った研究は、日本でもよく知られていた。しかし、日本での関心は、出身階層の学歴に対する影響と学歴の社会的地位に対する影響をそれぞれ別の問題として切り離し、焦点は学歴を獲得した後の帰属階級はどうなるか、獲得された教育資格＝学歴がどのような社会的地位を約束するか（天野、1991: 6 菊池、1992 に引用）ということに置かれていた。つまり、関心は学校教育を受けることによっていかに階層を上昇できるかにあり、イギリスやアメリカで焦点となっていたような、社会階層を固定化し、貧困の連鎖を生み出す機能をもったものとしての学校教育への関心は薄かったのである。なぜ日本では階層上昇のための手段としての教育にばかり注目が集まったのだろうか。

2007 年に教育社会学会が組んだ「『格差』に挑む」と題した特集において、紀要編集委員会は、1950 年から 60 年代を「経済成長期における格差の縮小時代」としている（紀要編集委員会、2007）。この時代は、「この点を指摘したものは枚挙にいとまがない」ほど、「工業化が進展するにつれて、教育が身分や財産

による地位配分システムにとってかわって、社会移動の障壁をくずす役割をもつようになる」(岩内、1969: 16, 25) という考えが、広く受け入れられていた時代であり、1955 年に第 1 回、1965 年に第 2 回の調査が行われた「社会階層と社会移動全国調査」(SSM 調査) の分析結果を論じた多くの研究においても、1960 年からの高度経済成長による日本社会の構造転換の結果が、階層構造の変動にも明白に現れていることが論じられている (直井、1987)。また、同時期には世代間の学歴移動の開放性も上昇していたが (直井、1987)、この時代は学校教育においても中学校の義務教育化や新制大学の設立など、学歴上昇を促す構造的変化の恩恵を受けた世代が登場した時代であった。この学校教育の拡大は教育機会の階層間格差を縮小するものだと考えられていた。なぜなら教育を通じた選抜はメリットつまり能力と努力によるものであり、出身階層の直接的影響を被らないと見込まれていた (苅谷、2000) からである。

1970 年代は、直井 (1991) によれば、資産格差の増大や中等教育進学率の飽和化など、平等社会を支えてきた構造的な諸要因に大きな転機がきていたにもかかわらず、それが社会学者たちによって見落とされていた時代である。それどころか、一般的には学校教育拡大による階層間格差縮小に対する期待は、1970 年代を通してさらに高まっていたという。

1985 年の『昭和 60 年版国民生活白書』では、「戦後 40 年の国民生活の歩みのなかで、われわれは世界に例をみない経済の高度成長を通して生活水準の飛躍的向上と様々な面での格差縮小を達成してきた」と誇らしげに述べられ、社会学における実証研究は、この主張に対する裏付けを提供していたのである(直井、1991: 66)。構造面でいえば、1960 年代から 1970 年代半ばにかけての時代は、中等教育進学率が飽和化する一方で、中等教育を終えたベビーブーマーたちを受け入れるべく、私立大学が入学定員を増やし、より高い学歴を求めて高等教育に進学しようとする人々を受け入れる下地ができていた。1960 年に 140 校だった私立大学は 1975 年には 305 校に増加し、1960 年に 18 歳人口の 10 パーセントをわずかに上回る程度だった高等教育機関進学者は 1976 年には 40 パーセント近くにまで増えた (市川、1995)。さらに経済成長のおかげで、私立に通う大学生を支える家庭の経済状況は、多少無理をすれば子どもを私立大学に通わせられる状況であった。

苅谷（2000）は、経済的な理由や家庭の事情といった制約が弱まり、誰もが受験競争に参加していく時代の出現を1978年頃としている。出身階層にかかわらず、誰もがより高いランクの大学に入ることを志し、そのためにより高いランクの高校への進学を目指す。この頃の教育に関する社会の関心事は受験地獄ということばを生み出した厳しい受験競争であり、どの大学に何人の卒業生を送り込んでいるかによって量られる高校のランキング、つまり学校間格差であった。ランクの高い高校に入学すればその後は出身階層によらず学習時間の階層差が縮小することが明らかになっているが（苅谷、2000）、家計が無理をすれば、その結果合格した大学に誰でも行けた時代においては、やはり学歴は社会的上昇移動の機能をもつものという側面からとらえられていたのである。

誰もが受験競争に参加していく時代は、1980年代に入ると、日本社会の「平等神話」や「総中流神話」が幅をきかせ浸透することができた時代となり、その時代は1990年代半ばまで続いていく（紀要編集委員会、2007）。この頃には、日本のようにどのような職業、収入の家庭からでも大学生を送り出すような、教育機会の面でも価値観の面でも中流的で平等な社会を論じるには、イギリスやアメリカで生まれてきた、教育機会を社会階層という視点から論じる理論では不適切なのではないか、という主張が教育社会学分野でも見られる。日本では「資本家階級」「中産階級」「労働者階級」というマルクス主義階級論の用語で人々の階級帰属意識を分析する価値は消失したとする研究者もあり（原編、1990）、「アメリカ、イギリスのclassはそれ自体の中に生活様式をさす意味合いを含む。教育を受ける機会には社会的属性の違いによってどれくらい格差が存在し、その結果、将来の社会的地位の獲得にどの程度の影響があるのか、これが問題とされる点で日米英の研究にかわりはないが、日本の場合、イギリスの『階級』やアメリカの『エスニック・グループ』のような、はっきりとした文化的同質性をイメージさせる実態としての集団がはっきりとみえてはこない。『階級』あるいは職業を主軸にしてとらえる『階層』をもとにして『階級文化』とか『階層文化』の存在を想定し、それによって教育達成の差を説明することが、日本ではできない」（柴野・菊池・竹内、1994: 156）という主張もある。日本独自の理論が求められる中、竹内（1991）は日本社会を論じるためのモデルとして「御破算型選抜規範」を提案し、日本では学歴を取得すること

によって出身階層は御破算にされて、次の新たな競争段階に入るのであると述べた。つまり日本では学歴と職業的地位の対応が密接で、その対応関係に出身階層などの学歴以外の要素はほとんど介在しないと考えられたのである(菊池、1992)。それぞれの世代で出身階層が御破算になり、出身階層の文化が世代を越えて引き継がれていかないのであれば、階層文化が形成されることもないということになる。

　これらの主張を支える論拠として、1980年代には低所得家庭の子どもの私学への進出により、教育機会の階層間格差は縮小傾向にあったと考えられていたことがあげられる（尾嶋、2002)。1968年から2004年までに関する文部省の調査においても、所得階層別大学在学率の格差は大きくなかったとされる(小林、2007)。しかし、世帯消費支出に占める教育費の割合は1965年以降1980年代を通して上昇する一方であり（河野、1993)、教育機会の平等を支えるための家庭の負担は大きくなっていた。このため、小林（2007)は、都市の国立大学には高所得層が、地方の国立大学には低所得層が行くなど、大学選択の格差は拡大していた可能性があるとしている。誰がどのような大学に行けるかは見落とされ、多くのあらゆる階層の人々が大学に行っていた事実をもって「平等神話」「総中流神話」は支えられていたのである。

　以上、主として教育社会学分野での研究をたどりつつ、戦後の日本で階層差による教育機会格差の問題になぜ目が向けられなかったのかを探ってきた。そしてその結果明らかになったのは、日本は欧米社会と違って、本人の能力と努力によって学歴を取得することによって階層を上昇することができ、社会全体としては階層が消滅していく方向にあると考えられていたために、どのような教育が上昇を可能にするかにばかり関心が向けられていたということである。日本経済全体の成長とそれに伴う家庭の収入の増加によって、まずは中等教育に、ついで高等教育に子どもを送る余裕のある家庭が増えた。そして私立大学の入学定員が増加することによって、それまで大学教育にアクセスのなかった多くの人々が大学生というカテゴリーでくくられることになり、その中に潜んでいた選択の格差は見落とされた。そして何よりも、教育を通じた選抜は本人の能力と努力によるものであり、出身階層の直接的影響を被らないという、教育を通じた選抜の公平性の前提が信じられていた。これらの要因が、学校教育

＝階層上昇移動機能のイメージを作り上げ、学校教育を社会的排除や社会階層の固定化と結びつけた教育格差の視点が生じなかったのである。

5．現在の日本における教育と格差社会の問題

再び 2007 年の『教育社会学研究』のことばを借りると、1990 年代半ばから現在までの時代は、経済格差拡大、底辺部分の広がりの見られる時代であるという（紀要編集委員会、2007）。しかし、日本の所得格差が拡大していることに関しては、「どの統計でも、1980 年代半ばから格差はトレンド的に上昇している」（大竹、2006: 19）一方で、そのメカニズムに関する統一した見解はないようである（小林、2007）。大竹（2006）は、社会のどの部分で起きているどのような現象が格差拡大を生んでいるのか、拡大は続くのかなど、所得格差の拡大については不明な点が多いことを指摘している。たとえば、もとから所得格差の大きかった高齢者層の総人口に占める割合が少子化によって大きくなったのが大きな原因であり、この原因による格差拡大はさほど問題視されるにあたらないとする一方で、雇用形態の変化による若年層の所得格差拡大など、他の理由による格差拡大の可能性も指摘しており、格差拡大は単純に一つの形、一つの理由だけでは説明がつかないものであることを示している。ここでは、学校教育との関連で近年問題とされている点である、格差拡大や貧困層の固定化と学校教育との関連という点に絞って見ていくこととする。

現在の日本では、グローバル化・ポスト工業化による労働の二分化が起きているという主張がある（岩田、2007; 山田、2007）。つまり学歴が高く高度の専門的能力が求められる正規雇用の社員と、マクドナルドのアルバイト店員に代表されるような、マニュアルに従えば誰でもこなすことのできる、よってすぐに他の人にすげ替えることもできる単純な仕事を担当する非正規雇用の労働者への二分化である。人々は学歴によってこのうちのどちらかに振り分けられるが、その振り分けの際に大きな境界になっているのが大卒であるか、非大卒であるかの違いである（岩田、2007）。

このように、経済構造の変化は、「学歴」を介してまず、既に学校教育を終えた世代の現在の就労形態に影響を及ぼし、所得格差を生んでいる。そして、

親世代の経済的苦境は、いずれ子どもの高等教育機会の格差を生むのではないかと懸念されている（阿部、2008; 小林、2008）。高校生の進路選択、親の進路希望にもっとも影響を与えているのが本人の学力と家計の経済力であり、このうち経済力の要素において、親の可処分所得に対する授業料の負担が年々増加しているからである（小林、2008）。小林（2008）によれば、現在、教育費の負担可能性の所得階層差が少ないのは、多くの家計が、教育費負担ができるような高等教育機会を選択することを子どもに希望し、さらに無理な家計負担をしているためだという。しかし同時に、家計所得1,000万円以上では私立大学進学者が44％であるのに対して400万円以下では22％にとどまり、私立大学に入学しても経済的理由から中退せざるを得ないというケースが多く存在する。大学に行きたくても行けない生徒は、学力より学費の制約が強くなってきたと思う高校教員が70％を超えるなど、親の経済力が子どもの高等教育機会の選択に影響を与えている可能性を間接的に示す事実も挙げている。進学が容易な時代は、学力より親の経済力が進学機会を左右する可能性が高まる（小林、2007）のであれば、入学定員拡大を経て少子化が進む現在はまさにそのような時代であり、また、経済格差が広がり、低所得層の家計における授業料負担の割合が増しているのであれば、やがてそのような家庭の子どもが経済的理由で「大学生」のカテゴリーからはじき出され、「非大卒」となることが危惧されるのである。

2000年代に入ると、上記のような経済状況による影響のほかに、学力という観点からも、かつての「平等神話」に疑問の目が向けられるようになった。「ゆとり教育」と呼ばれた、大幅に学習内容を減らした1998年の学習指導要領改訂を受けて学力低下論争が巻き起こり、学力低下の真偽を検証すべく、教育社会学者たちが学力調査に関わるようになったからである（耳塚、2007）。はたして日本の子どもの学力は低下しているのか、低下しているとしたらその理由は何かを追求する中から、かつての「平等神話」を支えていた、教育を通じた選抜はメリット、すなわち本人の能力と努力によるものであり、出身階層の直接的影響を被らない平等な選抜であるということに対する疑問が出てきたのである。

苅谷（2000; 2009）は、メリットを構成する能力と努力のうち、能力に関し

ては、既に欧米での研究によって教育達成と出身階層の間には関連性があることが定説となっているとしたうえで、日本の児童・生徒の能力に関する分析を行っている。完全に比較可能な過去のデータはないとしながらも、近年の調査に匹敵する項目を拾いつつ比較した1989年と2001年の児童・生徒の学力の分析からは、学校以外では勉強をしない児童・生徒（学校外での学習、つまり努力や経済力の影響を排除するため）のペーパーテストの結果は、2001年の児童・生徒の方が低下していること、その低下の度合いは、親の社会階層が低い児童・生徒の方が大きいことが明らかになっている。また、もう一つの構成要素である努力に関しても、1979年と1997年の高校二年生の学校外での学習時間を比較した結果は、社会階層の低い生徒の方が学習時間の減少率が大きいことを示している（苅谷、2000）。

　なぜ能力、努力ともにその低下の度合いに階層差が生じたのか。苅谷が指摘するのは、学歴取得競争の緩和と学校の教育課程の変化である。まず、学歴取得競争の緩和との関連であるが、「社会全体の受験に向けての圧力が弱まることは、学習に向けた努力の階層差を縮小していた力の弱化を意味する」（苅谷、2000: 219）。先述のように、大学の定員が限られ、大学に入学するための権利の獲得競争が激しいときは、進学を決める要素のうち、親の経済力よりも本人の学力によって選択が決まる度合いが高くなる。親の経済力も比較的安定していた90年代初めまでであれば、学力をつければ大学進学ができるため、階層にかかわらず努力をするが、競争が緩和して学力によって進学が決まる部分が縮小した時代においては、それでも努力をするかしないかに家庭環境の影響が顕著に出るようになるわけである。

　また、学校の教育課程との関連では、「新しい学力観」の影響を挙げる（苅谷、2009）。典型的な例は「総合的な学習の時間」の導入であるが、先生が教え、子どもがそれを受身的に学び、覚えるという学習ではなく、子ども自身が問題発見をし、問題解決のために学習をするという、自己学習能力を育てる学びを推進しようというのが「新しい学力観」の目指すところである。苅谷（2009）は「総合的な学習の時間」への児童の関わり方の調査から、親の社会階層が高い子どもの方がこの種の学習に積極的に関わっていることをあげ、「新しい学力観」に基づく教育は、社会階層差が現れやすいのではないかと主張している

のである。

　苅谷（2002）はさらに、高校生の自己能力観にも、1979年から1997年の間に変化が生じたとし、インセンティヴ・デヴァイドということばでその現象を論じている。それは、相対的に出身階層の低い生徒たちのみにおいて、「将来のことを考えるより今を楽しみたい」と思うほど「自分には人よりすぐれたところがある」という自信が強まり、下位グループの「あくせく勉強してよい学校やよい会社に入っても将来の生活にたいした違いはない」と思う生徒ほど「自分には人よりすぐれたところがある」と思うというものである。業績主義的価値から離脱することが社会階層の相対的に低い生徒たちにとっては自信を高めることにつながり、学校の外で勉強をしなくなる。このような勉強の否定と自己肯定観の高さに、1970年代のイギリスの労働者階級の若者たちが学校文化に対抗する文化をもち、自ら進んで肉体労働職を選択していくプロセスを描いた『ハマータウンの野郎ども』に見られるような、階層文化形成の兆しを苅谷は見ているのである。

6．おわりに

　かつての一億総中流といわれた時代の日本では、親の経済力も比較的安定しており、階層にかかわらずほとんどの子どもが受験競争に参加していた。また、学校教育はその画一的な内容と教授法に対して、創造性が伸びないとか個性を尊重していないという批判を浴びつつ、全ての子どもの能力を一律に引き上げるという意味では効率的な教育を提供していた。これらはいずれも、進学機会の選択における家計の経済力と子どもの学力の階層間格差、その学力を構成する能力と努力の階層差を縮小する機能を果たしていたことになる。2000年代に入って「格差社会」「教育格差」が注目を浴びるようになったのは、これらすべてが変化し、子どもが教育を受ける機会の階層間格差、特に学力による競争における階層差による不平等が顕在化したためだと考えられる。

　これまで見てきたように、階層間格差と教育との関係は、常に一定のものではない。教育を取り囲む社会の変化と教育制度自体の変化によって、その関係は、階層間格差を縮小するものともなり、拡大するものともなる。社会階層間

の格差がほとんど無視できるほどに小さかったときには、日本社会は階層とは無縁といわれるほどの平等神話が成り立っていた。しかし今日のように、ひとたび条件が変わり、戦後目立たなかった格差が再び顕在化し、学力による選抜における平等神話も崩れると、俄然問題意識が高まるのである。

　階層間格差と教育の関係は変化をするため、日本経済の回復や教育制度内の改革によって再び学校教育が格差を縮めるために機能するものとして評価されるときが来るかもしれない。また、生活の最低限の保障がなされていれば、つまり社会的排除を伴う貧困がない社会であれば、格差の存在自体は問題ではないという考え方もある（佐藤、2000）。その場合、教育における能力や努力の階層間格差も、広田（2007）がいうように、新しい「学歴ノン・エリート文化の芽生え」（竹内、2001: 46、広田、2007: 18 に引用）と解釈され、文化の多様性の一つと見なされるだけのことである。「社会格差」と「教育格差」が問題なのかどうかは、それらが社会的排除を伴う貧困とその固定化を生み出しているのかどうかにかかっており、現在の日本社会における問題意識の高まりは、社会的排除を伴う貧困の拡大と教育を介したその固定化を危惧するものなのである。

参考文献

阿部彩（2009）『子どもの貧困』岩波新書
有田伸（2006）『韓国の教育と社会階層』東京大学出版会
天野郁夫（編）（1991）『学歴主義の社会史』有信堂高文社
市川昭午（1995）「大学大衆化と高等教育政策」市川昭午（編）『大学大衆化の構造』玉川大学出版部、9-57 頁
岩内亮一（1969）「職業移動のための教育」『教育社会学研究』第 24 集、15-28 頁
岩田正美（2007）『現代の貧困』筑摩書房
岩田正美（2010）「若者と社会的排除——日本のネットカフェ生活者の相談データから」『東アジアにおける格差拡大と諸問題』山口大学東アジア研究科国際学術フォーラム
大竹文雄（2006）「『格差はいけない』の不毛」文春新書編集部（編）『論争　格差社会』、18-31 頁
尾嶋史章（2002）「社会階層と進路形成の変容：90 年代の変化を考える」『教育社会学

研究』第 70 集、125-142 頁
苅谷剛彦（2000）「学習時間の研究：努力の不平等とメリトクラシー」『教育社会学研究』第 66 集、213-227 頁
苅谷剛彦（2002）『階層化日本と教育危機』有信堂高文社
苅谷剛彦（2009）『学力と階層』朝日新聞出版
菊池城司（1992）「学歴・階層・職業」『教育社会学研究』第 50 集、87-106 頁
吉川徹（2006）『学歴と格差・不平等――成熟する日本型学歴社会』東京大学出版会
紀要編集委員会（2007）「特集テーマ〈「格差」に挑む〉について」『教育社会学研究』第 80 集、5-6 頁
玄田有史・曲沼美恵(2004)『ニート――フリーターでもなく失業者でもなく』幻冬舎
河野員博（1993）「教育社会学の諸理論」片岡徳雄（編）『教育社会学』福村出版、18-32 頁
小林雅之（2007）「高等教育機会の格差と是正政策」『教育社会学研究』第 80 集、101-125 頁
小林雅之（2008）『進学格差』筑摩書房
佐藤俊樹（2000）『不平等社会日本：さよなら総中流』中公新書
柴野昌山・菊池城司・竹内洋（編）（1994）『教育社会学』有斐閣ブックス
竹内洋（1991）『立志・苦学・出世――受験生の社会史』講談社
橘木俊詔（1998）『日本の経済格差：所得と資産から考える』岩波新書
Department for Education and Employment & Qualifications and Curriculum Authority (1999a) The National Curriculum : Handbook for secondary teachers in England Key stages 1 and 2, London: HMSO.
Department for Education and Employment & Qualifications and Curriculum Authority (1999b) The National Curriculum : Handbook for secondary teachers in England Key stages 3 and 4, London: HMSO.
直井優（1987）「現代日本の階層構造の変化と教育」『教育社会学研究』第 42 集、24-37 頁
直井優（1991）「社会階層の変容と地位資源としての学歴：SSM 調査結果からの一考察」『教育社会学研究』第 48 集、65-77 頁
原純輔（編）（1990）『階層意識の動態　現代日本の階層構造 2』東京大学出版会
日垣隆（2006）「格差社会なんか怖くない」文春新書編集部（編）『論争　格差社会』文芸春秋、228-248 頁
広田照幸（2007）「教育社会学はいかに格差――不平等と闘えるのか？」『教育社会学研究』第 80 集、7-22 頁
水牛健太郎（2006）「はじめに」文春新書編集部（編）『論争　格差社会』文芸春秋、7-16 頁
堀有喜衣（2007）「若者教育から職業への移行における『格差』形成：日本型選抜の

趨勢と支援」『教育社会学研究』第80集、85-99頁
耳塚寛明(2007)「小学校学力格差に挑む　だれが学力を獲得するのか」『教育社会学研究』第80集、23-39頁
山田昌弘(2007)『希望格差社会:「負け組」の絶望感が日本を引き裂く』筑摩書房
The European Union (2006) "Recommendation of the European Parliament and of the Council of 18 December 2006 on key competences for lifelong learning," Official Journal of the European Union, pp.10-18.　Available from: http://eur-lex.europa.eu/LexUriServ/LexUriServ.do?uri=OJ:L:2006:394:0010:0018:EN:PDF
渡部昇一・日下公人(2006)「二極化社会も悪くない」文春新書編集部(編)『論争格差社会』、207-227頁

第Ⅱ部
東アジアにおける格差拡大と社会的排除

第5章

若者と社会的排除
―― 日本のネットカフェ生活者の相談データから ――

岩田 正美

1．はじめに

　本章では、1990年代半ば頃より顕著となった日本の格差問題の一つの焦点として、学校から職場への移行困難、就労の不安定、家族形成の困難、社会保障からの脱落、鬱傾向や引きこもりなどの多くの問題を集約的に抱えることになった若者の問題を、社会的排除という視角から取り上げ、排除された人々の排除のプロセスと、排除された人々が逃げ込む「特殊な場所」の形成や解体について検討する。主に利用するのは、ネットカフェ等で暮らす人々への相談、貸付事業を行っている東京の相談機関の2008年～2009年の利用者データである。

2．若者の長期失業と社会的排除という見方

　社会的排除（social exclusion）は、主要な社会関係からの排除によって生み出された諸問題を説明し、これを阻止して「社会包摂（social inclusion）」を実現しようとするヨーロッパの社会政策領域の用語である。この用語の普及の背景として指摘されているのは、2度のオイルショックと為替変動相場制への移

行を境に急速に進んだとされている先進諸国における脱工業化と、これを含んだグローバリゼーションの大きな流れの中に現れた「格差社会」の出現である。特にフランスでは、福祉国家の諸制度（フランスでは社会保護 protection sociale と総称される）が整備されながらも、そこから排除されている人々の存在を「豊かな社会の新しい貧困」として指摘する声が、すでに70年代から上がっていた。80年代になると、若者の長期失業問題が顕著となった。とりわけ、新規学卒で職につけない人々は、失業保険制度それ自体へ包含されないので失業給付の対象にならないばかりか、当時は若年失業者を枠外においていた社会扶助の対象にもならなかった。同様の問題を抱えたヨーロッパ諸国でこのフランス生まれの言葉が反響を呼ぶと共に、ヨーロッパの新しい経済社会統合を目指すヨーロッパ連合（EU）にも特に注目された。経済統合だけでなく、さらに社会統合を目指すEUにとって、排除との戦いは、まさにぴったりのアイディアであったからである。

　ところで、社会的排除は、失業や貧困に強く関連しているが、それらとは異なった意味を持っている。それは第1に、社会の主要な諸活動、たとえば労働、結婚や地域関係、労働組合や社会団体等への「参加」の欠如や、社会における帰属の不安定と関連した権利行使の不十分な状態をストレートに表現したものである。貧困が、生活に必要なモノやサービス等「資源」の不足をそのコアとして把握するのにたいして、社会的排除は「社会関係」の不足に焦点を当てている。第2に、このような「参加の欠如」としての社会的排除は、失業や貧困等を含めた不利が、ある個人の人生において複合的に重なり合う経験の中に生じている。第3に、したがって社会的排除は、「ある状態」というよりは、いくつかの「状態」が重なり合って、排除されていく、あるいは排除する「プロセス」なのだ、ということが強調されている。第4に、このような排除は、社会の分裂を進め、福祉国家の社会連帯にマイナスの影響を与えるという意味で問題視される。社会的排除の実際の捉え方には、いくつかの排除指標を作って、社会的排除を計測したり議論したりすることもある。しかし、社会的排除概念を使う意味は、複合的不利の連鎖と、そこでの排除のプロセスに注目していくことにある。

　さて、日本においては、80年代後半はバブル景気によって危機が先送りに

されていたが、90年代からの長期不況の過程で、ようやく格差が問題視されるようになった。その焦点になったのは、ヨーロッパ同様、若者問題であった。高度経済成長以降、新規学卒労働力は「不足」が常に問題であり、学校から正規雇用への移行はスムーズであった。若年者の賃金は低くても、それは過渡的なものであり、年功によって収入は上昇し、社会保障制度だけでなく会社の福利厚生に守られ、家族の形成、持家の取得、老後資金の形成等が生活課題であるような、標準的生活像を描くことに問題はなかった。ところがバブル崩壊の少し前より、弾力的な労働市場形成が目指され、会社に縛られない「フリーター」が話題になったが、不況過程においては、これが不安定な非正規労働者の増大として社会問題化した。特に新規学卒者が就職できない状況は、学歴や学力格差によって、若者が勝者と敗者に二分割されていくものとして、教育学等の分野で議論された。他方で、この現象は、「働くことを嫌がる若者」（ニート）や家族から自立できない若者論としても取り上げられ、政府は若者「自立」政策を導入するに至った。

　だが90年代不況の当初、まっさきにその犠牲になったのは、実は中高年の不安定労働者であり、それらの人々は野宿者として、東京や大阪の路上に現れた。ヨーロッパでも社会的排除の典型として、しばしば野宿者問題が取り上げられている。それはホームレス問題が、社会への参加の欠如を極端な形で示すからと考えられる。彼らの多くは家族もなく、仕事からも排除され、住む家からも排除されている。そして住民としての存在証明（住所や住民票）すら失って、一般市民から疎まれ、社会の構成員とさえ見なされない。

　この野宿者対策は2000年代に入ってから強化され、路上に住む人々の数は

図表-1　全国のホームレス概数

(人)

	男	女	不明	合計	差引増△減
2003年	20,661	749	3,886	25,296	－
2007年	16,828	616	1,120	18,564	△6,732（△26.6%）
2008年	14,707	531	780	16,018	△2,546（△13.7%）
2009年	14,554	495	710	15,759	△259　（△1.6%）
2010年	12,253	384	487	13,124	△2,635（△16.7%）

資料：厚生労働省、各年ホームレス概数調査

年々減っていると政府は報告している（図表-1）。ところが野宿者が減少し始めたと報告された同じ時期に、野宿者とは異なったホームレス問題がにわかに浮上して来た。その1つは、ネットカフェやマンガ喫茶などで寝泊まりをしている人々の存在であり、マスメディアによって「ネットカフェ難民」などと名付けられた。もう一つは、リーマンショック後の派遣労働者などの解雇の増大に伴って、会社の寮や借り上げアパートなどから退出を余儀なくされる人々が出現したことである。2008年暮れに運動団体が都心の公園に設けた「派遣村」には、こうしたホームレスの失業者が多数押し寄せ、その様子は全国に報道された。これらの新たなホームレスの特徴の一つは、中高年齢者だけでなく、20代、30代の若者が少なからず含まれていたことである。つまり、80年代末より指摘されてきた若者の格差問題が、極端な社会的排除の様相を見せて出現してきたわけである。このため、政府は第二のセーフティネットと称する緊急雇用対策を拡大し、就業支援だけでなく、住宅や生活費の支援も併せて行うこととなった。

3．「ネットカフェ」で暮らす人々と社会的排除

そこで次に、このように近年現れた若者の社会的排除の様相を、ネットカフェで暮らす人々に焦点を当てて概観してみたい。厚生労働省が全国の24時間営業のインターネットカフェ・漫画喫茶等全店舗（3,246店舗）の店長・店員等（有効回答数1,173店舗）を対象に、2007年6月に実施した調査によれば、オールナイト利用者の7.8%が住居喪失者で、その内訳は、非正規労働者が3.6%、無業者が1.6%、失業者が1.5%、正規労働者と学生がそれぞれ0.5%であったという（厚生労働省『住居喪失不安定就労者等の実態に関する調査報告書』2007）。1日の利用者から推計すると、全国で1日あたり約4,700人が住居喪失者であり、うち非正規労働者は2,200人としている。

またこの調査を基礎に、東京23区（300人）と大阪市内（60人）で住居喪失のためネットカフェ等を利用している人々へのアンケート調査を行っているが、いずれの地域でも対象者の9割以上が男性であり、年齢は上で述べたような20代から30代と50代以上の二つの年齢帯を頂点とした構成となっている。

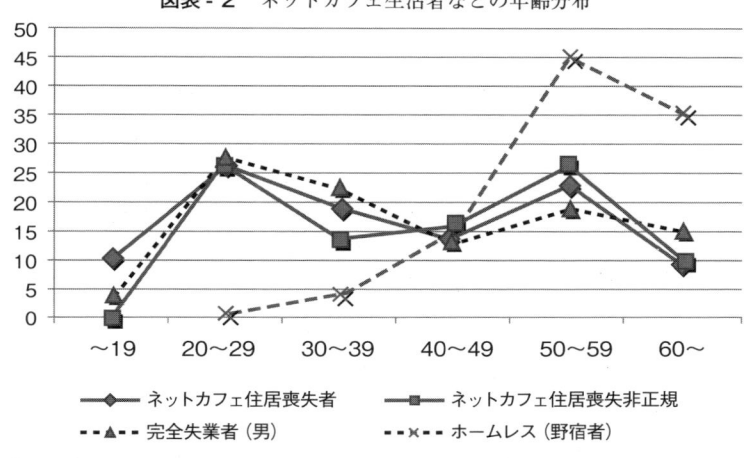

図表-2　ネットカフェ生活者などの年齢分布

(グラフ：横軸 ～19、20～29、30～39、40～49、50～59、60～／凡例：ネットカフェ住居喪失者、ネットカフェ住居喪失非正規、完全失業者(男)、ホームレス(野宿者))

資料：厚生労働省「ホームレスの実態に関する全国調査」(2007)
　　　同「住居喪失不安定就労者等の実態調査」(2007)
　　　総務省「労働力調査」(2007)

　図表-2で、この年齢分布を、ネットカフェの住居喪失者全体、そのうち非正規労働者、労働力調査による完全失業者（男性）、ホームレス（野宿者）の4者で比較してみよう。ホームレス（野宿者）だけが50代を頂点に右上がりとなっているが、後の3者はほぼ同じような構成である。また、厚生労働省の調査報告でも、「1年未満の有期雇用者（男性）」「完全失業者（男性）」とネットカフェの住居喪失者（男性）の年齢分布がほぼ同じと指摘している。つまり、ネットカフェ等に寝泊まりせざるをえない状態は、就業の不安定とリンクしており、非正規労働や失業問題の延長に出現した状態であると見ることができる。

　さて、これらのネットカフェで暮らす若い人々の状況をもう少し詳しく見るために、東京においてネットカフェ等を居所としている人々への生活支援事業の利用者相談記録を利用し、特にその中の20代、30代の利用者の特徴を把握してみよう。この事業は、ネットカフェ等を居所としている「住居喪失不安定就労者」の住居の確保と、より安定的な就労機会の確保を支援するため、厚生労働省が東京都と連携して2008年4月から実施しているものである[1]。ここで利用するのは2008年6月から2009年10月までの複数回相談に訪れた登録利用者の648ケース（男性603、女性45）の記録である。年齢は、20代が

図表 - 3 就労中の人の就労形態（重複）

	正社員	契約	派遣	アルバイト	日雇	その他
20歳代	18.9%	2.7%	27.0%	51.4%	5.4%	
30歳代	6.8%	3.4%	36.4%	28.4%	31.8%	3.4%
40歳以上	11.5%	3.4%	35.1%	27.0%	31.1%	2.0%

注）各年齢層の就労中計に対する割合。

12.7%、30代が33.8%、40代が30.5%、50代が23.0%で、図表 - 2と比べるとやや30代、40代が多い分布となっているが、それはこの事業の中心が住居費と生活費の貸付事業であることが影響しており、相談時に何らかの仕事についている人の比率も6割を超えていた。

このように、相談者はネットカフェの住居喪失者の中では、相対的に「ましな」人々である。それは相談時に何らかの就業をしている人がどの年代も半数を超えていることでも確認できる。しかし、図表 - 3で見るように、就業の内容はほとんどが派遣やアルバイトであって、また給与の支払いも日払い、週払いが半数を超える。相談時の所持金は、7割が10万円を下回っており、20代では13.4%が、30代では3.2%がゼロ円としている。住居を失ってからの生活費のまかない方では、就労できているものはその賃金や、前借り賃金でと答えており、雇用保険給付があったのは20代では1名、30代では2名に過ぎない。また貯金取り崩しと答えたのは20代で7.3%、30代で13.2%である。

これらの人々が相談時に起居していたのは、むろんネットカフェが最も多いが、同時に友人や知人宅、路上、サウナ、マンガ喫茶なども挙がっており、また同じ人がこれらの「場所」を行き来している様子が見てとれる（図表 - 4）。20代、30代の若い人たちは、40代以上に比べて「友人／知人宅」との行き来が多く20代で3割、30代で2割以上となっている。これは若い人の場合には、

図表 - 4 相談時に寝泊まりしていたところ（重複）

	ネットカフェ	サウナ	マンガ喫茶	路上	友人知人宅
20歳代	72.0%	6.7%	5.3%	14.7%	32.0%
30歳代	72.7%	18.0%	4.9%	19.1%	20.9%
40歳以上	53.5%	24.0%	5.9%	17.1%	17.8%

注）割合はそれぞれの年代の相談者総数に対するもの。

図表-5　住居喪失の理由

	寮（借り上げアパート、住み込み等）の退出	家賃滞納により退去	家賃支払不能	実家から家出	友人や同棲相手、兄弟姉妹の家にいられなくなる	刑務所や病院退所による	地方から求職のため上京	その他
20歳代	30.8%	15.4%	19.2%	14.1%	14.1%	0%	3.8%	2.6%
30歳代	35.6%	22.4%	15.1%	7.3%	11.7%	5%	5.4%	2.0%
40歳以上	30.0%	20.9%	19.7%	2.2%	9.1%	4.7%	5.3%	8.1%
計	32.0%	20.7%	18.1%	5.5%	10.6%	2.7%	5.1%	5.3%

一定の社会関係が継続していることを示すが、その内実がどのようなものかはすぐ後で検討する。

　それでは、住居喪失の理由は何か。どの年代でも、「就業先の寮や借り上げアパート、住み込み先からの退出」が最も多く3割を超える。次いで「家賃滞納によるアパートの退出」と「アパートの家賃支払い不能による賃貸住宅からの退出」がある。後にも触れるが、職場に附属した寮や借り上げアパートからの退出は、ホームレス調査でも住居喪失理由の3割を超えており、職と住を同時に失うというパターンが、現代日本の多様なホームレス問題の中心にあることを確認しておきたい。ここまでは年代の差異はほとんどない。だが、「家出」と「友人や兄弟、同棲相手の家にいられなくなる」は明らかに20代、30代に多い。20代では両者で3割、30代では約2割である（図表-5）。

　これらの相談者の生活歴を辿って、この家出などの経緯を確かめてみよう。生活歴欄に記載のあったのは484ケースである。その範囲で、出身地と離家の時期を見ると、その約3割が東京および近県以外の出身であり、それ以外の地方から上京したケースが6割以上に上る。実家を離れた時期は、どの年代も6割以上の人が10代と早い。20代までで95%近くとなる。いつまでも実家に留まる「大人になれない若者」が問題にされる今日、多くが10代で離家や東京への移動がなされていることに注意したい。離家の理由を図表-6で見ると、多いものから就職、家出、就学、その他、となり、ここでの10代を中心とする離家が、就職、就学といった一般的な理由の他、家出、結婚・同棲、その他を含む、やや複雑な内容となっていることが見てとれる。

図表 - 6　離家の理由

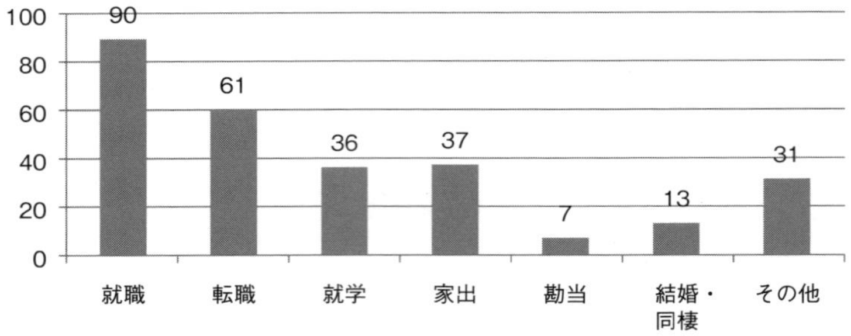

就職	転職	就学	家出	勘当	結婚・同棲	その他
90	61	36	37	7	13	31

注）記載のある 275 ケースについてのみ。

　また生活歴記載のあった 30 代までの若いケースの場合 57.21% が親の死亡・失踪および親以外による養育を経験しており、生家自体の不安定が示唆されている。この意味で、彼らの上京は積極的なものというよりは、そのような生家の不安定に押し出されるようになされたものでしかないと考えられ、しかも若い年代層の場合は、家出して上京したが、行くところがなくすぐネットカフェ生活に入るとか、友人知人の家に転がり込むが、そこに居られなくなって、ネットカフェで寝泊まりするようになった、という経緯をたどっている（岩田 2010）。

　いくつかの事例を挙げておきたい。

　1）20 代の男性。父母は行方不明で児童生活支援施設で養育される。高校卒業後、上京するが派遣やアルバイトの仕事を転々とし、マンスリーマンションで暮らす。2008 年に入って仕事が減り、家賃支払い不能となって退去し、その後ネットカフェで生活している。現在は求職活動中。相談時手持ち金は 5,000 円である。また借金があり、就業支援、住宅支援だけでなく法律支援の対象ともなっている。

　2）20 代女性。離婚後夫の家を出され、友人宅へ身を寄せたが、友人のアパートも契約解除となり、退去せざるを得ず、ネットカフェで暮らすようになる。水商売などで収入を得てきたが、現在は就職活動中。相談時手持ち金は 1 万円。

幼少時より母親から虐待を受けていたので実家には頼りたくない。カードローンの負債有り。

3）30代男性。大学中退後、派遣で工場勤務をしていたが、仕事が減り退職。上京して仕事を探したが、なかなか見つからず、日雇の仕事をいくつか掛け持ちしながらネットカフェで生活。地方の実家には、勘当されているので、頼ることができない。借金あり。寮付きの就労を希望している。

4）20代女性。実家でDV問題があり父母は離散不明。祖父母に育てられる。中学卒業後すぐ実家を出て上京。飲食店、新聞販売店、風俗店等の寮付きの仕事を転々とする。仕事を失ったので寮に居られなくなり退去。ネットカフェや友人宅で暮らしている。相談時手持ち金は数百円。

5）30代男性。高校を卒業後、おもに飲食店で正社員として働くが、社内の人間関係や親の介護で退社。親を看取った後、上京し派遣で寮付きの工場で働くが、派遣切りにあい、失業と同時に寮を退出させられた。主に路上で生活しており、相談時手持ち金はゼロであった。借金あり。

6）30代男性。専門学校卒業後、親との折り合いが悪く家出。上京してパチンコ店に寮付きで就職。その後派遣で新聞販売店の仕事に転じるが、廃業で失業。その後も派遣で、パチンコ店と新聞販売店の仕事を転々とするも派遣打ち切りで寮から退出となる。相談時所持金は2,500円。

これらの事例でわかるように、ネットカフェなどに拡散した若者のホームレス化は、単に失業だけでなく、生育歴に遡った複数の不利を抱えていることがわかる。親の生活それ自体の不安定は印象的であり、したがって、頼れるのは借金ということになりがちである。借金の経験は保証人経験も含めると、生活歴に記載のあるケースの5割にも及び、しかも初めての借金の年齢は、1割以上が10代となっている。また若者の特徴として、事例2や4のように友人・知人に頼るケースも少なくない。生活歴に記載のあるケースの25％が友人や

図表 - 7　ネットカフェ生活者の学歴

	中学	高校	専門学校	高専・短大	大学以上
20歳代	24.0%	51.1%	11.5%	1.1%	6.3%
30歳代	18.6%	41.9%	6.6%	1.2%	6.6%
40歳以上	16.2%	42.6%	7.1%	1.0%	21.6%
合計	19.7%	42.0%	6.9%	1.0%	10.6%
厚労省調査	40.6%	48.0%	3.1%		4.0%

注）割合はそれぞれの年代の相談者総数に対するもの。不明は除いている。厚労省調査は東京調査分。

知人宅へ寄宿したことがあるとしている。だが問題は、それらの友人や知人も同じような不安定な生活をしているために、当然長く頼っていられるような環境ではないことである。中には、家主に無断での同居を見つかって退去させられたケースもある。

　なお、図表 - 7で学歴を確認しておくと、約半数は高校卒業であるが、20代では24%が高校中退を含めた中学卒であり、他の年代と比べて高くなっていることに注意したい。早い時期からの不利の連鎖が、すでに20代でホームレスのような極端な形になって現れているわけである。なお先の厚生労働省調査では、4割が中学卒であったから、それでも利用したデータは「ましな」ケースであるといえるかもしれないのである。

4．排除されている人々を隠す装置——「寮」と「宿泊所」

　このように、今日の若者の格差問題は、複合的な不利の連鎖のプロセスから把握することができるが、しかしこの連鎖の背後にあって、排除された人々を隠す装置が労働の場と結びついた形でたえず生み出されていることにも、注意を向けてみたい。なぜなら、排除が排除として社会の表層に浮かび上がれば、その解決を求めていく声がわき起こってくる可能性が高まるが、それを隠す装置が形成されると、問題が潜在化しやすいからである。日本の場合、まず注目すべきは、住み込みや「寮」のような、事業所に付随した特殊な住宅の存在がある。

　もともと住み込みや「寮（寄宿舎）」は、主にまだ家族形成をする前の単身

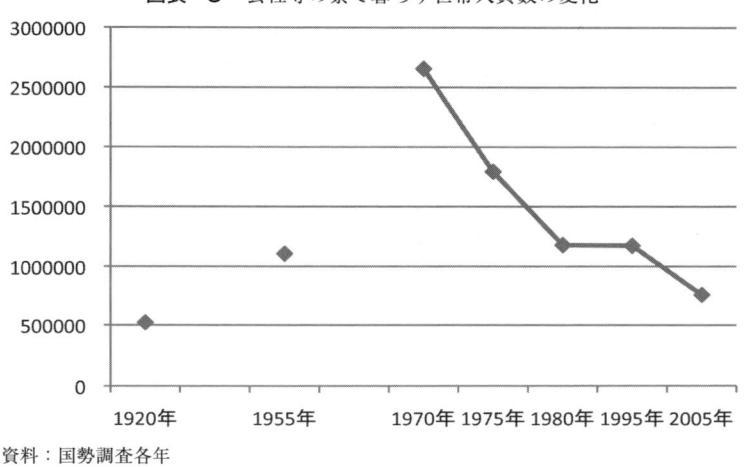

図表 - 8　会社等の寮で暮らす世帯人員数の変化

資料：国勢調査各年

の労働者を工場や商店が雇用する際に提供した住居形態で、恩恵的労務政策であるばかりでなく、過酷な労働からの逃亡を防ぐための装置としても機能し、また「主人と使用人」のような身分制度の残滓を表現するものでもあった。1920年に実施された最初の国勢調査によれば、工場の「寮（寄宿舎）」その他に住む「準世帯」[2]の人員は、約52万人程度であり、15～59歳人口の1.7％程度にあたる。戦後の1955年調査では、工場などの寄宿舎に住む「準世帯」と「普通世帯」を併せて約110万人ほどであり、15～59歳人口の約2.6％である。実施年によって定義が異なるので、年次別の推移が明確には把握できないが、わかる範囲で示せば、1970年調査で約265万人とピークとなり、1975年では179万人、1980年では118万人と減少していく。国勢調査のオーダーメード集計で確認した1995年は118万人と1980年とほぼ同じレベルであり、これが2005年には76万人に減少している。つまり、日本においては高度経済成長期まではこの古いタイプの労働者住宅がある程度機能しており、80年代以降減少に転じたことがわかる。

　高度経済成長までの「寮（寄宿舎）」が具体的にどのように機能したかがわかる資料はほとんど存在しないが、おそらくそれは二つの異なった意味を持ったと考えられる。一つは若年労働者の一時期の「独身寮」であり、おもに大企

業の福利厚生施設と考えられるもの、もう一つは中高年労働者まで含んだ臨時労働者を広く調達するために用意された「宿舎」である。後者の代表は、高度経済成長をリードした建設産業における「飯場」(建築現場に建てられた作業員宿舎)や工場の「宿舎」が挙げられよう。また、その女性版としては、家政婦紹介所、飲食業、風俗産業などが備え付けた「寮」がある。なお、「住み込み」は、雇用主の家への同居等も含むが、「寮」とほぼ同じと考えられる。それらは、正規の労働市場から排除されて、臨時の仕事を求める人々へ、職と宿舎を「手っ取り早く」提供する仕組みであり、都市の失業者や農村からの出稼ぎ労働者の「不安定」を吸収する場となった。

臨時労働者の「宿舎」としての「寮(寄宿舎)」は、このような一時期の職と宿舎を転々とする労働者をプールしていく特殊な地域を形成する。それは、一つの仕事が終わった時にそこへ戻り、またそこで次の仕事を見つけることができるような、労働市場と宿舎機能を同時に備えた場所、すなわちいわゆる「寄せ場」とか「ドヤ街」(安価な宿泊所の集中地域)である。戦後の日本の大都市においては、このような「寄せ場」の形成に都市自治体が積極的に関わり、たとえば東京の山谷、大阪の釜ヶ崎、横浜の寿町といった大規模な「寄せ場」が主に建設産業への臨時労働者の提供と結びついて出現することになった。

この「寄せ場」に集中するような安い宿泊所が、社会的排除を隠しておくもう一つの特殊な装置である。貧しい商人や労働者の移動や求職活動を支える安価な宿泊所は、戦前から存在し、都市行政が絶えずコントロールする対象であった。大規模な「寄せ場」の形成は、こうした「宿泊所」と「寮(寄宿舎)」を繋ぎ合わせる場所を作り出すことを意味し、不安定な労働者の生活を、「宿泊所」と「寮(寄宿舎)」との往復の中に囲い込むことを意味している。

ところで、先に見たように、90年代以降の路上のホームレスやネットカフェ生活者の三分の一は、「寮(寄宿舎)」や借り上げアパート(これは統計的には捉えられない)から出現している。それは、高度経済成長期までは十分機能してきた「寮」と「宿泊所」のセットによる、排除の隠蔽がもはや利かなくなってきたことを意味している。今日の路上生活者やネットカフェ生活者には「山谷」や「釜ヶ崎」を知らない人々が増えてきているのはその一つの証拠である。

だが、従来の「寄せ場」への隠蔽に代わって、新たな「寮(寄宿舎)」や住

み込み、「宿泊所」などの形成を知ることもできる。先のネットカフェ生活者の20代、30代の相談者で生活歴記載のある人々の41.5％が寮や借り上げアパート、住み込み等をすでに何回か経験している。それらは、伝統的な建設産業と「寄せ場」のセットではなく、工場の他、多様なサービス産業と結びついたものである。たとえば、インターネット等で「寮付き仕事」を検索すると、リゾート地域でのアルバイト（リゾバイ）、新聞配達、パチンコ店、マンション管理人、介護施設、酪農など多様なサービス職種の求人が「寮付き」で宣伝されている。先のネットカフェ生活者の事例6の男性は、初職から一貫して派遣労働を寮付きで繰り返している。

　また、寄せ場の宿泊所に代わって、マンスリーマンション、ウィークリーマンション、レンタルルームなどの呼び名で、新たな宿泊所も提供されている。保証金無し、保証人無しの、いわゆるゼロゼロ物件と呼ばれるアパートも、新たな宿泊所といえるかもしれない。ごく最近、社会福祉法で2種事業としている無料低額宿泊所や、そうした法律の外で展開されている宿泊所が、住居の不安定な人々を吸引していることが、火災や生活保護費の横領などといった「事件」を契機に明るみに出ている。さらにいえば、ここで取り上げたネットカフェやマンガ喫茶、サウナ、ファミリーレストランなども、宿泊所の代替物として機能しているともいえる。

　これらの新しいタイプの「寮」や宿泊所の実態は十分に把握されていない。サービス産業は規模が小さい業者も多く、また違法な営業なども少なくないため、統計からは漏れやすいからである。これらは、大規模「寄せ場」等への囲い込みとは異なって、広く大都市やリゾート地等へ拡散し、制度の介入を寄せ付けないように見える。宿泊所については、「事件」を憂慮した厚生労働省の調べで、2009年で無料低額宿泊所が439施設14,089人、法外の宿泊所が1,437施設12,587人収容していることがわかったばかりである。

5．福祉国家と社会的排除

　フランスの例に見られるように、80年代以降の社会的排除は戦後形成された先進諸国の福祉国家のほころびを意味するものでもあった。ここに出現した

図表 - 9 住居喪失不安定就労者と社会保険加入率（35歳未満）

	東京	大阪
雇用保険に加入	0.0%	10.0%
健康保険に加入	4.9%	30.1%
年金保険に加入	1.2%	15.0%

資料：厚生労働省「住居喪失不安定就労者等の実態調査」(2007)

　若者の長期失業は、失業保険のような制度にはカバーされない。つまり、制度からの排除であると同時に、制度の失敗を意味した。日本の若年のネットカフェ生活者たちもまた、ほとんどこれらの社会保険にも福祉サービスにも包摂されていない。

　先に見たように、ネットカフェ生活者の相談機関のデータでは、住居喪失後の生活を雇用保険で賄っていたのは、20代、30代相談者のうちたったの3名にしか過ぎなかった。厚生労働省のネットカフェ調査においても、図表 - 9で見るように、35歳未満の東京、大阪の住居喪失者の社会保険加入率は極めて低い。なお、東京と大阪の加入率の相違は、大阪の調査対象が60ケースと少なかったこと、また30代が多かったことと関連していると思われる。ちなみに、2007年の路上のホームレスの実態調査の結果では、年金加入経験者は案外多く、20年以上の給付のある人は3割を超える。つまり若者が初職から非正規のようなかたちで労働市場へ参入した場合は社会保険制度から大幅に遠ざけられ、中高年のホームレスの場合は、ある程度は制度に包含されていた人々を含んでいるということが推測されるのである。

　こうした社会保険制度からの排除は、正規労働からの排除の結果だけでなく、「寮（寄宿舎）」や宿泊所などの特殊な場での住民登録が避けられてきたこととも関連している。少なからぬ人々が住民票を持たずにこれらの特殊な場を往復しており、したがって労働者としてだけでなく、住民としての基本的な権利義務からも遠ざけられ、社会構成員としての地位も怪しくなる。この結果、若者はその苦境を、フォーマルな制度の援助ではなく、高利な借金や、友人知人への依存によって切り抜けようとするのである。

　さて、このように福祉国家の既存の制度は90年代以降の若者の貧困や格差に力を持たないことが明白になりつつあるが、実はすぐ前で述べたような社会

的排除を隠蔽する構造と戦後日本の福祉国家の形成が深く関わっていることについても、あらためて確認しておきたい。

いうまでもなく、福祉国家は、その社会の人々の生活の最低限が確保され、また社会への帰属状態が失われないような「セーフティ・ネット」の確立をその基礎におくが、その本格的な登場の舞台となった戦後の日本は、敗戦によって多くの人々がすでに深刻な生活困窮状況にあり、セーフティ・ネットを張るためには、このような混沌状況の整理が必要であった。この戦後の整理は、主に三つの手法で行われたと考えることができる。第一は自力で生活できる家族の生活を支える社会保険や持家政策、保育サービスなどの拡大、第二はここから脱落せざるをえない障害・傷病者、高齢者、母子等への公的扶助や施設サービス、そして第三がホームレス状態にある人々への特殊な政策であった。

戦後の大都市では、ホームレス状態にある人々は「かりこみ」と称する、公共用地からの強制退去策とセットになった収容施設への誘導があった。「浮浪児」や「浮浪母子」には児童施設や母子施設が、そのほかには生活保護法による保護施設、さらには二種社会福祉事業の宿泊所などが対応した。このような強制退去＝施設収容原則は、大都市のホームレス対策に今日まで貫かれている（岩田、1995、pp.53-68）。

また施設収容と並んで、大都市行政は、先に述べた「寄せ場」の宿泊所経営者へのテント貸し出しによるホームレス状態の青壮年層の収容委託や、バタヤ業者（屑収集業者）の「寮」などへの収容依頼なども早くから実施している（岩田、1995、pp.67-68）。施設が足りないというだけでなく、従来「弱者」救済を方針としてきた収容施設の側に稼働年齢の人々の取り扱いに戸惑いがあったことがその背景といわれている。このような行政の後押しもあって、「寄せ場」の戦後復興は極めて早く進み、60年以降の高度経済成長の底辺労働力の供給を支えることになる。ここでは、宿泊所と宿舎を往復する人々が囲い込まれ、そのホームレス状態は一般の人々からは隠されることになった。

このように、日本の福祉国家のスタート段階で、ホームの不確かな人々は、普通のホームを保障されるのではなく、「寄せ場」や「施設」などの特殊な場所を与えられることになった。この結果、一方でこのような空間に囲い込まれた人々の市民としての権利の行使や、幅広い社会参加の途が制限されていくこ

とになった。同時に、社会は一般社会空間と特殊空間の二つに分裂していかざるをえない。福祉国家の一般政策は前者を対象としたものであり、後者は事業者の労働対策か、大都市の特殊対策（「寄せ場対策」やホームレス対策）に委ねられていくことになった。敢えていえば、福祉国家は、そこに入りきれない人々の、このような特殊な処理を前提に成立したわけである。

　こうした福祉国家の二重構造の矛盾は、時々の「寄せ場」などの「暴動事件」を除けば、高度経済成長期には隠されていた。だが、バブルの崩壊と共に、この矛盾が、冒頭で述べたような、多様な「ホームの喪失」として、いっきに露呈されることとなった。そこには、一般とは区別された特殊空間をコントロールすることを前提に成立した日本の福祉国家の矛盾がよく示されている。さらに、従来の「寄せ場」型の装置ではなく、多様なサービス産業へ拡散した、今日の新たな「寮」や宿泊所への排除の隠蔽は、もはや福祉国家にはコントロールできないものとなっているようにも見える。先頃発覚した乳幼児の虐待死事件の現場は、大阪の風俗産業の借り上げアパートであったが、何人かの近隣からの訴えがあったにもかかわらず、そこに住民登録が設定されていなかったことから、児童相談所は立ち入り調査をためらったのである。

6．おわりに

　社会的排除は、ある個人の人生の中で複合的な不利が連鎖していくプロセスであり、その中で彼／彼女の社会参加が欠如していくことである。最近のワーキングプア対策として新政権が取り上げたのも、このような複合的な不利へ対処するプログラムであった。すなわち、首相官邸に設置された「緊急雇用対策本部」では、一カ所で多様なサービスにアクセスできるワンストップ・ショップ・デイの試行や、一人一人の異なった複合的不利に寄り添ってサービスを提供する「パーソナル・サポート・サービス」のモデル事業が開始されることとなった。

　社会的排除という観点から見ると、確かにそのような対策は望ましい。だが、同時に、このような不利な人々を、不利な状況のまま社会の周縁に隠していく装置が社会構造として作られていく側面にもっと注意を向けることが必要であ

る。本論で指摘したように、社会的排除という観点から、今日の格差問題の一つの焦点である若者の貧困を取り上げると、その周縁性があらわになっていく側面と、再び隠されていく側面が同時に見て取れる。この隠す装置は産業によって作り出され、また行政もこれを強化ないしは放置してきた。不利な人々もまた、正当な参加のチャンスを求める代わりに、こうした装置に搦めとられやすいのである。

　重要なことは、たんに不利の除去であるばかりではなく、むしろ積極的な参加の要求であり、彼らの声の取り戻しである。日本の場合は、労働組合が排除された人々を排除してきたことから、彼らが声を出していく道自体が閉ざされてきた。こうして、二重三重となった排除構造を、一つ一つ解きほぐしながら、参加の経路を、排除された人々自身を含んで作り上げていく工夫が望まれよう。

注
1) TOKYOチャレンジネットの相談記録。なお相談開始は2008年4月からであるが、相談票の書式を変更しているため、ここでは変更後のケースのみ取り上げた。この分析「TOKYOチャレンジネット利用者の分析」は未公刊。
2) 準世帯とは、住居と生計を共にしている普通世帯ではない、会社等の寄宿舎や施設等に暮らしている人々を把握する単位であるが、その定義は昭和25年以前（1人世帯を准世帯に含める）と30年以降では異なる。また1985年以降はこの用語はなくなり、施設等は「施設等世帯」、会社の寮等は「住宅以外に住む一般世帯」に区分されることとなった。詳しくは国勢調査を参照。

参考文献
岩田正美（1995）『戦後社会福祉の展開と大都市最低限』ミネルヴァ書房
岩田正美（2010）「生きるための移動――「負の移動」とその中継場所」『世界』No810, pp.208-218
厚生労働省（2007）「ホームレスの実態に関する全国調査」
厚生労働省（2007）「住居喪失不安定就労者等の実態調査」

第6章

韓国の労働市場の構造と社会的排除

チャン・ジヨン

1. はじめに

　筆者は、2009年に出版された『韓国福祉国家性格論争Ⅱ』(チョン・ムグォン編、2009)に収録された論文を通じて、韓国の労働市場と社会保障の各部門では、成果が悪く質の低い状態の循環に陥っていると診断したことがある。たとえば、貧困率が高く、とくにワーキング・プアの比率がかなり高い。これは雇用を通じて生活の安定を図ることができず、国家福祉もこの問題を解消できずにいるということを意味する。雇用だけでなく家庭領域で感じる心理的不安は、低い出産率としてあらわれており、多様な領域で不平等の問題も提起されている(チャン・ジヨン、2009)。
　李明博(イ・ミョンバク)政権はこのようなすべての問題を解決するもっともよい解法は'経済成長'であり、'雇用が最高の福祉'であると主張して政権を握り、実際に輸出の好調に助けられて経済指標は良好な状態をみせている。それにもかかわらず、格差拡大は深化しており、低所得層の生活は日ごとに厳しくなっている。韓国は'福祉病'にかかったことがないだけでなく、個々人は勤労意欲が非常に高いにもかかわらず、ワーキング・プアの問題が深化しているのである。

このような韓国社会の問題は、'労働市場の二重構造'と'排除的な国家福祉'に起因するものである。労働市場は二重構造化しており、上層部（一次市場）に属する社会成員のみが雇用を通じて生活の安定を享受することができ、下層部（二次市場）では失業状態ではないが、低賃金と不安定雇用が結合した形態の underemployment 状態が蔓延している。さらに、二次市場労働者の相当数は国家福祉からも排除されている。この論文では、韓国社会の労働市場の二重構造と排除的な国家福祉の特性の間の関係を明らかにしようと思う。

2．労働市場の二重構造

労働市場の二重構造は、市場での独占的地位、内部労働市場、官僚制的統制組織を備えた一次労働市場と、これらを持たない二次労働市場に区分されるという仮説は、多くの学者達によって一つの理論体系を形成してきた（O'Conner, 1973; Doeringer and Piore, 1971; Edwards, 1979）。労働市場の二重構造論によれば、労働市場は比較的高い賃金に安定的な雇用、良好な労働条件を提供する職種で構成される一次労働市場と、これらすべての側面で相対的に劣悪な処遇を提供する職種である二次労働市場に二分されるというものである。このような労働市場の分断をもたらすことになるもっとも重要なメカニズムは内部労働市場の形成である。内部労働市場では企業内に序列化された職務体系が存在するが、このポストは一番下方の入職口でのみ外部に開放されており、それ以外の他の職務は企業内部からの異動で埋められる。本研究では、二重構造の形成メカニズムに焦点をあてて分析することはせず、構造それ自体を示すことに力を注ぐつもりである。

二重労働市場論の要諦は、労働市場が、高い賃金と雇用安定性を持つ一次市場と、低い賃金と雇用の不安定な二次市場に分けられるということであるが、これが'構造化'されていると主張するためにはこれらの間に移動性がほとんどないという事実を示さなければならないであろう。韓国の労働市場は雇用形態と事業体の規模を基準に一次市場と二次市場に分けられるが、この２つの集団間の移動が円滑でなく処遇の面で多くの差が出るという点は、以前の研究でも指摘されたことがある（チャン・ジヨン、2009）。筆者は、批判社会学会で

発表した研究論文（チャン・ジヨン、2010）をおもに引用して、この議論をもう一度展開しようと思う。ここでは、一次と二次市場間の移動の問題を特定の一時点でのみ考察するにとどまらず、1990年代中盤以降、最近までの変動を考察するやり方で議論を拡げるつもりである。

チャン・ジヨン（2010）で提起した問題意識は、2008年のグローバル金融危機が韓国の労働市場に及ぼした影響が、1997年のアジア金融危機当時に韓国の労働市場が経験した状況とはかなり異なるという観察から出発したものであった。97年の危機当時には非正規労働者と自営業者はもちろん、男性正規労働者の雇用まで減少した。実際に、97年危機の時には常用労働者の減少幅が臨時・日雇労働者の減少幅よりも大きかった。これとは違って、2008年のグローバル金融危機の余波は、おもに非正規労働者（臨時・日雇）、女性、自営業者に打撃を与え、男性労働者と常用労働者の数はまったく減少しなかった（キム・ユソン、2010）。これは、今回の危機の強度が、97年のそれよりも弱かったためである可能性もあるが、別の見方をするなら、97年以降に変化した労働市場構造によってこのような現象を説明することもできるであろう。97年以降、一次市場が少数精鋭化しながら一次市場に属する雇用の不安定性は深化しなかったが、二次市場に属する雇用はそれ以前に比べていっそう不安定になった可能性があるのである。

このような背景の下で、つぎのような3つの問いを提起した。第一に、一次労働市場は縮小し、二次労働市場の規模は増加する趨勢が観察されるのか。第二に、一次と二次市場間の移動性は減少したのか。第三に、二次市場の不安定性は以前よりもさらに大きくなったのか。

このような問いに答えるために、Group-based Trajectory Modeling 分析と、事件史分析（Event History Analysis, Hazard Analysis あるいは Duration Analysis）を活用した（分析モデルについての紹介は付記参照）。また、労働市場間の移動性を分析しなければならないので、パネル資料が必要であった。統計庁が毎月調査し発表する経済活動人口調査資料が、実際には何年かにわたって同じ標本を反復的に調査するパネル資料であるという事実に着眼して、経済活動人口調査資料をパネル形態に構築した。分析時期は、1995～96年、1998～99年、2006～07年、2008～09年の4つの時期に区分し、各時期に

表-1　Trajectory類型別比重の変化

(単位：%)

	1995-96	1998-99	2006-07	2008-09
一次持続	17.2	13.8	15.4	14.3
二次持続	76.0	77.5	78.1	78.6
一次→二次	3.5	4.8	3.7	3.6
二次→一次	3.3	3.8	2.8	3.5

資料：統計庁、経済活動人口調査各月別調査パネル連結資料

属する24ヶ月間の雇用の変動を追跡し分析する方法をとった。一次市場の賃金労働者は、従業員100人以上規模の事業体の常用労働者と操作的に定義した。二次市場の賃金労働者は、従業員100人未満事業体で働くすべての賃金労働者と100人以上事業体の臨時・日雇労働者と定義した。

第一の問いは、一次市場の縮小と二次市場の拡大という趨勢が認められるかどうかというものである。表-1に示された結果に依拠すると、1997年の金融危機を基点に、それ以前と以降の労働市場の構造は質的に異なると判断するのは難しいが、趨勢的に転換点を過ぎたものとみなした。97年の金融危機当時と2008年のグローバル金融危機時は、それぞれ危機以前の労働市場と構造面で異なる状態にあった。要するに、一次労働市場の規模は縮小し、二次労働市場の規模は増加する趨勢が確認された。

二つ目の問いは、一次と二次市場間の移動性は減少したかという問いである。Group-based Trajectory Modeling分析においても明らかになったが、事件史分析（non-parametric分析）の結果でいっそうはっきりとあらわれる（図1-1、

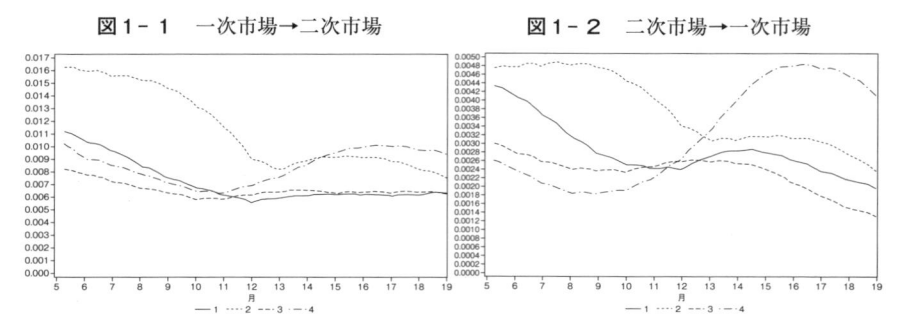

図1-1　一次市場→二次市場　　　図1-2　二次市場→一次市場

1：1995～96年のデータ　　2：1998～99のデータ　　3：2006～07年のデータ　　4：2008～09年のデータ

表-2 労働移動転換率の年度別差異：Cox モデルで年度変数の係数

規準： 1995-96	一次→二次転換			二次→一次転換		
	coef.	S.E.	Pr>ChiSq	coef.	S.E.	Pr>ChiSq
1998-99	0.4589	0.04697	<.0001	0.17358	0.04812	0.0003
2006-07	-0.17362	0.05801	0.0028	-0.26774	0.05444	<.0001
2008-09	0.11062	0.05582	0.0475	-0.21271	0.05424	<.0001

注：Cox proportional hazard models. 性、年齢階層、教育水準、世帯主か否か、婚姻状態などの変数を統制した。

図1-2）。Y軸の目盛りの違いに注意してこれらのグラフをみると、一般的に一次市場から二次市場に移動する危険率は、その反対方向の移動に比べて、おおよそ10倍程高いことがわかる。そして、危機状況でない1990年代中盤と2000年代中盤を比較してみると、一次から二次への転換は2つの時期の間にほとんど差がないが、二次から一次への転換は減ったことが観察される。表-2でも、主要な人的要因を統制した場合、1990年代中盤に比べて2000年以降は二次市場から一次市場への進入が難しくなったものと判断できる。

三つ目の問いは、二次市場の不安定性は以前に比べてより大きく増加したのかというものである。図2-1と図2-2によれば、二次市場から非就業状態に移動する危険率は、一次市場から非就業へ移動する危険率に比べておおよそ3倍以上高い。非母数推定したグラフだけでみると、一次→非就業転換率は、2007年以後に1996年よりもかえって安定してみえるのに比べて、2006年以降の二次→非就業転換率は、1998～99年よりは安定したが、1995～96年の水準に回復することはできなかった。個人の主要特性を統制した後の転換率の時

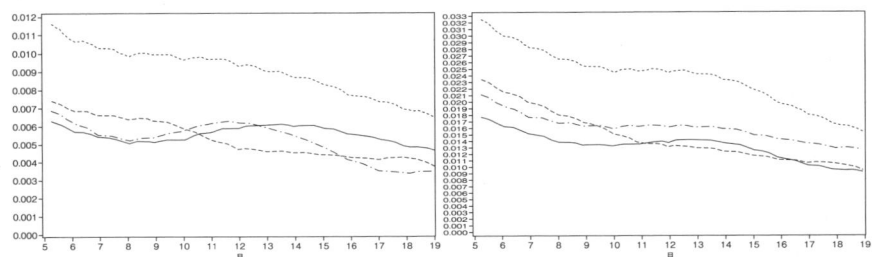

図2-1 一次市場→非就業

図2-2 二次市場→非就業

表-3 労働移動転換率の年度別差異：Cox モデルで年度変数の係数

規準 (95-96)	1次→未就業転換			2次→未就業転換		
	coef.	S.E.	Pr>ChiSq	coef.	S.E.	Pr>ChiSq
98-99	0.6432	0.05417	<.0001	0.68401	0.01987	<.0001
06-07	0.28551	0.06246	<.0001	0.3801	0.02167	<.0001
08-09	0.25397	0.06622	0.0001	0.40515	0.02202	<.0001

注：Cox proportional hazard models. 性、年齢階層、教育水準、世帯主か否か、婚姻状態などの変数を統制した。

　期別の違いをみた表-3によると、同じ人的条件である場合、一次から非就業状態への転換や二次から非就業状態への転換の可能性は、1997年の金融危機以降ともに高くなったが、とくに二次市場からの非就業状態への転換可能性がよりいっそう高くなったことが示された。

　この節の内容を要約すれば、韓国において労働市場は一次と二次市場に分けられるが、これらの間の移動性はかなり制限されている。とくに、二次市場に属していた労働者が一次市場に移動できる可能性は非常に低く、非就業状態に移動する可能性は相対的に高い。このような傾向は、1990年代中盤に比べて最近さらに顕著になっている。

3．労働市場の地位による ソーシャル・セーフティ・ネットの保護

　韓国福祉国家の性格を財源調達方式と支出方式を通してみたとき、際立った特徴は社会保険と法定企業福祉の比重が大きいという点である（表-4）。法定企業福祉支出は社会支出全体の四分の一に肉薄するが、このうちの相当部分は中規模以上の企業に属する正規職賃金労働者に配分されるとみても差し支えないであろう。社会保険は約50％の比重を占めている。もちろん、社会保険制度自体が特定集団排除的に設計されているのではないが、結果的に社会保険を通じて所得保障される人々は、相対的に安定した一次市場に属する労働者である。租税を通じて費用を調達して、選別的あるいは普遍的に使用される公的扶助と公共サービスにたいする支出は、社会支出全体の四分の一水準に過ぎない（チャン・ジヨン、2009）。

　社会保険を通じて再分配とリスク分散を試みる場合、実際に制度が保護する

表-4 制度別社会福祉支出現況（1990 – 2005）

(単位：%)

	公的扶助	公共サービス	社会保険	医療保障	法定企業福祉	総額（十億ウォン）
1990	11.4（15.4）	13.9（18.7）	49.0（65.9）	52.0	25.7	7,547
2000	8.0（12.9）	14.3（23.2）	39.4（63.9）	46.8	37.8	47,900
2005	12.6（16.5）	13.1（17.3）	50.3（66.2）	52.0	23.1	73,345

出所：コ・ギョンファン他（2007）p.110～111から再構成、チャン・ジヨン（2009）から再引用。
注：（　）は企業福祉を除いて計算した比重。公共福祉サービスには施設保護、在宅福祉、勤労福祉、保健医療、住居福祉、教育福祉が含まれる。社会保険には、年金、医療保障、雇用保険、産業災害保険が含まれる。医療保障支出は、社会保険支出のうち医療保障が占める比重である。企業福祉には、法定退職金と出産休暇給与、有給疾病休暇給与が含まれる。

　対象が誰であるのかを見てはじめて、その制度がどのように機能するか判断できるであろう。それゆえ、韓国の社会保険がどのような社会保険であるか、綿密に調べる必要がある。社会保険の実質的受益者が国民全体であるならば問題になることはないが、韓国の事情はそうでない。とくに、所得保障の機能をする国民年金と雇用保険は、広範囲な死角地帯の問題をかかえている。キム・ジョンゴン（2007）は、"社会保険の広範囲な死角地帯は、韓国の社会保障の基盤を侵食するだけでなく、福祉制度を新たな不平等装置として再生産させる危険"まで存在すると警告する。福祉支出は拡大しているが、これが最下位階層をかえって排除する方式で使用されるならば、格差拡大を深化させる結果を生む可能性があるということである。このような危険は、韓国の社会保険制度が二重構造化した労働市場と結合しているために発生したのである（チャン・ジヨン、2009）。
　まず、自営業者の場合をみよう。韓国において就業者全体のうち、賃金労働者が占める比率は70％程度であり、残り30％は雇用主と自営業者、無給の家族従事者を含む非賃金労働者である。社会保険において、賃金労働者（職場加入者）は保険料を使用者と労働者が半分ずつ負担するが、非賃金労働者（地域加入者）は一人で保険料をすべて負担しなければならないので、零細な自営業者の社会保険未加入率は高い。統計庁の経済活動人口調査が2009年に実施した非賃金労働者付加調査では国民年金に加入しているかどうかを質問したが、この調査結果によれば、雇用主のうち国民年金に加入していない人は21.8％で

表-5 非賃金労働者の国民年金加入または年金受給

(単位：%)

	雇用主	自営業者	全体
事業場（職場）加入者	40.3	6.7	15.4
地域加入者	33.2	34.7	34.3
受給（権）者（国民年金または特殊職域）	4.8	14.3	11.9
加入していない	21.8	44.3	38.4
全体（千人、%）	1493.7 (25.9%)	4265.9 (74.1%)	5759.6

資料：統計庁、経済活動人口調査付加調査原資料 2009 年 8 月

あり、従業員を雇用していない自営業者では 44.3％が加入していないことが明らかになった（表-5）。零細な自営業者が社会保険を通じたセーフティ・ネットの保護範囲の外に置かれている可能性が非常に高いものと推測される。

賃金労働者であるといっても、ソーシャル・セーフティ・ネットの保護を受けられない死角地帯は存在する。表-6は、賃金労働者の特性を、従事事業体の規模、賃金水準、雇用形態によって分けて、各範疇の社会保険の加入実態を示したものである。健康保険の場合、賃金労働者であれば法的には職場加入者でなければならないが、実際には地域加入者や他の家族の被扶養者として健康保険に加入している場合が相当数発見される。これは法が定めたとおりに適用されていない点で問題ではあるが、これらの人々は結局、健康保険の保護を受けているのだから、ソーシャル・セーフティ・ネットの外に放置された状況ではないので、本研究の焦点ではない。雇用保険の場合、公務員と別定職の郵便局職員などは雇用保険の加入対象ではないが、実際には別の保護装置を持っている職業集団である。一方、適用除外者は短時間労働者と特殊形態労働者と称される非典型労働者等、非常に不安定で劣悪な条件に置かれている労働者であり、雇用保険において法的に適用除外と規定されている集団である。したがって、実際に雇用のセーフティ・ネットが適用されず問題になる範疇は、この表での'適用除外'と'未加入'である。

賃金労働者全体についてみると、国民年金に未加入の人は 27.1％であり、雇用保険の未加入者と適用除外者は合わせて 33.4％である。しかし、この数値は、先に定義した一次市場（従業員 100 人以上事業場正規労働者）に属する人の場合は、それぞれ 1.4％と 3.2％で、ほとんど無視し得る数字であるのに比べて、

表-6 賃金労働者の社会保険加入率

(単位:％)

全体		国民年金(＋特殊職域)			健康保険					雇用保険			
		未加入	職場加入者	地域加入者	未加入	職場加入者	地域加入者	医療受給権者	職場加入被扶養者	公務員等	加入	適用除外	未加入
賃金労働者		27.1	65.6	7.3	2.4	67.6	17.6	1.0	11.4	7.7	58.9	8.6	24.8
一次		1.4	98.3	0.3	0.0	98.6	0.6	0.0	0.8	18.6	78.3	0.2	3.0
二次		32.6	58.7	8.7	2.9	61.0	21.3	1.2	13.6	5.4	54.8	10.3	29.5
賃金階層	低賃金	60.0	30.0	10.0	5.6	35.0	31.2	2.8	25.4	0.3	33.6	16.4	49.8
	中間賃金	22.0	69.7	8.3	1.8	70.7	18.0	0.5	8.9	3.4	67.2	6.8	22.6
	高賃金	4.4	92.6	3.0	0.3	93.2	4.4	0.0	2.1	21.5	69.5	4.0	5.1
事業体規模	1-4	61.0	25.6	13.4	5.3	27.1	39.0	2.4	26.2	0.4	25.7	16.1	57.8
	5-9	38.4	51.1	10.6	3.8	54.1	25.9	1.1	15.1	0.9	51.8	6.1	41.2
	10-29	23.5	69.5	7.0	2.1	72.3	15.0	1.0	9.5	4.7	67.3	9.4	18.7
	30-99	13.4	81.5	5.1	1.0	83.6	9.1	0.5	5.9	14.6	68.1	8.8	8.5
	100-299	6.2	91.8	2.0	0.6	92.5	4.0	0.1	2.8	12.0	79.6	3.4	5.1
	300-	3.6	95.4	1.0	0.1	95.9	2.1	0.1	1.8	19.8	74.5	2.0	3.8
雇用形態	正規労働者	16.8	78.6	4.6	1.7	79.6	11.8	0.5	6.4	10.9	67.2	1.5	20.4
	非正規労働者	48.0	39.3	12.7	3.8	43.3	29.6	1.9	21.4	1.3	42.1	22.8	33.9
	一時的	31.7	60.9	7.4	3.0	66.9	16.3	1.5	12.3	2.1	63.8	12.3	21.9
	時間制	81.4	8.4	10.2	6.2	9.6	36.7	3.4	44.1	0.7	10.0	37.6	51.7
	非典型	57.8	21.4	20.8	3.6	28.0	42.7	2.3	23.2	0.1	28.1	36.8	35.1

注1) 賃金階層は時間賃金が中位値の2/3未満である場合に'低賃金'、3/2以上を'高賃金'、その中間を'中間賃金'と定義する。
注2) 一時的＝期間制、契約反復、短期間;非典型＝派遣、用役、特殊形態、家庭内、日雇。
注3) 一次＝従業員100人以上事業体正規労働者、二次はその他の賃金労働者。
資料:経済活動人口調査原資料2010年3月

　二次市場に属する人の場合は、国民年金未加入者は32.6％、雇用保険未加入(適用除外を含む)は39.8％に達することが明らかになった。そうでなくても雇用が不安定で賃金水準も低い二次市場部門で、社会保険を通じた雇用のセーフティ・ネットはきわめて不十分である。実際にこのような社会保険が予防しようとする社会的リスク、すなわち所得喪失にたいする対応という本来の目的を達成することが、非常にむずかしい状況であるという点を示唆している。
　このような問題点は、賃金水準別、事業体規模別、雇用形態別の社会保険加入率でも類似してあらわれる。低賃金階層であるほど賃金所得が絶たれたときに国家福祉からソーシャル・セーフティ・ネットの助けを受けなければならな

い必要性が高いであろうが、これらの人々は社会保険に加入できないでいるというのが現実である。中位所得の三分の二未満の低賃金労働者の場合、国民年金から除外されている者は60％に達しており、同時に雇用保険から排除されている場合は66.2％に達する。

　零細事業場労働者と非正規労働者は、雇用の不安定性が高い集団である。前節でみたように、これらは恒常的に失業にさらされる危険に直面しているので、雇用のセーフティ・ネットを通じた保護がもっとも切実に必要な集団であるにもかかわらず、これらは雇用保険の保護範囲の外に放置されている。5人未満事業場で働く労働者のうちでは、61％が国民年金に加入できておらず、実に73.9％が雇用保険に加入できていない。非正規労働者の場合も同様である。非正規労働者の48％は国民年金未加入者であると同時に、56.8％は雇用保険から排除されている現実を確認できる。

　社会保険の加入率は雇用の特性のみならず、労働者個人の人的特性別でも異なった分布を見せている（表-7）[注]。女性は男性に比べてソーシャル・セーフティ・ネットから排除される可能性が大きい。これはもちろん女性が二次市場、零細事業場、非正規労働者、低賃金職種に属する可能性が大きいからである。女性が労働市場において脆弱階層であり、よい仕事に就きにくいという事実は、女性を国家が提供するソーシャル・セーフティ・ネットからも排除する結果を招く。女性賃金労働者の37％が国民年金に加入しておらず、43.8％は雇用保険に加入していない。結局、女性は賃金労働者として働いても、突然の失職による所得喪失や老後の所得喪失の問題に備えることがむずかしい現実に直面しているのである。その上、女性労働力人口の三分の二は、ソーシャル・セーフティ・ネットからさらに排除されている非就業者と非賃金労働者であるということを考慮しなければならない。学歴別にみる場合にも同様の現象が観察される。高卒未満の低学歴労働者は55.3％が国民年金に未加入になっており、同時に60.6％は雇用保険の保護範囲の外にいる。

　ここまでわが国の労働市場のもっとも重要な特徴が二重構造であり、社会保障制度は雇用につながる社会保険に大きく依存していることに注目した。大部分の人口が労働市場に安定的に編入されており雇用を通じて社会保険に加入できるならば、社会保険中心の社会保障制度が大きく問題視される理由はないで

第6章　韓国の労働市場の構造と社会的排除　111

表-7　人口特性別社会保険加入率

(単位:%)

全体		国民年金(特殊職域)			健康保険					雇用保険			
		未加入	職場加入者	地域加入者	未加入	職場加入者	地域加入者	医療受給権者	職場加入被扶養者	公務員等	加入	適用除外	未加入
賃金勤労者全体		27.1	65.6	7.3	2.4	67.6	17.6	1.0	11.4	7.7	58.9	8.6	24.8
性別	女性	37.1	55.6	7.3	3.3	56.6	20.1	1.5	18.5	6.8	49.5	13.4	30.4
	男性	19.7	73.1	7.2	1.7	75.7	15.8	0.7	6.1	8.4	65.9	5.0	20.8
年齢別	30歳未満	27.6	69.6	2.8	3.8	69.8	14.2	0.8	11.4	3.9	65.0	4.2	27.0
	30-49歳	20.6	71.6	7.7	1.7	71.6	17.8	0.9	8.1	9.2	62.1	5.7	23.1
	50歳以上	42.0	47.7	10.3	2.7	56.1	20.5	1.4	19.2	7.7	45.9	19.4	27.0
学歴別	高卒未満	55.3	32.9	11.8	4.6	40.5	28.3	3.1	23.6	0.9	38.6	21.6	39.0
	高卒	32.3	58.8	9.0	2.7	60.2	23.0	1.1	13.0	3.5	56.3	8.3	32.0
	大学以上	12.9	82.9	4.2	1.3	83.4	9.3	0.2	5.7	13.8	68.2	4.3	13.7

注）一次＝従業員100人上事業体正規職。二次はその外の賃金勤労者
資料：経済活動人口調査原資料 2010年3月

あろう。反対に、社会保障制度が市民権に基づいた普遍的制度を根幹に設計されているのならば、労働市場の二重構造が生活の質に及ぼす直接的な影響はいったん社会保障制度を通じて濾過され得るであろう。しかし、韓国では、社会保険拠出金を出してこの制度に編入された者は、所得断絶をはじめとする社会的リスクに備えることができるのに対し、二次労働市場に属して所得断絶の危険率が高い人々は、社会保険制度の受益領域の外に置かれているということが問題である。

4．おわりに

本章では、韓国の労働市場が、相対的に安定的で処遇のよい一次市場と、雇用が不安定で所得水準も低い二次市場に分けられており、この二集団間の移動はかなり制限されている二重構造を持っていることを示した。とくに、1990年代中盤以後の観察を通じて、このような二重構造はいっそう強固なものに変化していることを強調しようとした。さらに、自営業者の規模が就業者全体の30％に及ぶ現実もまた、ソーシャル・セーフティ・ネットの機能を点検するに

あたり留意しなければならない。

　一方、韓国の国家福祉はおもに社会保険方式に依存している。老後の所得保障は国民年金に依存する。基礎老齢年金があるにはあるが、月8万ウォンといった非常に少額であり、それさえも各種所得と資産水準を考慮して高齢者人口の70％にしか提供されていない。失業扶助制度がないために、失職した場合に頼れる国家福祉は雇用保険が唯一である。

　このような社会保険体系が、所得喪失や貧困のリスクにさらされている脆弱な賃金労働者や零細自営業者を排除したまま運営されているという点が問題である。自営業者、低賃金労働者、零細事業場従事者、非正規労働者など高リスク群はかえってソーシャル・セーフティ・ネットの保護範囲内に入れないでいる。女性や低学歴者のように労働市場に安定的に編入され得ない人々は、このような雇用に属しているという事実のために国家福祉からも排除される逆説的な現実に置かれている。

＜付記＞分析技法

（1）Group-based Trajectory Modeling

　Group-based Trajectory Modeling は、一定期間反復的に測定された資料を利用して、ある現象が発展する過程を研究する場合に有用な分析ツールである。とくにGroup-based Trajectory Modeling の問題意識は、時間の流れにともなってある事柄が発生する可能性を議論するとき、個人間の異質性（heterogeneity）が問題になるというところから出発する。したがって、この分析モデルは類似する趨勢（経路）を共有するいくつかの集団を区別し尽くそうとする。特定の時点にある事柄が発生する可能性は、互いに異なる趨勢（trajectory、経路）を持つ下位諸集団が提供する確率の和であるからである。式で表わすなら次のとおりである。

$$P(Y_i) = \sum_i^j \pi_i P^i(Y_i)$$

ここで $P(Y_i)$ は、the unconditional probability of observing individual i's longitudinal sequence of behavioral measurements, Yi である。$Y_i = y_{i1}, y_{i2} \cdots y_{iT}$ であり、時点1からTまで測定された長期的な事件連鎖（sequence）である。これは個人iがグループjに属する確率で加重値を付与した状態で、J個の集団にたいするYiの総和である。

現在、D. Nagin等が提供するSASプログラムで、$P(Y_i)$はPoisson, censored normal または binary logit distribution のうちの1つで特定化できる。われわれの分析における関心の対象は、一次または二次市場に所属しているか否かであるので、二項ロジット分布を仮定した。

事件史分析

本研究の分析対象は、各時期の初期時点（最初の1月）の一次または二次の賃金労働者である。これらにたいしてそれぞれ24ヶ月の間、毎月、別の労働市場の地位に転換する可能性を観察したとみることができる。一次賃金労働者であればこれらは毎時点で二次賃金労働者、自営業者、または未就業者に移動する可能性がある。二次賃金労働者であれば、一次賃金労働者、自営業者、未就業者に移動する危険率を計算するであろう。

従属変数である職の状態の転換は、Hazard Rate で定義し、事件史分析（Event History Analysis）の技法を利用する。Hazard Rate は、毎時点での瞬間転換率（Instantaneous Transition Rate）で分析する。したがって、われわれが分析するのは初期時点で一次または二次の賃金労働者であった人々の労働市場の地位変動であるが、単純に'仕事をしない'状態への転換のみならず他の類型の職へ転換する可能性を開いておいて、相対的な転換率を分析する'競合リスクモデル（Competing Risks Model）'を適用する。式で表すならばつぎのとおりである。

$$r_{jk} = \lim_{\Delta t \downarrow 0} \frac{P_{jk}(t, t+\Delta t)}{\Delta t}$$

ここで、Pjk（t,t+△t）は、t時点j状態から、△t時点にk状態に転換する確率である。標準的な continuous-time proportional hazard methods を使用して origin 状態から destination 状態への duration-specific transition rate は、covariates ベクト

ル x(t) によって影響を受けるものと設定した回帰モデルである。分析に使用した説明変数ベクトルは性別であり、統制変数は年齢グループ、教育水準、世帯主か否か、婚姻状態、そして時期（前述した4つの時期）である。

$$r_{jk}[t_j x(t)] = q_{jk}(t) \exp[b_{jk} x(t)]$$

注

もちろん労働者の人的特性によって、雇用の特性別分布が異なるという事実はつぎの表のように確認されるのである。

表－注1　人口特性別労働市場分布

(%)

	全体	性別		年齢別			学歴別		
		女性	男性	30未満	30-49歳	50+	高卒未満	高卒	大学以上
一次賃金	7.2	3.6	10.9	5.7	11.5	3.1	1.0	5.5	15.3
二次賃金	33.9	30.6	37.3	30.7	44.1	24.2	20.0	36.3	44.5
非賃金	16.7	12.7	21.0	2.9	18.9	23.7	17.8	18.1	14.0
非就業	42.2	53.1	30.8	60.7	25.5	49.0	61.3	40.1	26.2
全体	40455.2	20672.1	19783.0	9736.2	16541.7	14177.1	12275.1	15668.2	12511.7

注：1次＝従業員100人以上事業体正規職。2次はその外の賃金勤労者
資料：経済活動人口調査原資料 2010年3月

参考文献

キム・ユソン、2010「経済危機と労働組合の対応」韓国労総討論会発表文
チャン・ジヨン、2009「韓国社会のジェンダー・レジームと福祉国家の性格」チョン・ムグォン編『韓国福祉国家性格論争Ⅱ』人間と福祉
チャン・ジヨン、2010「労働市場の二重構造と職の移動性」2010年批判社会学大会秋季学術大会発表文

（翻訳：佐藤静香）

第7章

中国の三農問題と都市農村格差*

厳　善平

1．三農問題と三農政策

　中国は日本の26倍の国土を有する巨大な国であり、自然条件に左右されやすいこの国の農業を語るのはたやすいことではない。2008年の中国では、総人口13億2,802万人の53.4%が農村部に住み、総就業者7億7,409万人の39.6%が農業をはじめとする第一次産業で働いていた。数字上、第一次産業就業割合は1955年ごろの日本農村の姿と重なるが、改革開放が始まった30年前に比べると、それぞれが30ポイント、28ポイント下がった。ほぼ1年1ポイントの低減というのは経済史上にも稀な現象であろう（図-1a）。
　しかし、絶対数では、この30年間で、農村人口が6,879万人しか減少せず、第一次産業の就業者は逆に2,336万人増えた。農業戸籍をもつ農民と呼ばれる人々とその家族の総数も8億1,029万人から8億8,605万人へと7,576万人増加した[1]（図-1b）。また、2008年の農家世帯数は2億5,660万戸であり、30年前に比べて48%も多くなった[2]。その意味でいうと、中国はいまだ巨大な農村人口を抱える農民国家なのである（厳、2002a）。
　中国の長い歴史において、王朝が繰り返し交代されたが、そのきっかけはほとんど例外なく農民の蜂起であった。役人の腐敗や農民に対する収奪が横行す

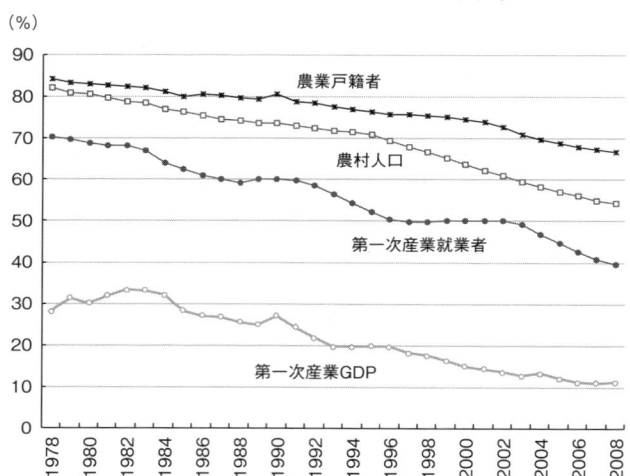

図-1a 中国の農業・農村・農民の地位変化

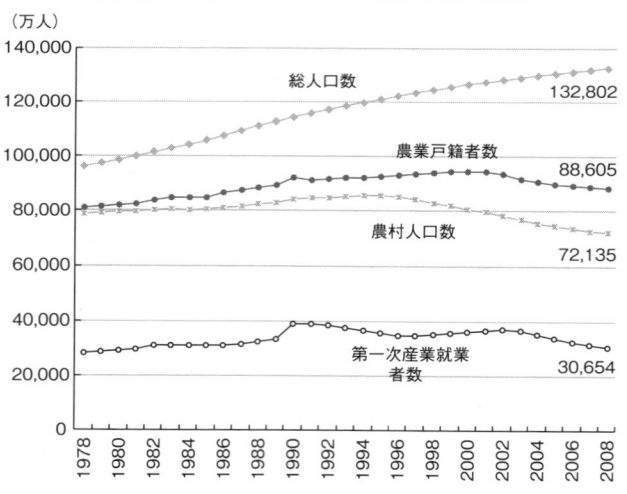

（％）

農業戸籍者
農村人口
第一次産業就業者
第一次産業GDP

図-1b 中国の総人口および三農人口数の推移

（万人）

総人口数 132,802
農業戸籍者数 88,605
農村人口数 72,135
第一次産業就業者数 30,654

る中、大規模な天災でも起こると窮地に追い込まれる農民は暴力で抗争し、時には王朝を打倒してしまった。毛沢東率いる中国共産党は農民革命を基本とし、農村から都市を包囲するという戦略で勝利を収め政権を樹立した。鄧小平の改革開放も農村から開始され、農業の増産、農家の増収、農村の繁栄を実現させ

図-1c 中国の人口構成（1980年、総人口9億8,705万人）

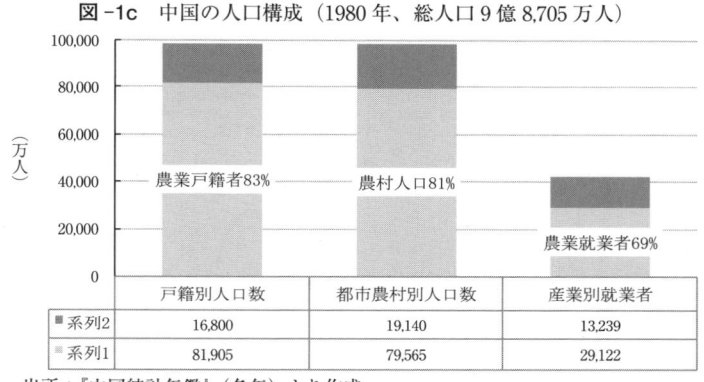

	戸籍別人口数	都市農村別人口数	産業別就業者
■系列2	16,800	19,140	13,239
■系列1	81,905	79,565	29,122

農業戸籍者83%　農村人口81%　農業就業者69%

出所：『中国統計年鑑』（各年）より作成。

図-1d 中国の人口構成（2008年、総人口13億2,802万人）

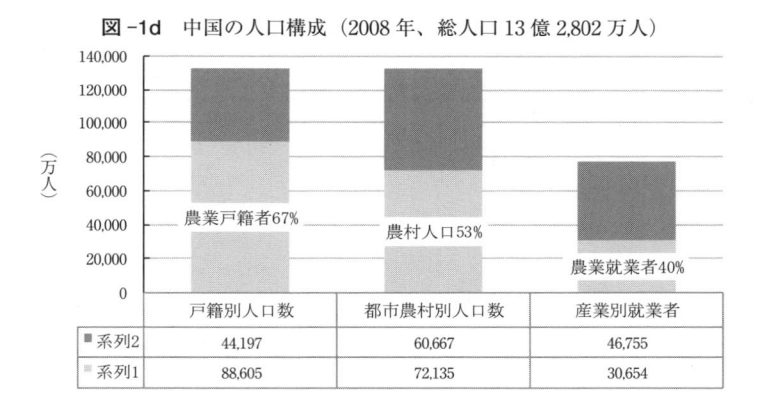

	戸籍別人口数	都市農村別人口数	産業別就業者
■系列2	44,197	60,667	46,755
■系列1	88,605	72,135	30,654

農業戸籍者67%　農村人口53%　農業就業者40%

た1980年代前半があっての話である。農村を制するものが中国を制するというのは歴史の示す経験則といっても過言ではない。

ところが、1980年代の後半に入ると、体制改革の重点が農村から都市へ移され、農業、農村、農民問題の重要性に対する認識は比較的低下した。従来の農業搾取、農村軽視、農民差別が存続した結果（図－2）、①食糧を始めとする農業生産が不安定となり、②学校教育、医療といった公共サービスの供給が不足し農村の疲弊、荒廃が目立ち、③農家の所得増が減速し都市住民との所得格差が拡大し続ける、といった歪み（いわゆる三農問題）が露呈し始めた（厳、2006a）。そして、2000年代に入ってから、三農問題の解決なくして持続的な

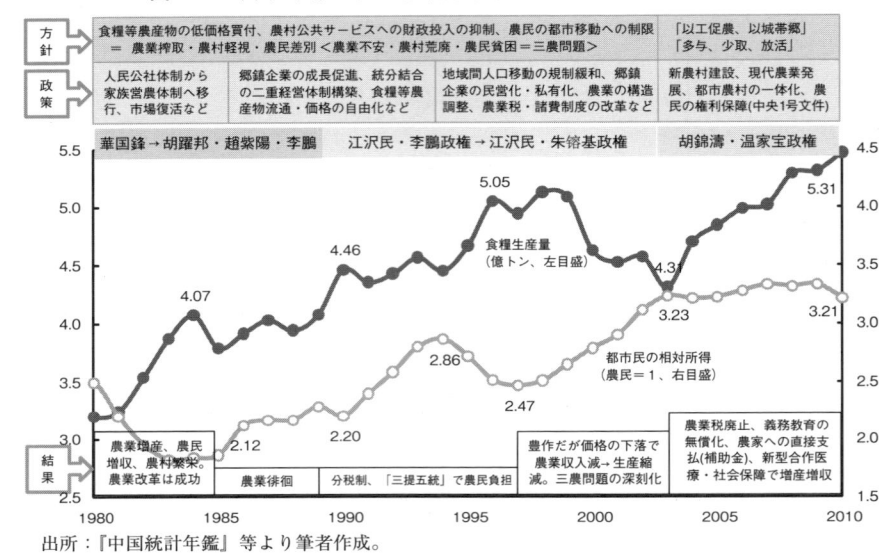

図-2 中国の食糧生産、都市農村間格差および三農政策の推移

方針	食糧等農産物の低価格買付、農村公共サービスへの財政投入の抑制、農民の都市移動への制限 = 農業搾取・農村軽視・農民差別＜農業不安・農村荒廃・農民貧困＝三農問題＞	「以工促農、以城帯郷」「多与、少取、放活」
政策	人民公社体制から家族営農体制へ移行、市場復活など ／ 郷鎮企業の成長促進、統分結合の二重経営体制構築、食糧等農産物流通・価格の自由化など ／ 地域間人口移動の規制緩和、郷鎮企業の民営化・私有化、農業の構造調整、農業税・諸費制度の改革など	新農村建設、現代農業発展、都市農村の一体化、農民の権利保障(中央1号文件)

華国鋒→胡耀邦・趙紫陽・李鵬　　江沢民・李鵬政権→江沢民・朱鎔基政権　　胡錦濤・温家宝政権

食糧生産量（億トン、左目盛）　5.05　4.46　4.07　4.31　3.23　5.31
都市民の相対所得（農民＝1、右目盛）　2.86　2.47　2.20　2.12　3.21

| 結果 | 農業増産、農民増収、農村繁栄。農業改革は成功 | 農業徘徊 | 分税制、「三提五統」で農民負担 | 豊作だが価格の下落で農業収入減→生産縮減。三農問題の深刻化 | 農業税廃止、義務教育の無償化、農家への直接支払(補助金)、新型合作医療・社会保障で増産増収 |

出所：『中国統計年鑑』等より筆者作成。

経済成長がありえないという認識は、共産党中央を含め広く共有されるようになった。新しい局面を開くため、中国は再び農村に目を向けざるを得なくなった（厳、2006b）。

　2003年に胡錦濤・温家宝政権が発足すると、中央政府は三農問題の解決を最重要な政策課題に位置づけた。翌年から8年連続で三農問題に関する政策文書を「中央1号文件」として発布した（表-1）。共産党中央と国務院の連名で発布される「中央1号文件」は当年の最重要政策課題を扱うものとして慣例化され、中央政府の社会経済政策に対する基本姿勢を知るシグナルとして社会的に認知されている。改革開放初期の1982年から86年にかけての5年間にわたって、「中央1号文件」のいずれも農業経営の体制改革、農産物の流通や価格に関する政策文書であり、農業改革の方向付けに重要な役割を果たし、農業改革の成功を導いたものとして高く評価された（厳、2002a）。ところが、後の17年間に、三農問題を「1号文件」で扱うことは一度もなかった。三農問題の深刻化・顕在化は、その意味において、必然的な帰結であり、三農を軽視したつけが回ってきただけだといってもよい（厳、2006b）。

表-1 8つの「中共中央・国務院1号文件」のメインテーマ

①農民の収入増の促進（2004年）
②農業の総合生産能力の増強（2005年）
③社会主義新農村建設の推進（2006年）
④現代農業の発展で新農村建設を確実に推進（2007年）
⑤農業インフラの強化で農業発展と農民増収の促進（2008年）
⑥農業の安定的成長と農民の持続的増収の促進（2009年）
⑦都市と農村の一体化した発展を強め、農業・農村発展の基盤を固める（2010年）
⑧水利の体制改革と発展を加速せよ（2011年）

出所：筆者作成。

　筆者は大学院生時代から、中国における農村と都市の二重構造の実態を分析し、それを形作った戸籍制度の弊害を厳しく批判し、中国農業の構造転換を強力に進めていく必要があると主張してきた。厳（2002a）はその集大成であり、同書のエッセンスを日本経済新聞の「経済教室」で発表した（厳、2002b）。2004年初め、新たに発表された、農民の収入増加促進を主題とする「中央1号文件」を読んだ時の感動は今も覚えている。3つの農があるのだから、農業関連の1号文件は3年間続くだろうと思っていたら、なんと8年間続いた。中央政府は三農問題の解決に本気に取り組もうとする強い決意の現れであろうが、同時に、三農問題の解決がいかに難しいかも窺われる。

　もっというと、総人口の3分の2を占める農民の収入を底上げし個人の消費拡大で経済の高度成長を実現していく必要性があり、農村都市間の所得格差を是正し安定した社会秩序を維持することも経済成長にとって必要不可欠の条件である。これは農政の大転換を求められた重要な時代背景である。

　胡・温政権ができて8年余り経過し、新しい三農政策が次々と打ち出された（厳、2008）。個々の政策の中身と効果はどのようなものであろうか。表-1は8つの「中共中央・国務院1号文件」のメインテーマを示すものであるが、農民の収入増からスタートを切り、農業の総合生産能力の増強、新農村建設の推進、そして、農民、農業と農村を巡る諸問題の解決について、どのような対策が講じられてきたかがよく分かる。

　以下、三農問題および三農政策に関する主な側面を取り上げて説明する。

2．農業の成長と構造変化

　胡・温政権が発足してからの8年間余りで、中国農業が安定的な成長を遂げたと同時に、生産構造と貿易構造に大きな変化も見られる。

　第一に、食糧の生産量は持続的な増産傾向にあり、07年に1990年代末の最高水準に回復した後も、記録を更新し続け、10年には5億4,641万トンとなった（図‐2）。それ以前の数年間に、食糧流通の市場化改革が行われ、豊作ゆえの貧乏が農家を襲った。その反動として耕作放棄が急増し大規模な減産が起こった。ところが、人口が増え続け消費構造も高度化する中、食糧の安定的供給は社会安定の必須条件であり、そのために食糧生産能力の迅速な回復と増強が喫緊の課題となった。農家の生産意欲を高めるため、胡・温政権は農家の重い負担となっていた様々な名目の課徴金、農業諸税を廃止しただけでなく、食糧農家に生産補助金を支給し、さらに、良種・大型農業機械・農業生産資材の価格補助をも行うことを決定した。農家に対する直接支払いおよび間接的価格補助は、農業経営の収益増をもたらし、食糧の大増産につながったのである。

　第二に、中国政府は世界貿易機関（WTO）に加盟した2001年以降、農業の国際競争力を意識しての構造調整を強力に推進している。従来の適地適作に基づいた作物の配置を見直し、経済的合理性つまり比較優位論に立脚した産地形成、農産物貿易の拡大を目指すことがその主な内容である。たとえば、上海や広東といった先進的な沿海地域は、同時にコメ等の食糧生産に適す自然条件にも恵まれている。かつては人件費や地価といった要素をあまり考慮せず、食糧生産を最優先する政策が採られた。しかし近年、こうした沿海地域で輸出向けの野菜や花きの生産、養殖に資源を集中させ、土地利用型の食糧生産を中西部地域、東北地域で行うといった国内での産地移動、主産地の形成が急速に進んでいる（厳、2009a）。

　農業の構造調整を受けて、農産物貿易にも大きな変化が現れた。国内の土地と水資源の制約を緩和し国際貿易の不均衡を是正することも意識され、野菜、果物のような労働集約型農産物の輸出が拡大しているのに対して、大豆、植物油といった土地利用型農産物の輸入が急増している（図‐3）。2004年以降、

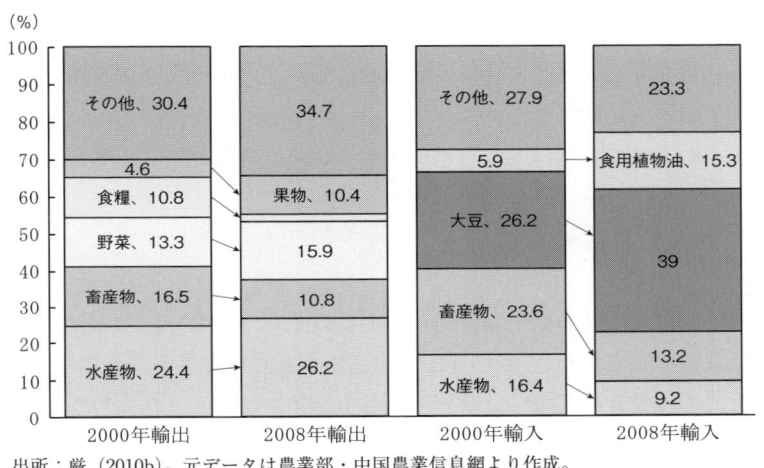

第7章　中国の三農問題と都市農村格差　　121

図‐3　中国・農産物貿易の構造変化（2000年～2008年）

（2000年輸出）
その他、30.4
食糧、10.8（4.6）
野菜、13.3
畜産物、16.5
水産物、24.4

（2008年輸出）
34.7
果物、10.4
15.9
10.8
26.2

（2000年輸入）
その他、27.9
5.9
大豆、26.2
畜産物、23.6
水産物、16.4

（2008年輸入）
23.3
食用植物油、15.3
39
13.2
9.2

出所：厳（2010b）。元データは農業部・中国農業信息網より作成。

中国は数十億ドルから100億ドル以上の農産物貿易赤字を出している（厳、2010b）。

過去30年間の中国では、食糧生産は数年おきに増産、停滞を繰り返し、2000年代初めの大幅落ち込みも見られたものの、全体として大きな成長を遂

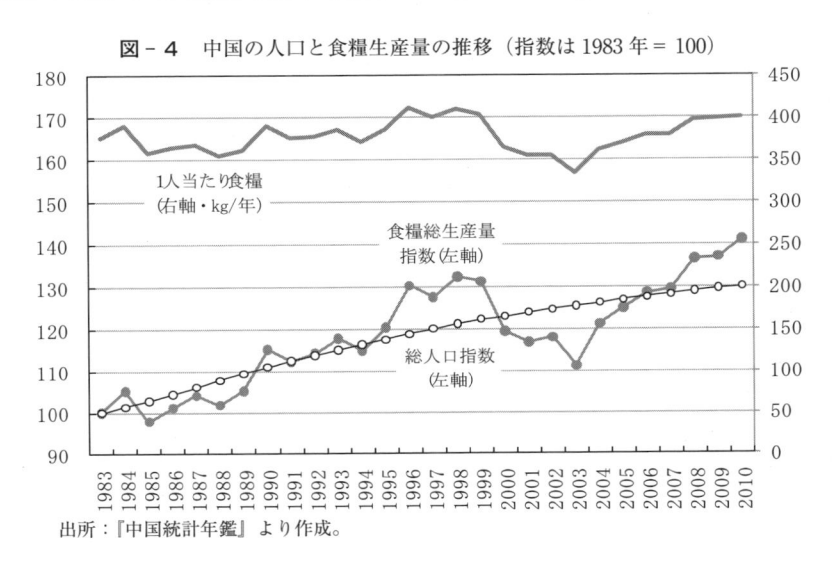

図‐4　中国の人口と食糧生産量の推移（指数は1983年＝100）

1人当たり食糧（右軸・kg/年）
食糧総生産量指数（左軸）
総人口指数（左軸）

出所：『中国統計年鑑』より作成。

げた。この間、人口が3割増えたが、食糧はそれ以上の伸びを達成した（図-4）。その結果、1人当たりの食糧保有量が増え、食糧自給率は95%以上を保持している。発展途上国で見られがちの食糧不足という農業の基本問題は、今の中国で基本的に解消していると見てよい。しかも、予想外の災厄が起きない限り、このような食糧の基本自給が今後も実現できるだろう（厳、2010a）。

3．新農村建設の展開

中国の農村社会は血縁・地縁関係の上に成り立っており、限られた範囲内では相互扶助の原理が働き、共同体的な生活がある程度できるようになっていた。しかし、学校教育や医療、道路のような生活インフラ、文化施設など現代社会にとって必要不可欠な公共サービスの供給は村民同士の力だけでは不十分である。人民公社が解体した1984年以降、村民に最低限の医療サービスを提供する合作医療制度が消滅した。1994年の税制改革をきっかけに、農村教育への財政投入が激減し、農村部の教育はもっぱら農民からの課徴金に依存せざるを得ない。ほかに、道路の建設費も農村幹部の給与や事務経費まで農民が負担しなければならなかった（厳、2002a）。村民自治という名の下で農村は高度成長の外に放り出されたのである。

その結果、高い教育費の重圧に耐えきれず子供を学校に行かせなくなった農民が続出し、高い医療を払えず病気にかかっても必要な医療を受けられない、あるいは、病気や天災でたちまち貧困に陥ってしまう現象も珍しくない。学校教育や医療といった公共サービスはきわめて貧弱な状態にあり、農村の荒廃、疲弊はだれの目にも明らかであった。

2006年に、中央1号文件の表題に「新農村建設」が躍った。①農村部の小中学校を対象に授業料・教材の無償化を実施し、貧困地域では寮生活を送る生徒に生活補助金も支給する。②農家人口を対象に新しい農村合作医療制度を導入、普及する。また、制度の有効性を高めるために、農家の納める保険料を安くし、中央と地方政府が保険基金の主要部分を負担する。③農村の道路、図書室など生活インフラの整備を加速し必要な財源を中央と地方政府が分担する（表-2）。この3点は新農村建設構想のポイントといってよい。

表 - 2　三農問題の解決に向けての具体的施策

①「三提五統」＝様々な農民負担金と農業税を廃止（2005年より）。
②「多く与え、少なく取り、規制を緩和する」、「工業を以って農業を促進し、都市を以って農村を牽引する」という新方針が決定（2005年3月、全人大）。
③直接支払い制度の導入：食糧農家への生産補助、良種・大型農機・農業生産資材の購入代金への価格補助（2000年代以降、導入、普及と増額）。
④義務教育の無償化、農村部小中学校の教材も無料。貧困地域の寮生に対して生活費の補助も実施（2006年以降、導入、普及）。
⑤新型農村合作医療制度の普及、制度の有効性を高めるための財政投入増大（2003年より）。
⑥農村の道路、図書室など生活インフラの整備を強化し新農村建設を促進（2006年より）。
⑦最低生活保障制度の農村住民への適用（2004年より）。
⑧新型農村養老保険制度の新設（国民皆保険へ。2009年より実験開始）。
⑨新世代出稼ぎ労働者の都市への移住促進、農民工子弟の義務教育無償化（08年より）。

出所：筆者作成。

　高度成長が続き、中央の財力が強大化したこともあって、新農村建設の成果に目を見張るものがある。中卒までの9年間無償化教育が全国農村で（08年から都市部でも）完全実施され、農家は子供の教育費の重圧から解放された。医療保障において、地域間の格差が大きく、入院患者の医療費のみを対象とする地域も多いが、9割以上の農家人口が新型合作医療制度に加入し、病気で一気に貧困化してしまうことは少なくなっている。9割超の自然村まで舗装された道路が開通し、上水道、図書室、医務室などの普及率も大幅に向上している。

4．農民の収入と政治的権利

　農民を農業、農村と並べて三農と呼ぶのは中国固有の事情と関係する。本来農業従事者にすぎない農民は、中国では身分のような意味合いを併せもつ。半世紀前の1958年に戸籍登記条例が制定され、農業に携わる農村住民が農業戸籍者、非農業従事の都市住民が非農業戸籍者として、公安行政で登記され、また、戸籍の転出入や抹消等も行政の管理下に置かれる。モノ、カネ、ヒトを計画的に管理する計画経済期には、農村から都市への人口移動が厳しく制限され、農業戸籍者と農民はほとんど同じ主体であった（厳、2002a；2009b）。
　1980年代以降、農村工業の発展で多くの農業戸籍者＝農民が工場で働き、90年代以降、都市への出稼ぎで数多くの農民が離村するようになった（厳、2005）。ところが、離農しても離村しても、当人の戸籍の転出入や農業から非

表-3 各レベル人民代表大会の代表選出における都市と農村の1票格差

選挙法の制定・改正の年次	1979	1982	1986	1995	2004	2010
自治州・県・自治県級の人民代表	4	4	4	4	4	1
省・自治区・直轄市級の人民代表	4	5	5	4	4	1
省・直轄市・自治区選出の全人代	4	8	8	4	4	1
全国人民代表大会の代表定員（人）	3,000	3,500	<=3,000	<=3,000	<=3,000	<=3,000

出所：各「選挙法」に基づいて筆者作成。

農業への転換が認められず、農民という用語法は次第に実態からかけ離れ、ある種の身分と化してしまった（厳、2009a；2009b）。農民工は、非農業戸籍の都市住民が享受する教育、医療・年金等の社会保障を受けられないばかりでなく、この不公平さを変えるための意思表示も十分できずにいる。

人民代表大会という権力機関はあるものの、各レベルの代表を選ぶ際に、農民と都市民の一票の価値に大きな不平等が横たわっていた。表-3に示されたように、1995年までの13年間に農民の一票は都市民の8分の1、2010年までの15年間に4分の1に制限されていた。2010年3月の全人代で、選挙法が改正され、農民への制度差別を象徴するような一票格差がようやく是正された。中国政治の大きな転換点といってよい出来事だ。ただ、民主主義の政治体制が採られていない中国では、この法改正の効果が大きく期待できないという見方もある。

改革開放の30年余間、農家人口1人当たりの実質所得は8倍以上も増大し、

表-4 1人当たり年間収入の実質伸び率の都市農村比較

(単位：％)

	農民の1人当たり純収入		都市民の1人当たり可処分所得	
	名目	実質	名目	実質
1978～1985年	16.9	15.2	11.6	7.0
1985～1990年	11.5	3.0	15.4	4.3
1990～1995年	18.1	4.3	23.2	7.9
1995～2000年	7.4	4.7	8.0	5.7
2000～2010年	10.1	7.0	11.8	9.7
1978～2010年	12.6	7.3	13.4	7.3

出所：『中国統計年鑑』より作成。

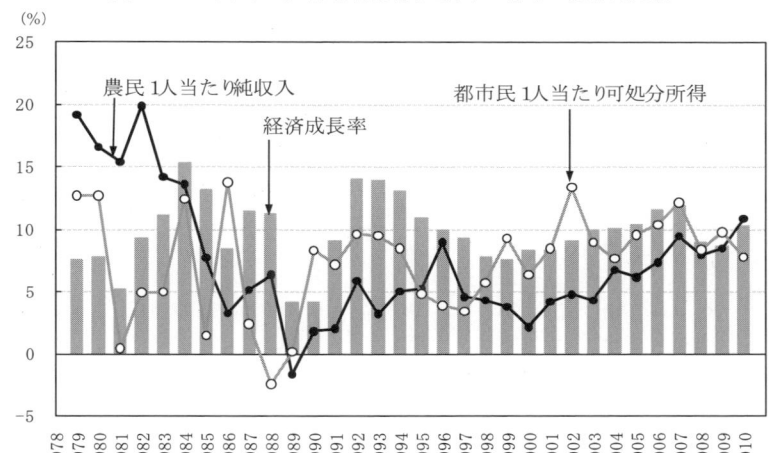

図-5　1人当たり年間所得実質上昇率の都市・農村間比較

出所：『中国統計年鑑』（各年）より作成。

年率で換算すると7.3%に達する。これは都市民の所得伸び率とほとんど同じである（表-4）。その結果、農村部における絶対的貧困人口は1978年の2億5,000万人から07年の1,500万人程度まで減少し、絶対的貧困人口の割合も30%から2%程度に下がった（表-5）。高度成長が農民に多くの果実をもたらしたことは紛れもない事実である。

ところが、農民と都市民の所得の増加速度を時期別に見ると、両者の間に大きな違いがあることが分かる。図-5から見て取れるように、1990年代に入ってからのほとんどの年に、都市民の所得が農民より速く伸びていた。三農問題を重視し、様々な対策を講じてきた胡・温政権が発足した2003年以降も、その状況が変わっていない。そうした中、都市民と農民の所得格差がますます拡大し、2009年には最高の3.33倍となった。2010年には、わずかながら、この格差は3.21に縮小した（図-2）。

農民の相対的貧困の問題がある一方、絶対的貧困の削減も依然として大きな課題として残っている。表-5のように、農村の絶対貧困人口数が急減し、貧困発生率も急低下したのは、中国独自の貧困ラインと関係している。社会経済の発展を考慮せず、生理的に必要な所得水準を基準にして作られた貧困ライン

表-5　農村貧困削減の全体状況

		絶対貧困ライン（名目値）	絶対貧困人口数	絶対貧困発生率	絶対貧困ライン（実質値）	名目貧困ラインの農家純収入比
		元／人、年	万人	%	元／人、年	%
改革開放初期	1978	100	25,000	30.7		
	1984	200	12,800	15.1		
	1985	206	12,500	14.8	206	37.7
貧困削減の組織・制度化	1986	213	13,100	15.5	201	50.3
	1987	227	12,200	14.3	201	49.1
	1988	236	9,600	11.1	178	43.3
	1989	259	10,200	11.6	164	43.1
	1990	300	8,500	9.4	182	43.7
	1991	304	9,400	10.4	180	42.9
	1992	317	8,000	8.8	179	40.4
	1993	350	7,500	8.2	174	38.0
八七貧困削減計画	1994	440	7,000	7.7	177	36.0
	1995	530	6,540	7.1	182	33.6
	1996	580	5,800	6.3	184	30.1
	1997	640	4,962	5.4	199	30.6
	1998	635	4,210	4.6	199	29.4
	1999	625	3,412	3.7	199	28.3
	2000	625	3,209	3.4	199	27.7
農村貧困削減開発綱要	2001	630	2,927	3.2	199	26.6
	2002	627	2,820	3.0	199	25.3
	2003	637	2,900	3.1	199	24.3
	2004	668	2,610	2.8	199	22.8
	2005	683	2,365	2.5	199	21.0
	2006	693	2,148	2.3	199	19.3
	2007	785	1,479	1.6	214	19.0
	2008	1,196	4,007	4.2	306	25.1

出所：厳善平（2010c）。元データは『中国統計年鑑』、『中国農村貧困監測報告』（各年）より作成。

注）①空白はデータのない箇所である（農村消費者物価指数は1985年から作成、公表されたものである）。②絶対貧困ラインの実質値は、1985年農村消費者物価で実質化されたものである。③絶対貧困発生率の算出に用いられた、農村人口とは戸籍ベースの郷村人口だと思われる。

は国際的にみて低すぎるとの批判もある。実に世界銀行の基準（1人1日当たりの消費支出1.25米ドル）で測るなら、中国の農村部を中心にいまだ1億数千万人の絶対貧困人口が存在し、貧困発生率も農村人口の1割以上に上ると言われている（厳、2010c）。

　高度経済成長が30年以上も続いたにもかかわらず、農民の相対的、絶対的貧困はなぜ根本的に改善できないでいるのか。最大の理由として農民の政治権利に対する制度的差別が存続していることが挙げられよう（中兼、2010）。言い換えれば、中国における農民の経済的貧困はその政治的権利の欠乏に由来し、農業問題も農村問題も実にこの農民問題に帰すべきだといってもよい。

　近年、非農業戸籍の都市住民を対象としていた諸制度を農民にも適用しようとする動きが広がっている。たとえば、①2004年より一定の所得を下回る農民に最低生活保障制度を適用し生活費の補助を行うこと、②08年より都市部で働く農民工に労働諸法の適用を徹底し、採用、賃金等で農民差別をなくすこと、③09年より定年の60歳を迎えた農民に新型農村養老保険制度を新設し、国民皆保険を実験的に始めたこと、④2010年より80年代以降生まれの新世代農民工の都市定住を促進し、そのための制度改革を加速すること、などである（厳、2010d）。

　要するに、中国政府は、長年置き去りにされた農民の国民としての権利回復をようやく意識し、そのための努力を払おうとしている。作られた差別を正すのに人為的な努力が必要ということであろう。胡・温政権発足後の8余年間において、農村都市間の所得格差が拡大し続けており、問題の根深さも窺われる。しかし、農家所得の伸び率が向上し、格差拡大のペースも鈍っている。近い将来、格差縮小への転換が期待できそうである。

5. 三農問題のゆくえ

　中国は今後も食糧の基本自給を保持できる見通しだ。問題は農村都市間の格差是正がどこまで実現でき、どれぐらいの年月を要するかである。農民は、今まで国から搾取され続けただけに、近年の農政転換を歓迎し、いまのところ、増収と権利拡大の歓喜に浸っている。

ところが、2010年3月の選挙法改正で、農民と都市民の政治権利が同じように改められている。高い教育を受けた農民は今後、自らの政治権利に目覚め、自分たちの貧困状況が実に長年の制度差別に起因したものだと気づくようになれば、その喜びは一転して社会への不満に変わるかもしれない。とくに、高度成長が終わり、パイが増大しなくなると、現状への不満が何らかのきっかけで一気に噴出する危険性もある。中国政府は様々な事態を想定し、問題の発生・拡大を未然に防ぐことができるのか。共産党政権の真価が問われている。

注

＊本章は拙稿「中国の農業・農村・農民問題」（『経済セミナー』2010年8・9月号）を大幅に加筆したものである。
1) 国家統計局『中国統計年鑑』に基づく。以下、出所が明記されないものは同年鑑による。
2) 2007年の農業センサスによれば、農村を常時離れている世帯を除外すれば、2006年の農家世帯数は2億2,600万戸、78年より30.2％の増加である。

参考文献

厳善平（2002a）『シリーズ現代中国経済2　農民国家の課題』名古屋大学出版会
厳善平（2002b）「中国農業、転換が必要」『日本経済新聞・経済教室』（4月12日）
厳善平（2006a）「中国は三農問題を克服できるか」『公庫月報』3月号
厳善平（2006b）「戸籍制度の撤廃で農民の都市移動促進を」日本経済研究センター・清華大学国情研究センターほか編『中国の経済構造改革』日本経済新聞社
厳善平（2008）「中国における『三農政策』とその転換」武田康裕・丸川知雄・厳善平編『現代アジア研究第3巻　政策』慶應義塾大学出版会
厳善平（2009a）「格差是正と農民の権利回復」関志雄・朱建栄ほか編『中国経済　成長の壁』勁草書房
厳善平（2009b）『叢書・中国的問題群7　農村から都市へ――1億3000万人の農民大移動』岩波書店
厳善平（2010a）「農村社会経済の変容」加藤弘之・上原一慶編著『現代中国経済論』ミネルヴァ書房
厳善平（2010b）「農業と農産物貿易」佐々木信彰編著『構造転換期の中国経済』世界思想社
厳善平（2010c）「中国における農村貧困削減の取り組みと成果」『中国研究月報』64（6）

厳善平（2010d）『中国農民工の調査研究——上海市・珠江デルタにおける農民工の就業・賃金・暮らし』晃洋書房
中兼和津次（2010）「中国における『都市農村一体化』政策を考える」『中国経済研究』7（2）

第Ⅲ部
東アジアにおける非正規雇用の拡大と新たな労働運動の展開

第8章

日本における非正規雇用の拡大と
個人加盟ユニオンの展開

遠藤 公嗣

1．非正規雇用とは何か

　現代日本における雇用は、正規雇用と非正規雇用に大きく2区分される。正規雇用と非正規雇用は、現代日本における雇用状況を考察する時に、非常に重要な概念である。しかし、両者とも厳密な定義ができない概念である。また、日本における正規雇用と非正規雇用の2区分に対応するものは、欧米に存在しないといってよい。

　正規雇用は、いわゆる日本的雇用慣行の必須条件である。日本的雇用慣行は、正規雇用であることを必須条件としており、加えて、大企業の男性労働者であることが事実上は必要である。いいかえると、正規雇用であっても中小企業の労働者や女性労働者は、しばしば日本的雇用慣行を享受しない。

　正規雇用のいくつかの特徴を指摘しよう。その雇用は、期間の定めがない雇用契約による。ただし、正規労働者がある年齢（現行法は60歳以上と定める）になると退職しなければならないという退職定年制があることが多い。使用者は正規労働者の解雇をなるべく避けようと考えている。正規労働者もまた長期勤続を想定している。週40時間労働が標準であるが、時間外労働が加わることを通例としている。賃金は、月給が通例であって、月給は年齢または勤続年

数の増加によって増加する仕組みをとることが多い。月給の他に、通常は年2回のボーナスが支払われるが、1年に支払われるボーナス額は月給の数倍（大企業であれば、6倍以上になることもある）の額になる。さらに、離職時に退職金が支払われる。退職金の額は、正規労働者の勤続年数の増加によって等比級数（ただし公比＞1）的に増加する仕組みであり、たとえば大企業で勤続30年の正規労働者であれば、離職時の最終月給額の20-30倍であることも珍しくない。福利厚生も充実している。総じていえば、正規労働者が受け取る報酬の水準は高い。正規労働者は、雇用中における能力開発の機会に恵まれている。そして正規労働者は、ある役職レベルまで昇進することが普通であり、また、それを使用者も正規労働者も期待している。

　非正規雇用とは、正規雇用の特徴の全部ないし一部分が異なる雇用である。すなわち、有期雇用が多数である。使用者も労働者も、労働者の長期勤続を想定しないことが多い。時給が多く、ボーナスや退職金はまったく支払われないか、微額しか支払われない。同一企業の正規労働者の福利厚生を享受できないことが多い。総じていえば、非正規労働者が受け取る報酬の水準は低い。非正規労働者は能力開発の機会に恵まれない。そして、非正規労働者は非正規のままが雇用が継続することが普通であって、正規労働者へ昇進することはまれである。

　もっとも、非正規雇用にはさまざまな形態があり、その形態によって、正規雇用との異なり方に違いがある。また、非正規雇用のさまざまな形態を厳密に定義することもできない。厳密な定義ができないために、日本政府による正式の統計調査（総務省［2007］）が正規労働者や非正規労働者を分類する場合でさえ、勤務先で当該労働者が呼ばれている名称によって、それらを分類している。その分類方法に厳密さはまったくなく、ユニークな分類方法というほかない。しかし、この分類方法は、雇用の実態をもっともよく示す分類方法でもある。

　総務省［2007］『平成19年　就業構造基本調査』による分類とそれぞれの名称の説明は下記のとおりであり、それぞれに続けて、［解説］として、私の解説を加えよう。なお、非正規労働者には下記以外の名称もある。

＜正規労働者＞
　正規の職員・従業員：一般職員又は正社員などと呼ばれている者　［解説］上記を参照。

＜非正規労働者＞
　パート：就業の時間や日数に関係なく、勤め先で「パートタイマー」またはそれらに近い名称で呼ばれている者　［解説］時給が通例である。説明文の「就業の時間や日数に関係なく」に注意すべきである。これにより、英語のパートタイマーとは意味がまったく異なることがわかる。すなわち、「パート」は短時間労働者を意味せず、企業内における雇用身分の名称というべきである。いいかえると、正規労働者と同等ないしそれ以上の労働時間でありながら「パート（パートタイマー）」と呼ばれる労働者が存在する。その数は「パート」と呼ばれる労働者の約15-20％をしめると思われる。彼または彼女らは「フルタイム・パート」という奇妙な日本語で呼ばれることがある。期間の定めがない雇用契約のパートも少なくない。パートという言葉は中年女性を連想させる。
　アルバイト：就業の時間や日数に関係なく、勤め先で「アルバイト」またはそれらに近い名称で呼ばれている者　［解説］時給が通例である。アルバイトはパートとほぼ同一の存在であるが、アルバイトという言葉は男女の学生ないし若年者を連想させる。
　労働者派遣事業所の派遣社員：労働者派遣法に基づく労働者派遣事業所に雇用され、そこから派遣されて働いている者　［解説］時給が通例である。派遣社員のみが、法律で定義できる非正規労働者であって、欧米の派遣社員とほぼ同一である。
　契約社員：専門的職種に従事させることを目的に契約に基づき雇用され、雇用期間の定めのある者　［解説］月給ないし日給が多いと思われる。「専門的職種に従事させることを目的に」は名目化していて無意味と考えるべきである。
　嘱託：労働条件や契約期間に関係なく、勤め先で「嘱託職員」またはそれに近い名称で呼ばれている者　［解説］月給ないし日給が多いと思われる。嘱託職員という言葉は、定年退職した正規労働者の再雇用を連想させることが多い。

2．雇用形態別労働者数の推移と特徴

　非正規労働者は、1980年代から現在まで増加しつつあることが統計上で確認でき（図表-1）、また、さまざまな名称の非正規労働者がつぎつぎと登場し、多様化が進んでいる。非正規労働者の特徴の変化によって、第二次世界大戦後から現在までを3つの時期に分けることができる[1]。

　第1期は1960年代までである。第1期の非正規労働者は、工業都市における重工業部門の「臨時工」との名称に代表される労働者であった。「臨時工」の男女別に大きな差はない。そして「臨時工」は、自営業や零細企業従業員な

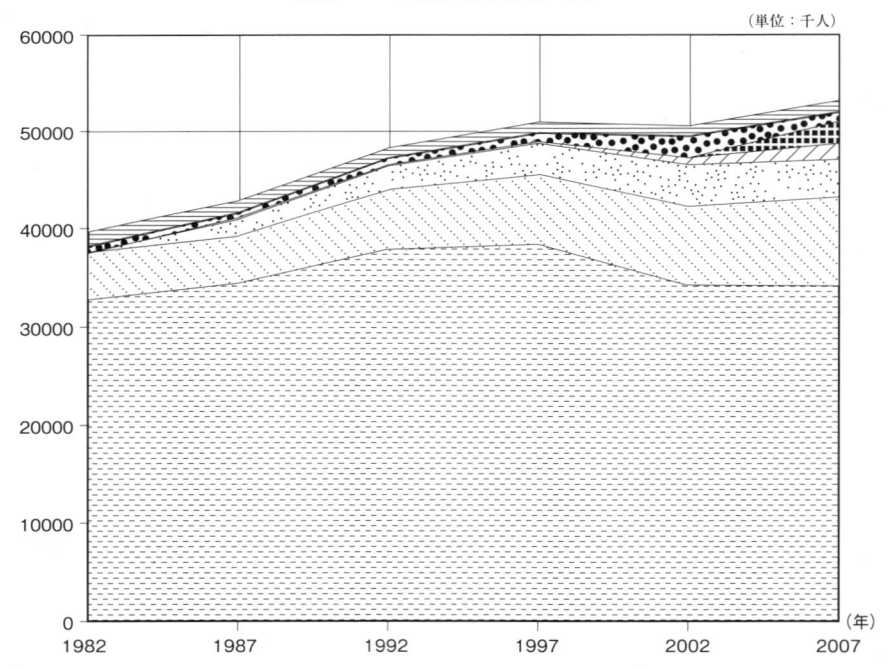

図表-1　形態別雇用者数の推移
（単位：千人）

凡例：その他／委託／契約社員／派遣社員／アルバイト／パート／正規の職員・従業員

出所：総務省『就業構造基本調査』各年

ど、都市のインフォーマルな経済で生計を立てる人々に親近性がある存在であった。なぜならば、1960年代までの日本は、重工業化の一過程として農村から都市へ労働力が移動しつつも、重工業部門の雇用吸収力がなお十分でないため、労働力移動の途中の滞留としても、労働力が重工業部門から離脱しながら農村へ還流しない結果としても、都市のインフォーマルな経済で生計を立てる人々がなお形成されやすかったと考えられ、そのある部分が「臨時工」として雇用の場に登場したと考えられるからである。しかし、「臨時工」は1960年代に著しく減少した。その理由は、1955年からの高度経済成長によって重工業部門の正規雇用が進展したことと、農村から都市へ移動すべき労働力がしだいに枯渇してきたからであった。

　第2期は1960年代から1990年代後半までである。第2期の非正規労働者は、主として「主婦パート労働者」、従として「学生アルバイト」との名称に代表される労働者であった。「主婦パート労働者」が非正規労働者の多数を占めたため、非正規労働者は女性中心となった。

　第2期の非正規労働者である「主婦パート労働者」と「学生アルバイト」の特徴は、両者とも男性稼ぎ主型家族から供給されることである。正規労働者も男性稼ぎ主型家族から供給されるから、第2期の正規労働者も非正規労働者も、男性稼ぎ主型家族から供給されることになる。ところで、正規労働者に対する雇用保障が高いほど、非正規労働者は市場経済における雇用調節の役割を果さなければならない。この点で「主婦パート労働者」と「学生アルバイト」は好都合である。なぜならば、両者の多くは自分自身の賃金収入で生計をたてていないので、離職しても生計に大きな影響がないからである。同様に、補助収入をえることが労働目的なので、賃金水準が低くてもかまわない。この仕組みは、女性は結婚すると主婦となるのが原則であり、主婦がパート労働者として労働参加をしても低賃金なので、女性差別である。しかし、その点を無視すれば、それなりに機能的である。私はこの仕組みを「1960年代型日本システム」と呼んでいる。日本の社会意識として、非正規労働者の雇用を保障しなくてかまわないし、低賃金でかまわないという意識があるが、それは「1960年代型日本システム」のもとで強化されたいというべきである。また、そもそも、「非正規」労働者や「非正規」雇用などの言葉は、第2期の1980年代に生まれた

と思われる。

　第3期は1990年代後半から現在である。非正規労働者の多様化が進むとともに、その1つである「契約社員」がとくに増加した。男性の非正規労働者が増加した。生計をたてなければならない非正規労働者が無視できない数で登場した。量的には、正規労働者が減少に転じたために、非正規労働者の増加がそれだけ目だつことになった。

　これらは、第2期の「1960年代型日本システム」が揺らいでいることを示している。しかし、揺らぎながらもなお、「1960年代型日本システム」は存在し続けるともいわなければならない。

3．企業内組合による非正規労働者の組織化

　このように増加した非正規労働者は、どのようにして労働組合に組織化されているのだろうか。それを、企業内組合による組織化と個人加盟ユニオンによる組織化の2つにわけて、考察しよう[2]。

　戦後日本の労働組合は、その多数が企業内組合であって、それは欧米諸国にほとんど存在しない労働組合の形態であった。企業内組合の重要な特徴の一つは、ながく、その特定企業の正規労働者のみを組合加入の有資格者とすることであった。すなわち企業内組合は、規約上または慣行で、正規労働者のみを組合員とし非正規労働者を組合員としなかった。逆にいえば、正規労働者という日本特有の存在に対応するのが、企業内組合という日本特有の存在であった。

　この企業内組合が、非正規労働者を組織するについては、およそ2つの方針があろう。一つは、正規労働者のみを対象とする組織方針を変更し、非正規労働者と正規労働者をともに同一の企業内組合の組合員とする組織化である。スーパーマーケット業におけるパート労働者の組織化が典型的である。今一つは、企業内組合が、組織方針を変更しないけれども、同一の企業ではたらく非正規労働者のみの別の企業内組合の結成を援助する組織化である。典型的には、自治労傘下の臨時職員や非常勤職員の組合である。

(1) パート労働者の組織化

　厚生労働省の調査によれば、2010年におけるパート労働者の労働組合員数は 726,000 人であって、その推定組織率は 5.6 パーセントであった（厚生労働省［2010］）。この推定組織率は、短時間雇用者（週間就業時間 35 時間未満の者）の数を推定組織率の分母としているため、すなわち「フルタイム・パート」などを分母に含まないため、高めに推定された数値である。なお、日本全体の労働組合員数は 10,054,000 人であって、その推定組織率は 18.5 パーセントであった。

　パート労働者は、スーパーマーケットなどの小売り業や流通業において、多数が雇用されている。そのため、これらの業種の一部の企業内組合は、かなり早くから組合員資格の考え方や組織化方針を変更し、パート労働者を自組合の組合員とした。その結果として、現在、これらの業種には、多数のパート労働者を組合員とする企業内組合が存在する。そうした企業内組合の連合団体として、生協労連、JSD（サービス・流通連合）、UIゼンセンが著名である。生協労連は、パート労働者ないし非正規労働者が組合員の半数をこえる唯一の連合団体である。2010年現在でも、これら3連合団体がパート労働者の組織化で代表的であることにかわりがないであろう。

　生協労連
　　パート組合員 48,147 人（男性 3,176 人、女性 44,971 人）
　　正規組合員 19,913 人（男性 17,113 人、女性 2,800 人）
　　全組合員 68,060 人　2008 年 10 月現在 [3]
　　（パート組合員は 71％）

　JSD
　　（パート組合員は約 8 万人と推定）
　　全組合員 21 万人　2009 年 5 月現在 [4]
　　（パート組合員は 38％）

UI ゼンセン
　パート組合員 216,848 人（男性 21,873 人、女性 194,975 人）
　正規組合員 594,799 人（男性 428,323 人、女性 166,476 人）
　全組合員 811,647 人　2004 年 5 月現在[5]
（パート組合員は 27%）

（2）臨時・非常勤職員の企業内組合

　地方自治体ではたらく職員は全国で 300 万人以上である。そのうち、総務省調査によれば、497,796 人が非正規職員であるが、ここでいう非正規職員の定義は、週 20 時間以上勤務で 6 ヶ月以上勤続の見込みの臨時・非常勤職員である（2008 年 4 月現在　総務省［2009］）。週 20 時間未満などの非正規職員を含め、また、地方自治体の外郭団体職員などを含めると、地方自治体の非正規職員は 100 万人程度と考えてよい。

　自治労は、都道府県や市町村ではたらく地方公務員の企業内組合[6]を中心とし、民間企業を含めた公共サービス部門ではたらく 2731 組合の連合団体であって、約 90 万人の地方公務員や労働者を組織する（2008 年 2 月現在）。

　自治労の組合員の多数は正規職員である。しかし、38,736 人の臨時・非常勤職員も自治労組合員である。また自治労傘下の組合には、臨時・非常勤職員のみを組合員とする組合が 157 あり、それら組合には合計 15,824 人の臨時・非常勤職員が属する（2006 年 6 月現在　自治労組織基本調査［自治労内部資料］）。2009 年 9 月末現在では、臨時・非常勤職員のみを組合員とする組合は、180 に増加している（組合員数は不明　自治労内部資料）。この状況を、たとえば大阪府高槻市でみると、高槻市職員労働組合という正規職員中心の組合があるが、高槻市学校給食調理員非常勤労働組合や高槻市図書館非常勤組合もあり、これらはすべて自治労傘下である、という状況である。

（3）問題点

　企業内組合による組織化には、およそ 4 つの問題がある。
　第一。企業内組合の多数は、依然として、正規労働者のみを組合員とする方針を維持し、非正規労働者を組織化しないことである。それには、それなりの

理由がある。一つの理由としては、組合員である正規労働者は主な生計維持者であるが、非正規労働者はそうでないはずだから、それは差別処遇でかまわないとの考え方を、企業内組合がなお保持していることが指摘できよう。また、この考え方を前提に、民間企業における企業内組合のある部分は、企業経営者のパートナーとして、非正規労働者を組合員化しないことで企業経営の雇用柔軟性と低人件費の実現に協力し、その協力による企業業績向上について、協力の分け前を得る行動をとってきたからとも、その理由を説明できよう。

もちろん、この数年、企業内組合は非正規労働者を組織せよとのキャンペーンを、労働組合中央組織は充実してきた。しかし、たとえば、連合が組織内に非正規労働センターを設置したのは2007年10月であり、全労連が組織内に非正規雇用労働者全国センターを設置したのは2008年7月であった。連合傘下の企業内組合による非正規労働者の組織化実態についての調査がはじめておこなわれ、それが『「非正規労働者の組織化」調査報告書』として公刊されたのが2009年であった。労働組合中央組織が非正規労働者の組織化を重視しはじめたのは、かなり遅いといわなければならない。

第二。企業内のすべての非正規労働者が組合員対象とされるわけではないことである。企業内の非正規労働者の多様化は進展し、パート労働者と呼ばれない非正規労働者が増加している（図表－1を参照）。ところが、前述の3連合団体であっても、パート労働者以外の非正規労働者は組合員対象とみなされないことが多い。さらに、パート労働者であっても、たとえば週あたりの就業時間に一定の区切りを設定し、それ未満のパート労働者は組合員対象としないことが少なくない。なお生協労連は、これと異なり、就業時間に無関係に全パート労働者を組織している。生協労連におけるパート労働者の組織率の高さは、これが理由である。

第三。UIゼンセンによる組織化は、その組織化に経営者の協力があることを明示しつつ、個人加盟ユニオン（本論文の4で述べる）などの既存の他組合を排除して、UIゼンセン傘下の組合を結成することである。UIゼンセンによる組織化を、組織化についての労働組合間の競争と表面的に理解することは、適切でないであろう。

第四。企業内組合の政策が、非正規労働者の組合員化に合致するように、十

分に発展させられていないことである。企業内組合が非正規労働者を組合員とすると、組合員間の均等処遇が重要な目標となるはずである。同じ組合員であるのに、非正規労働者と正規労働者との間に差別処遇があり続けることは、労働組合の組織理念からすれば、許容できないはずだからである。すなわち、正規労働者と非正規労働者の間について、同一価値労働同一賃金（Equal Pay for Work of Equal Value, Pay Equity）原則にもとづく処遇を要求することが、企業内組合の目標となるはずである[7]。たしかに、たとえばパート組合員比率がたかい生協労連傘下の企業内組合では、この原則を組合政策の中心にすえようとしているし、他のいくつかの企業内組合では、この原則は言葉として政策文書に使用されることがある。しかし、この原則の実現をめざす職務評価手法の研究開発にたいして、その研究費を負担して推進する企業内組合は、現在までのところ、自治労だけである[8]。

4．個人加盟ユニオンによる非正規労働者の組織化

（1）個人加盟ユニオンとは何か

　個人加盟ユニオンは、その組合員となる資格にとくに制限はなく、労働者個人の意思決定のみで組合加入することを原則とし、そうした労働者を企業横断的に組織する労働組合である。個人加盟ユニオンは、企業内組合との対比で特徴づけられる労働組合である。なぜならば、企業内組合が特定企業に雇用された労働者であることを組合員となる資格とすることとは、個人加盟ユニオンの組合員資格は大きな違いがあるからである。この個人加盟ユニオンは、正規労働者も非正規労働者も組合員とするけれども、結果として、相当数の非正規労働者を組合員とする。

　個人加盟ユニオンのもっとも重要な特徴の一つは、組合員化の主要な方法として労働相談を活用することである。ユニオンは、非組合員からの労働相談をいつも受け付ける。労働相談とは、賃金不払いやハラスメントなどの経営者による労働権利の侵害事案に自分はどう対処したらよいかとの、非組合員から寄せられる苦情の相談にのることである。ユニオンの役員は、その相談にのり、

たとえば、ユニオンの組合員となるならば、事案についての団体交渉をユニオンとして経営者に申し込むことができ[9]、有利な解決が期待できると非組合員にのべて、非組合員の組合員化を進める。

個人加盟ユニオンの全国的組織状況については、信頼できる調査はまだない。しかし、全国でおよそ300程度のユニオン数であり、3-5万人の組合員がいて、そのうちの1-2万人が非正規労働者であると私は推測している。推測の理由は以下のとおりである。

個人加盟ユニオンが加わる「コミュニティ・ユニオン全国ネットワーク（CUNN）」がある。このネットワークは、75ユニオン1万5千人を組織する（2009年10月現在　CUNN［2009：1］）。これとまったく重複しないで、全労連は、135ユニオン1万355人を組織する（2009年5月末現在　全労連内部資料）。さらに、私が参加した研究プロジェクトの調査によれば、CUNNも全労連も組織していない個人加盟ユニオンが、約100ユニオン存在する（大原社会問題研究所［2010］）。この約100ユニオンの相当数は、連合が組織した地域ユニオンと全労協系のユニオンと思われる。そして、個人加盟ユニオン組合員の1／3程度が非正規労働者であるとは、しばしばユニオン役員から聞く数値である（たとえばCUNN［2009：1］）。

組合員の趨勢としては、明らかに増加である。後述のように、個人加盟ユニオンは1984年には0であったからである。もっとも、組合員の増加スピードは速くない。しかし、企業内組合員の減少傾向が著しいことと対比すれば、個人加盟ユニオンの組合員が増加する趨勢であること自体に意味がある。

（2）3類型

個人加盟ユニオンを、その結成経緯と組合員対象によって、3類型に分類してみよう。3類型を、地域組織援助型、一般組合転化型、特定労働者志向型、とここでは呼ぶ。地域組織援助型が最多数である。

1）地域組織援助型

労働組合中央組織だった総評が1989年に解散するまで、総評は、地域ごとに、その地域にある企業内組合の協議体として〇〇地区労働組合協議会（地区労）

を組織していた。地区労の中心は、中小企業の企業内組合であった。地区労の一つである東京都江戸川区の地区労は、パート労働者の増加に関心を深め、地域のパート労働者が勤務企業にかかわらず組合員となることのできる労働組合として、「江戸川ユニオン」と名付けた独立の労働組合を1984年に結成した。労働組合の語を避けてカタカナで「ユニオン」の語を用いたのは江戸川ユニオンが最初であったが、その理由は、パート労働者が個人の意思決定で加入できるという組織特徴を強調するためであった。「江戸川ユニオン」が最初の個人加盟ユニオンであったというべきである。

江戸川ユニオンは注目をあつめ、「ユニオン」の語を用いた類似のユニオンが、全国に結成された。それらの20余のユニオンの活動紹介とユニオン結成を薦める著書として、コミュニティ・ユニオン研究会編『コミュニティ・ユニオン宣言』が1988年に出版された。1989年に第1回コミュニティ・ユニオン全国交流集会が開催され、1990年にはCUNNが結成され、現在に至る。このような経緯があるため、この経緯の影響を受けた個人加盟ユニオンは、その一般名称として「コミュニティ・ユニオン」の語を使用する。

総評解散後、連合は労働組合の地域組織を重視せず、それは連合としては存在しない組織となった。しかし、総評の頃からの地区労のある部分は、さまざまに姿を変えつつも現在まで存続した。そして、これらの地域組織が、その地域における個人加盟ユニオンの結成と活動を援助してきた。

全労連は、1989年の結成時から、総評の頃の地区労の活動を高く評価し、それを引き継ぐとの考え方をとって、○○労連としばしば呼ばれる地域組織を重視してきた。もっとも、その重視は個人加盟ユニオンの重視に直結せず、全労連が個人加盟ユニオンの結成を重視する方針を明確化したのは、おそらく2002年の大会方針であった。同年11月、ローカル・ユニオン第1回全国交流集会が開催された。これ以降、ローカル・ユニオンの結成が進んだ（全労連内部資料）。なお全労連は、個人加盟ユニオンの一般名称として「ローカル・ユニオン」の語を使用する。ローカル・ユニオンの多くもまた、○○労連などの援助を受けて結成された。

連合は、1990年代後半から「地域ユニオン」を結成する方針をとり、2005年からは、連合の地域組織を強化する方針をとるようになった。この地域組織

は、総評の頃の地区労の後継組織とは別である。その結果、連合の地域ユニオンも増加した（高須裕彦［2010］）。もっとも、多数の地域ユニオンは小さな企業内組合の連合体という性格が強いようであり、少数の地域ユニオンのみが個人加盟ユニオンらしい活動をするようである。

　労働組合の地域組織による援助とは、たとえば、資金援助や役員派遣などである。ユニークな援助のしくみとして、準組合員やサポーターと呼ばれる人々の組織化がある。これら人々は、地域組織に属する他組合の組合員ないし元組合員でもあることが多く、会費や人手によって、援助する。準組合員やサポーターには、正規の地方公務員や教員の労働組合員が多いと思われる。たとえば、CUNNに属するコミュニティ・ユニオンの場合には、自治労の組合員ないし元組合員が多いように思われる。

2）一般組合転化型

　1950年代後半から、合同労組——のちに一般組合と呼ばれる労働組合の組織形態——が存在した。現在、名称に「一般」の語を用いることが多い労働組合である。一般組合は、結成当初から、中小企業の企業内組合の連合団体として構成されると同時に、労働者個人の組合加入も認める規約をもつ組合も少なくなかった。もっとも実態としては、第一に、一般組合は企業内組合のみで構成され個人加盟組合員はごく少数か皆無であったし、第二に、組合員としては正規労働者のみが想定されていた。

　やがて、非正規労働者が社会全般で増加してくると、大都市部にある一部の一般組合では、労働相談を経由した個人加盟組合員が増加し、そのなかで非正規労働者も増加し、相対的に、構成組織としての企業内組合の比率は減少した。その状況の下で、労働相談を経由した個人加盟組合員の組織化を意識的に重点化した一般組合は、個人加盟ユニオンに転化したと考えるべきである。また、このように転化した一般組合は、しばしば名称ないし通称に「ユニオン」をつかうようになった。もっとも、転化した一般組合は多いとはいえない。

　上記の説明では、一般組合と個人加盟ユニオンの区別は明確でないかもしれない。実のところ、区別が不明確な場合もある。しかし、転化しない一般組合の役員の意識によれば、両者の区別はかなり明白である。というのは、彼らの

意識では、労働相談を経由した個人加盟組合員の組織化（すなわち個人加盟ユニオン）は労働組合運動として正当でなく、労働組合として追求すべき方向でないからである。彼らの意識では、労働組合は職場につくるべきものであって、それができない個人加盟組合員、とくに雇用の流動度がたかい非正規労働者の組合員は、組合員として重視できない。しかし、「労働組合は職場につくるべきもの」との彼らの意識の結果は、事実上は、正規労働者中心の企業内組合を重視する意味となろう。それでは、非正規労働者は組織化できない。

3）特定労働者志向型

　地域組織援助型も一般組合転化型も、ユニオンは特定地域のあらゆる労働者を組織化対象に想定している。ところが、少数のユニオンは、特定の労働者層を組織化対象とすることを明示している。それらは少数であるけれども、社会的な関心としばしば結びついた活動をおこなうので、社会的な影響力をもっている。

　東京管理職ユニオンは管理職をおもな組織化対象とした個人加盟ユニオンであって、1993年12月に結成された。特定の労働者層を組織化対象とした個人加盟ユニオンの最初であろう。この結成に刺激されて、1995年3月には女性ユニオン東京が結成され、2000年12月には首都圏青年ユニオンが結成された。これらの結成に刺激されて、管理職、女性、青年の名をつけた個人加盟ユニオンが全国各地で続いて結成された。そして、女性と青年の名をつけたユニオンのほぼすべては、非正規労働者を重要な組織化対象とした。さらに3ユニオンと同種のユニオンとして、たとえば、東京の派遣ユニオンと大阪の在日高麗労働者連盟をあげることができる。

　なお付言すると、外国人の移住労働者のみを組織化対象と明示するユニオンではないけれども、事実上、多数の外国人移住労働者が組合員となっているユニオンも存在する。たとえば、神奈川シティユニオン、ユニオンみえ（三重県）、武庫川ユニオン（兵庫県）などである。そうした組合員の多数は南米出身の日系人で、非正規労働者である。

（3）ネットワーク

　個人加盟ユニオンは、その特徴の一つとして、ある地域において、個人加盟ユニオンの相互間のみならず、周辺の諸組織や諸 NPO とネットワーク関係をつくる。つくる必要性がつよいからである。労働相談で非組合員がユニオンに持ち込む相談事項は、労働権利関係だけでなく、生活保護、医療、滞在ビザなど、あらゆる事項にわたる。そのうちの労働権利関係の事項のみについては、熟達したユニオン役員であれば、ほぼ問題なく対処できるし、労働者にもっとも有利な解決法もわかる。

　しかし、その他の事項は、そうではない。そうした事項は、その相談と解決を得意とする諸組織に対処を委ねざるをえない。そのために、それらとの結びつきが必要になる。逆に、諸組織もまた、持ち込まれる相談事項のうちの労働権利関係などはユニオンに委ねることが必要である。結果として、ネットワークが相互に必要となる。個人加盟ユニオンの相互間でも、たとえば特定労働者についての労働相談と組合員化が、特定労働者志向型のユニオンに他のユニオンから委ねられることがある。

　こうしたネットワークは、一歩進んで、一つのスペースを諸組織が共同で確保し、それぞれの事務机をおくという形態をとることがある。私が知るその例は、名古屋駅前のビル2階にある NPO ステーションであり、女性ユニオン名古屋など12組織がそこを事務所とすることである。

（4）問題点

　個人加盟ユニオンによる組織化について、組織化に重要な労働相談に関連してのみ、3つの問題を指摘する。

　第一。組合員の定着率が低い。非組合員が労働相談を経由して組合員になっても、団体交渉などで成果をあげて事案が解決すると、その後にやがて、その組合員が組合を脱退することが少なくない。そのため、組合加盟者も多いが組合脱退者も多い、との組織状況がある。これが理由で、組合員の増加スピードは速くない。

　この問題はユニオンに十分に自覚されている。そのユニークな対策の一つは、

組合員の「居場所」空間を創出し提供することである。労働時間外や休日に組合員が集まって気持ちよく過ごすことのできる「居場所」空間は、それ自体が、組合員とくに非正規組合員にとって、組合員であることのメリットとなるので、定着率が高まるはずである。組合員共済の充実も、この見地から位置づけられる。ところで、2008年秋以降から現在までの不況下で、ユニオン組合員の定着率が高まっているとの見解も聞くことがある。

　第二。活動費と人手が不足しがちである。たとえば、重要な活動である労働相談は、ユニオン役員の活動時間を大幅に費消する。しかし、多くのユニオンでは、雇用する役員の数を増やすことができない。なぜならば、組合員がうけとる賃金額が少ないので1人あたり組合費も低額であるうえ、1ユニオンあたりの組合員数も少ないため、ユニオンの総収入は多くないからである。すなわち、ユニオンに求められる活動の量が多いのに、それをまかなうはずの活動費と人手がいつも少ないという、矛盾がつねに存在する。

　第三。労働相談の状況が変化して、ユニオン役員の対応能力を超えつつある。精神疾患をもつ非組合員からの労働相談が、非常に増加している。ユニオン役員にとって、精神疾患をもつ非組合員への対応は困難であり、「話を聞く」ことしか事実上はできない。それどころか、非組合員との相談をどのように終えたらよいのかすらわからず、他の諸組織に対応を委ねることを非組合員に理解してもらうことも容易でない。その結果として、ユニオン役員自身が軽い精神疾患にかかることすらある。

5．今後の展望

　企業内組合による非正規労働者の組合員化はすこしずつ進展しているし、今後も進展するであろう。企業内組合は日本の労働組合の多数派であるし、企業内組合のなかには、労働組合中央組織によるキャンペーンに呼応して、非正規労働者の組合員化を進める組合が増加するであろうことは予測できるからである。

　しかし、限界があることも明らかである。企業内の非正規労働者は多様化しつつ増加しているが、多様化したすべての非正規労働者について、企業内組合

が組合員化の対象にできるとは思われないからである。多くの場合、特定企業に直接雇用された非正規労働者の一部のみを、組合加入の有資格者とするにとどまる。まして、派遣労働者などの間接雇用の非正規労働者は、組合員化対象にならない。さらに、そもそもであるが、企業内組合そのものが存立する基盤も弛緩しつつあるだろう。

非正規労働者の組合員化で私が発展を期待するのは、個人加盟ユニオンである。その最大の長所は、非正規労働者の組合員化に、企業内組合のような制約がないことである。すなわち個人加盟ユニオンは、誰でもアクセスしやすく、誰でも組合員とすることができるうえに、雇い主を変えることが多い非正規労働者の場合であっても、雇い主にかかわらず組合員であり続けることができる。これらは、大きな長所である。この意味で、個人加盟ユニオンは非正規労働者にもっとも近い労働組合である。

しかし個人加盟ユニオンには、上述したような問題点がある。そのため、現状のままでは、個人加盟ユニオンとその組合員が大幅に増加するとは考えられない。では、どのような対策をとれば、大幅な増加が可能になるのか。二つの私見を述べたい。

第一は、企業内組合、とりわけ、その多数を占める民間大企業の正規労働者の企業内組合が、個人加盟ユニオンに実質ある資金援助をすることである。その大義は、労働者連帯である。

このことは、すでに途中まで進行している。労働組合の地域組織による援助が個人加盟ユニオンを支えていることは、すでに述べた。援助者は、中小企業の企業内組合や地方公務員・教員の組合と組合員であった。民間大企業の企業内組合の連合団体、あるいは連合は、個人加盟ユニオンとネットワークを結ぶ諸組織や諸NPOまでには、資金援助をすでにはじめた。民間大企業の企業内組合が個人加盟ユニオンを資金援助するには、あと、もう一段階であると私は思う。もちろん、それが実現するには、既存の個人加盟ユニオンを排除して経営者の協力のもとに企業内組合員化を進めるUIゼンセンのような方針は労働者連帯に反するとして自粛すべきであるとの合意が、労働組合運動のなかに必要であろう。

第二は、税金を財源とする公的な資金援助が、個人加盟ユニオンに与えられ

ることである。個人加盟ユニオンによる労働相談は、労働権利関係だけでなく、あらゆる事項にわたっていて、個人加盟ユニオンの活動はそれら全部に対処している。その活動は、公共福祉を増進させる活動である。ここに公的な資金援助があることは何らおかしくない。そして、これまでの個人加盟ユニオンの実績から推測すると、公的な資金援助にみあう以上の福祉増進効果を期待してよいと思われる。

注
1) この議論については、遠藤公嗣［2011a］を参照されたい。
2) 企業内組合と個人加盟ユニオンによる非正規労働者の組織化については、遠藤公嗣［2011b］を引用した。なお呉学殊［2010］は、個人加盟ユニオンの現状を研究した信頼度のたかい論文である。
3) 生協労連のホームページ（http://cwu.jp/aboutus/introduction/　2009年10月12日アクセス）
4) JSDのホームページ（http://www.jsd-union.org/about/nakama.html　2009年10月12日アクセス）
5) 労働政策研究・研修機構［2005：12］
6) 民間企業の場合と用語をそろえるために、公務員についても、企業内組合の語を使用する。地方自治体ごとの労働組合、事業所ごとの労働組合、との意味である。
7) 同一価値労働同一賃金原則は、欧米諸国では男女間の処遇格差を是正する考え方として発達したが、日本では正規非正規間の処遇格差を是正する考え方として発展させられるべきである（遠藤公嗣［2008］森ます美・浅倉むつ子編［2010］）。
8) 遠藤公嗣は、自治労が推進する研究開発のチームリーダーである。
9) 日本の労働組合法の規定によれば、労働組合は、その組合員1人を代理して、組合員の使用者に団体交渉を申し込むことができ、使用者は申込みを応諾して真摯に交渉する義務がある。この規定は、個人加盟ユニオンにとって非常に有利である。

参考文献
コミュニティ・ユニオン研究会編［1988］『コミュニティ・ユニオン宣言』第一書林
CUNN（コミュニティ・ユニオン全国ネットワーク）［2009］「第21回全国総会議案」
遠藤公嗣［2008］「職務給と「同一価値労働同一賃金」原則――均等処遇のために――」『労働法律旬報』（上）1684号：58-67頁、（下）1686号：28-37頁
遠藤公嗣［2011a］「雇用の非正規化と労働市場規制」大沢真理編『承認と包摂へ――労働と生活の保障――（ジェンダー社会科学の可能性 第2巻）』（岩波書店、2011）

143-166 頁
遠藤公嗣［2011b］「非正規労働者の組織化——企業内組合と個人加盟ユニオン——」『(明治大学) 経営論集』58 巻 3 号、1-16 頁
呉学殊［2010］「合同労組の現状と存在意義——個別労働紛争解決に関連して——」『日本労働研究雑誌』604 号、47-65 頁
大原社会問題研究所［2010］「個人加盟組合の活動に関するアンケート調査結果報告」Working Paper No.41
厚生労働省［2010］『平成 22 年　労働組合基礎調査』
総務省［2007］『平成 19 年　就業構造基本調査』
総務省［2009］『地方公務員の短時間勤務の在り方に関する研究会報告書』資料 4「臨時・非常勤職員に関する調査結果について　平成 20 年 4 月 1 日現在」
高須裕彦［2010］「労働組合運動の新展開」『社会政策』2 巻 1 号、51-63 頁
森ます美・浅倉むつ子編［2010］『同一価値労働同一賃金原則の実施システム——公平な賃金の実現に向けて——』有斐閣
連合総合開発研究所（連合総研）［2009］『「非正規労働者の組織化」調査報告書』
労働政策研究・研修機構［2005］『パートタイマーの組織化と労働条件設定に関する事例調査報告』JILPT 資料シリーズ No.9

第 9 章

韓国における非正規労働者組織化に対する再検討

ウン・スミ

1．はじめに

　民主労総と韓国労総など韓国の労働組合は、「労働運動の革新」と「産別転換」を旗印に掲げて、非正規労働者の差別改善と組織化のために努力してきた。6年余りの議論の末に 2006 年 11 月 30 日に非正規職法改正案が通過した。しかし 10 年余りが過ぎた 2010 年現在、十分な成果が現れていない。
　2009 年現在、産別労組に属した労働者が全組合員の 52.9％（組合員数 868,467 人）を占めるが、代表的な産別労組である金属労組の組合員中、非正規労働者の比重は 2.5％（2008 年）、保健医療労組は 8.9％（2008 年）に過ぎない。雇用形態別の企業規模別組織率の格差はむしろ拡大し、賃金および労働条件での差別も依然存在する。その上、現政府が最近発表した「雇用戦略 2020」は、新生企業や清掃・警備業務を期間制法の適用から除外し、派遣業務調整を通じて派遣を拡大し、短時間労働の比重を高めるなど、労働の柔軟化を促進する内容である。
　さらに 2008 年から現代自動車をはじめとした製造業大企業の社内下請が違法だという最高裁の判決が相次いでいるが、社内下請の問題は悪化の一途をたどっている[1]。従業員 300 人以上の大企業に対する社内請負の活用程度につい

て調べた労働部の全数調査（2008）によると、全1,764企業のうち社内請負を利用している企業は963社、54.6％で、社内請負労働者は369千人で、社内請負を活用している企業の全労働者中の28.0％を占めている。

　社内請負や派遣などの間接雇用労働者の抵抗も続いている。基隆電子の派遣労働者は、不法派遣判定を受けた会社の前でデモを続けて6年目になる[2]。ソウル良才洞の現代・起亜自動車グループの本社の前では、起亜の「モーニング」を生産するトンフィオートの社内下請労働者が「解雇者の復職、労組認定」を要求している。起亜自動車の「モーニング」は、起亜が生産してはいない。すなわち、起亜自動車の生産ラインをまったく違う企業であるトンフィオートに移転して、さらにそこでも正規労働者でない12の社内下請企業の労働者に起亜の自動車を作らせている。これは、社内下請の利用方法の最新バージョンである。恵和洞の才能教育本社前では、特殊雇用労働者である通信学習の添削教師たちが1千日を超えて座り込みのテントを張っている。本社が添削教師の賃金にあたる会員管理手数料を少なくて20万ウォン、多くて100万ウォンまで削減したからだ。

　こうした努力にもかかわらず、非正規労働者の組織率がむしろ低下し、賃金および労働条件がより悪化しているなど、問題解決が難しい理由は何だろうか。既存の組織化戦略には、どのような問題点があり、新しい組織化の対案は何だろうか。

　本章では、非正規労働者の組織化戦略の問題点を「労働市場の二重構造と組織化方法間との不一致」（ウン・スミ、2010a）をもとにしながら探る。このような不一致を、大きくは組織化方法の誤りと組織化方法の不在という両面から考察する一方で、その対案として労働組合の代表性の拡大と労働組合の新しい役割モデルの開発を提起する。

2．非正規労働者の組織化

　非正規労働者の組織化は、1997年の経済危機以降はじまり、①全国、②産業と地域、③企業の三つの段階で同時に進められた。

　第一に、全国のレベルでの組織化は、①民主労総や韓国労総といったナショ

ナル・センターが主導する方法と、②二大労総に加入していない別の非正規労働者の全国組織を作る方法と二つである。

民主労総について言えば、非正規労働者の組織化のために、最初に人的・物的基盤の確保に力を注いだ。2000年からはじまった未組織労働者の組織化5億ウォン募金運動が失敗（目標額の23％しか集まらず）すると、2005年から2009年8月まで非正規労働者基金募金運動を再び展開した。当初の目標は50億ウォン基金を集めて、90人の新旧組織活動家を選抜して、彼らを流通・公共部門と社内下請・建設日雇・特殊雇用などに配置することにあった。しかし、目標額の40％である21億800万ウォン余りしか集まらず、新旧活動家の養成も90人ではなく、24人に終わった（キム・スンホ他、2007）。

また民主労総は、非正規労働者の労組加入を促進するために、規約の改正など制度の整備にも関心をみせた。例えば、組合員の範囲から非正規労働者を除外する規約があれば、その改正を勧告し、正規労働者の反発で規約の改正が難しい場合は、既存の規約の組合員規定から非正規労働者を除外するが、その代わりに非正規労働者が独自に労働組織を作ることができる制度の変更を奨励した[3]。そして全国規模で、非正規労働者の労組設立を支援した。その結果、全国非正規教授労働組合、全国映画産業労働組合、全国建設労働組合など多数の労働組合が民主労総に直接加入する方法で労働組合が設立された。

他方、民主労総に未加盟の非正規労働者関連の労組は、1999年に結成された全国女性労働組合（以下、女性労組）[4]と全国芸能人労働組合連盟など、全国レベルではまだまだ少数に過ぎない。これらの労組は、最近になって組合員数が停滞を見せてはいるが、多様な活動を模索している。

第二に、産別および地域レベルでの組織化は多様な形で進展している。

まず、「産別の組織化」について言えば、産別労組結成の目的は、非正規労働者の組織化ではない。2000年代以降さらに進展した労働の柔軟化や、製造業からサービス業への産業構造の転換にともなう労働運動の危機を、産別労組結成によって乗り越えようというのが主要な目的である。例えば、組織率の下落や組織の代表性と信頼性の失墜などを企業別労組として解決するのは困難であり、加入制限がある企業別労組では未組織の労働者を組織できない。非正規労働者の組織化は、産別転換の結果でもある。

ここで、非正規労働者は大きく二つの方法で、産別労組に編入された。一つは、1社1労組の原則の下、正規労働者と非正規労働者を一つの企業支部として組織化するのである。中小規模の労組では、このような形態が以前から存在しており、大企業では最近の起亜自動車の支部が社内下請労働者を組合員として受け入れた。もう一つは、非正規労働者の労働組合を産別傘下の独自の支部として編入する方法である。韓国労総傘下の金融労組の非正規労働者支部、民主労総傘下の言論労組の非正規労働者支部、保健医療労組の光州地域支部、金属労組の現代自動車非正規労働者労組などが代表的なものである。

　次に、「地域別の組織化」は、大きく二つのタイプに分かれる。一つ目は、地域のすべての産業を網羅する地域一般労組（community union）の結成であり、二つ目は地域の特定業種や職種だけを組織する業種・職種労組（occupational union）である。両者は実際には区別しづらい。その理由は、業種・職種労組の組織単位が地域である場合が多いからである。この二つのタイプに共通する特徴をみると以下の通りである。

　①非正規労働者が中心ではあるが、非正規労働者だけでなく正規労働者もともに組織化する。組織化対象である地域の中小零細企業の労働者は、正規であれ、非正規であれ、ともに雇用が不安定であり、低賃金層である。そして、一緒に仕事をするので、あえて非正規労働者だけに制限して組織化する必要がない。

　②地域労組の結成は、2000年代以降の現象である。地域業種・職種労組の設立年度別分布をみると、1990年から97年まで、29の労働組合（組合員9,658名）が結成されたのに対して、1998年から2005年までには246の労働組合（組合員43,582名）が新しく結成された。

　③地域全体の労働者組織を目標とする地域一般労組は、事実上、公共部門に組合員が集中しており、地域の業種や職種労組でも同じ現象がみられる。例えば、総組合員数1,113名の民主労総傘下の慶南地域一般労組の組合員の83％（927名）が道路管理事業所、環境美化、焼却所、浄化槽、老人専門療養院、下水処理場など、市郡道庁の業務と関連する公共部門の従業員である。

　④韓国労総や民主労総に加入していない未加盟の独立労組が増加する傾向にあるが、地域労組では、未加盟の組合の比重は小さい。しかし、全体の未加盟

の労働組合の組合員は、2005年では全体の6.8%（61,342名）に対して、2008年では17.0%（282,666名）に急増している。この中で、産別労組への未加盟の比重は、11.0%だが、地域労組は6.6%である。

⑤地域の市民団体との連帯が進んでいない。もちろん一部の地域労働組合では、かなり活発に市民団体と連帯している場合もあるが、ここでも少数の市民団体に限定されていたり、幹部中心の連帯であったりと、大部分が近隣の労組や上級団体との連帯である。

第三に、企業レベルでの組織化もまた継続的に進められている。

産別や地域、業種別の組織化が進む一方、これらとは分離された企業レベルでの独自の組織化の比重が低下している。なぜならば、規模が小さく、物的資源が脆弱な非正規労働者は、正規労働者が中心となっている企業別労組に加入できなければ、産別や地域別労組に編入される方が、非正規労働者の組織化の助けとなるからである。

3．非正規労働者の組織化の効果

非正規労働者の組織化の成果は何であり、それは韓国の労使関係にどのような影響を与えるだろうか。

図-1によると、2008年現在、従業員10人未満の事業所の従業者数は、全

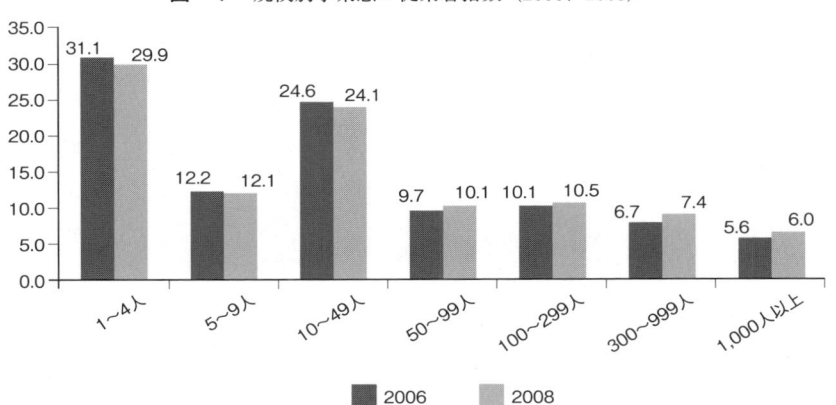

図-1　規模別事業態の従業者指数（2006、2008）[5]

規模	2006	2008
1～4人	31.1	29.9
5～9人	12.2	12.1
10～49人	24.6	24.1
50～99人	9.7	10.1
100～299人	10.1	10.5
300～999人	6.7	7.4
1,000人以上	5.6	6.0

表-1 事業体規模別組織現況（2009）

（単位：名、％）

	30人未満	30 - 99	100 - 299	300 +
賃金労働者	9,602,000	3,361,000	1,646,000	1,946,000
組合員	22,548	98,080	210,046	825,659
組織率	0.2	2.9	12.8	42.4

資料：労働部、事業体労働実態現況、2009。

表-2 正規・非正規別労組加入率の変化（2007～2010）

（単位：％）

	2007.3	2008.3	2009.3	2010.3
全体	11.3	12.1	12.7	12.0
正規労働者	15.2	16.4	17.4	16.3
非正規労働者	4.7	4.2	3.4	3.1

資料：統計庁、経済活動人口調査付加調査、各年度。

表-3 雇用形態別雇用保険加入推移

（単位：％）

		2001.8	2002.8	2003.8	2004.8	2005.8	2006.8	2007.8
全体		47.4	48.0	49.8	52.1	53.1	54.6	55.3
従事上の地位	常用労働者	80.1	79.6	80.4	81.6	83.0	84.1	84.1
	臨時職	21.1	24.6	24.2	25.8	26.8	27.6	26.7
	日雇	3.3	3.9	2.6	3.5	2.8	2.9	2.9
雇用形態	正規労働者	56.9	56.2	59.7	61.5	63.8	64.7	64.3
	非正規労働者	21.6	26.2	29.2	36.1	34.5	36.3	39.2

資料：統計庁、経済活動人口調査付加調査、各年度。

体の42％であり、76.2％が従業員100人未満の事業所で働いている。また、全体の非正規労働者の87％が従業員100人未満の事業所で就業している。

ところが表-1のような従業員100人未満の事業所の組織率は3.1％水準であり、表-2の雇用形態別では、非正規職の組織率が2007年の4.7％から2010年3.1％へと落ちている。

次に、非正規労働者の組織化がはじまって、非正規職保護法が導入されたが、非正規労働者の規模、賃金および労働条件、社会保険などでの改善はなされていない。例えば、臨時職や日雇労働者の雇用保険加入率はほとんど変動がなく、非正規労働者は増えても、39.2％に過ぎない。

第9章　韓国における非正規労働者組織化に対する再検討　159

図-2　従業上の地位別雇用増減（2008〜2010）

(単位：千名、前年同分期)

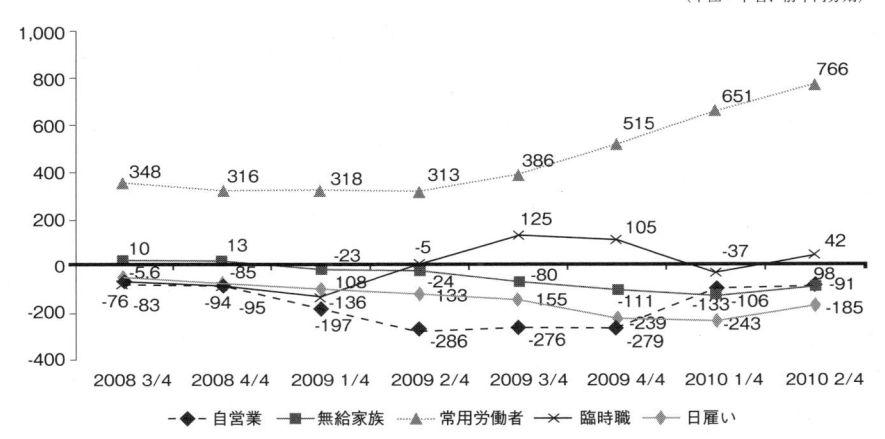

	2008 3/4	2008 4/4	2009 1/4	2009 2/4	2009 3/4	2009 4/4	2010 1/4	2010 2/4
自営業	-76	-94	-136	-197			-133	-91
無給家族	10	13	-23	-5		-80	-37	42
常用労働者	348	316	318	313	386	515	651	766
臨時職	-5.6	-85	-108	-24	125	105	-106	98
日雇い	-83	-95	-133	-286	-276	-239	-243	-185

資料：統計庁、経済活動人口調査、各年度。

　その上、2008年の経済危機でもっとも被害を受けた層の一つが、臨時職・日雇職労働者や、家内労働者など従業員100人未満の事業体の従業員である。さらに、経済が回復しながら常用労働者の雇用は持続的に増加した。しかし、日雇労働者、無給家族従業員の雇用は減り続けており、臨時職労働者の雇用だけが再び増えた。非正規労働者の組織化の効果が現れていない。

　もちろん差別と雇用不安定に対する非正規労働者の抵抗は続いている。とくに、間接雇用に関連した非正規労働者の抵抗は、2000年代以降持続的に増加傾向を見せている。さらに、2010年10月、二人の労働者が焼身自殺した。10月13日レミコン労働者一人が賃金の不払いに抗議して焼身自殺したのに続いて、同月30日には半導体工場で、金属労組の求美支部長がスト中に焼身自殺した。数千メーターのクレーン上での断食座り込みや、街でのテント座り込みは、韓国では日常的になっている。

　しかし、大企業、正規労働者、男性、直接雇用が中心の企業別労使関係は、依然として維持されており、従業員100人未満、非正規労働者、女性などは、なお、労使関係の外部に存在したままである。彼らは、一時的な、激しい抵抗を通じてのみ自身の生存を示すことができるが、それも日常的な行為ではない。

彼らには、未だ、名も居場所も存在しないと言えよう。

4．非正規労働者の組織化失敗の原因

　数ヶ月または数年以上の激しい抵抗を通して、時折、数百人以上を動員し、数千人または数万人以上の支持署名を得る韓国の非正規労働者が、労働組合の内部者として自身の居場所と名を持てない理由は何か。何故、彼らは労働組合への加入さえ難しいのか。

　ここでは、大きく二つの理由がある。第一に、産別組織化の「戦略の限界」として、労働組合の代表性の制約があげられる。

　産別労組へ転換したにもかかわらず、産別労組傘下の相当数の労働組合は、依然として、規約と団体協約によって組合員資格を制限する「二重の装置」を持っている。韓国の産別労組の結成とは、既存の企業別労組が産別支部または支会へ編入されたものであるという点において、このような二重の装置には、代表性を正規労働者に制限する効力をもつ（ウン・スミ、2010b）。

　さらにこのような制限条件は、時々、現行の労働法よりも苛酷である。労働組合および労働関係調整法（以下、労調法）第29条1項によると、「労働組合の代表者は、その労働組合および組合員のために、使用者や使用団体と交渉し、団体協約を締結する権限を有する」。即ち、韓国の労働組合は、全従業員や全労働者の代表ではなく、組合員の代表に過ぎない。このことが、労働組合の規約にそのまま反映され、組合員の資格を厳格化している。

　もちろん産別への転換を推進しながら、産別労組は、規約改正を急ぎ、組合員でない労働者すべてに門戸を開放している。

　表－4によると、保健医療労組と金属労組ともに組合員資格を拡大し、現行の法的制限を超越している。ところが、支部や支会のレベルでの規約には差があり、保健医療労組は、産別規約を支部にそのまま適用するが、金属労組は、産別規約とは別に組合員加入を制限する規約を大部分の事業所で維持している。非正規労働者にまで門戸を開放した支部は、全体の10％に過ぎない。

　また、規約は組合に加入できる資格を与えるだけで、団体協約の適用を通じて保護される権利までを意味するものではない。したがって、団体協約の適用

表-4 産別規約中、組合員加入規定:保健医療労組と金属労組

区分	条項	内容
保健医療組合	規約第7条 (組織対象)	1. 保健医療産業のすべての労働者と以下の者は、組合に加入できる。但し、使用者、使用者の経営担当者、またはその事業の労働者に関する事項について使用者のために行動する者は除外する。 1) 労組活動と関連して解雇された者、2) 組合に任用された者、3) 保健医療産業に求職中である一時的失業者、保健医療産業に勤務した経歴がある者、保健医療関連資格を取得している者、4) 保健医療産業に勤務して退職した者、5) 組合は、組合員以外に準組合員を置くことができ、準組合員の資格および権利と義務は別途の規定で定める。
金属労組	規約第2条	金属産業と金属関連産業労働者と次の各号の者は、組合に加入できる。 1. 組合活動と関連して解雇された者 2. 組合に任用された者 3. 金属産業と金属関連産業に勤務した経歴がある者、求職中の失業者(2004.10.28改訂) 4. その他、製造業に勤務する者(2004.10.28新設) 5. その他、加入を希望する場合、支部運営委で加入を審議して、中央委で承認された者(2004.10.28改訂)

資料:ウン・スミ (2010b:50)

表-5 産別団体協約の代表性:保健医療労組と金属労組

区分	協約の適用範囲など	ユニオンショップ
保健医療労組	(産別協約第1章3条 協約の適用範囲と優先適用および既存の労働条件悪化の禁止)本協約は、労働基準法、支部団体協約、就業規則と諸規定など、その他の個別的労働契約に優先する。但し、支部で既に協議した事項と支部の団体協約が本協議を上回る場合は、それに従う	無し
金属労組	(産別基本協約中の協約の優先適用) 組合と金属産業使用者協議会が締結した基本協約は、組合に加入している事業所の労働者を適用範囲とし、労働基準法、会社の就業規則と諸規定、その他の個別的労働契約および事業所の団体協約に優先する。但し、事業所の団体協約がすでに確保されていたり、慣行で実施してきた組合活動の権利と既存の労働条件を悪化させることはできない。	無し

範囲である組合員資格条項は大変重要である。

　保健医療労組の産別協約および傘下37支部(総145支部)の団体協約と、金属労組の産別協約および67支会(総230支会)の最近の協約を分析した結果、労働組合が規約上は組合員加入資格を緩和してはいるものの、団体協約では依然として資格制限を設けていることが確認された(ウン・スミ、2010b)。

表-6　保健医療労組37支部の団体協約：組合員資格制限

非正規労働者と使用者両方を制限		使用者だけ制限		関係法・規約に依拠あるいは制限なし	
6 (16.2)		17 (45.9)		14 (37.8)	
ユニオンショップ	無	ユニオンショップ	無	ユニオンショップ	無
4	2	11	6	11	3

ユニオンショップ有り	ユニオンショップ無し
26 (70.3)	11 (29.7)

資料：ウン・スミ（2010b：54）から修正引用。

　まず、産別中央協約での協約の適用範囲を比較したものが表-5である。

　保健医療労組は、協約の優先適用と既存の労働条件の悪化禁止だけをおき、実際、協約の適用範囲は組合規約上の規定に従っている。つまり、規約と団体協約の組合員資格は同等なのである。反面、金属労組は、労組規約と団体協約の組合員資格が異なる。規約上の規定より狭い協約の適用範囲を別途おいている。「組合に加入している事業所の労働者を適用範囲とする」という規定がそれにあたる。支部または支会レベルでの団体協約をみると、その制限は中央より強く、保健医療労組より金属労組の制限がより強い。

　表-6に見るように、保健医療労組の支部は、関係法や規約などに依拠した程度の緩い制限を設けている37.8％の事業所以外の支部が、法や規約よりさらに強力に制限している。代理や課長以上の職級をすべて制限する使用者関連規定と、非正規労働者加入を制限する規定をすべて設けている事業所が16.2％であり、特に民間大病院はどこもこうした条項を設けている[7]。さらに、職級まで明記して使用者関連職務を定義し、包括的に制限するケースも45.9％に達する。

　ところが金属労組は、保健医療労組のような上記の2つの規定だけでなく、事務職全体を制限する条項まで追加して3つの制限を設けている。

　表-7によると、使用者、非正規労働者、事務職すべてを制限する事業所が16.1％、使用者と非正規労働者を制限する事業所が32.3％、使用者だけを制限する事業所が27.4％、使用者と事務職を制限する事業所が8.1％の順である。関連法レベルで緩く制限する場合は12.9％と、保健医療よりも少ない。特に事務職が女性である場合が多く、女性差別という指摘が可能であろう。それに加

表-7　金属62支部の団体協約：組合員資格制限

使用者・事務職・非正規労働者を制限		使用者と非正規労働者を制限		使用者と事務職を制限		使用者だけ		非正規労働者だけ	事務職だけ	関係法規約に依拠、あるいは制限なし
10 (16.1)		20 (32.3)		5 (8.1)		17 (27.4)		1 (1.6)	1 (1.6)	8 (12.9)
ユニオンショップ		ユニオンショップ		ユニオンショップ		ユニオンショップ		ユニオンショップ無	ユニオンショップ有	ユニオンショップ無
有	無	有	無	有	無	有	無			
6	4	13	7	1	4	12	5			

ユニオンショップ有り				ユニオンショップ無し
33 (53.2)				29 (46.8)
不利益&生産職だけ適用	不利益措置だけ	生産職適用だけ	無し	
6	8	3	16	

資料：ウン・スミ（2010b：55）からの再引用。

えて、ある事業所は、事務職を制限しながら、女性制限規定を付加的においている。産別転換したにもかかわらず、そのまま残された「二重の装置」は、非正規労働者およびその他の脆弱な集団の労働組合加入を困難にさせ、組織化を阻害している。労働運動の革新と産別転換が、「二重の装置」によって労働組合の代表性の拡大にまで繋がらないという点で、戦略上の限界がある。

第二に、従業員100人未満の事業所、特に全体の就業者の42.0%を占める従業員10人未満の事業所に対する「組織化戦略の不在」である。

「二重の装置」を廃止しても、中小零細事業所の労働者は、労働組合への加入が困難である。それは韓国の労働市場が、中心部と周辺部に分かれており、周辺部にある中小零細事業所の雇用が、頻繁な労働力移動と下降移動を特徴とするからである。筆者は、これを「低賃金労働者－失業者－ワーキングプア」の3つの悪循環と要約する（ウン・スミ、2010b）。

まず、低賃金労働者と失業者には密接な関係がある（図－3の①）。イ・ビョンヒ（2009）によると、1年間通じて賃金労働者が失業する可能性は、20.8%である。このうち、常用労働者の失業率は8.5%に過ぎない反面、臨時職労働者は27.1%、日雇い労働者は53.6%と、それぞれ3倍、9倍の水準

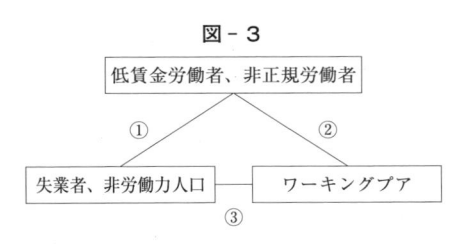

図－3

低賃金労働者、非正規労働者
①　　　②
失業者、非労働力人口 ― ワーキングプア
③

である。さらに、正規労働者の失業率は13.3%であるが、非正規労働者は33.7%であり、高賃金労働者の失業率は5.0%だが、低賃金労働者は38.1%となる。

次に、低賃金労働者とワーキングプアにも緊密な関係がある（図-3の②）。チェ・オックム（2009）によると、7年間おもに臨時・日雇労働者として働いた場合、ワーキングプア層の比重が55.8%と最も高く、臨時・日雇労働者と非就業状態が混合した場合、貧困層の比重が56.3%と二番目に高い。家内労働者でもワーキングプアの比重は50.0%と相当高い方である。チャン・ジヨン、ヤン・スギョン（2007）もまた類似した分析を通じて、8年間持続的に非正規労働者であった場合の相対貧困率は21.54%と最も高く、正規労働者から非正規労働者へ転換した場合も相対貧困率が15.54%と二番目に高いと主張する。

最後に、失業によってワーキングプアになる危険もまた、とても高い（図-3の③）。表-8と表-9によると、全体の世帯中、世帯主が失業した場合、52.9%が次の分期で貧困世帯へと転落している。さらに世帯主が再就業したとしても、一度貧困世帯となると、3分期以降も35.7%は変わらず貧困状態である。そして世帯所得が低い場合は、60.0%が3分期以降も貧困状態であり、低所得世帯であるほど失業者とワーキングプアになりやすい。

「低賃金労働者－失業者－ワーキングプア」の悪循環である「頻繁な移動」

表-8 世帯主の就業状態変化と貧困移行（2008年）

(単位：%)

	世帯主変化	非就業→非就業	非就業→就業	就業→非就業	就業→就業	計
貧困流入率	10.7	21.1	7.3	52.9	2.5	4.9
貧困脱出率	28.9	7.3	38.2	3.8	30.0	16.9

資料：「家計調査」の分期パネル資料、イ・ビョンヒ（2010）から再引用。

表-9 非貧困世帯から世帯主が失職した後の世帯貧困率

(単位：%)

	全体	中下層	中間層	中上層	上位層
1分期以降	60.3	84.2	68.0	44.0	33.3
2分期以降	44.4	81.3	47.4	14.3	42.9
3分期以降	35.7	60.0	43.8	20.2	0.0

資料：「家計調査」の分期パネル資料、イ・ビョンヒ（2010）から再引用。

が中小零細事業所の雇用の特徴であるなら、労働組合への組織率が総体的に高い従業員100人以上の企業の雇用は、長期勤続などの「定着」が特徴である。ところで、既存の企業別労働組合と産別転換は、ともに「定着」を前提とした組織化戦略を持つ。こうした点から言えば、「頻繁な移動」を前提とした組織化戦略は存在しない。筆者は、これを労働市場の変化と組織化戦略間の不一致と規定し、5つの点を指摘する（ウン・スミ、2010a）。

　第一点は、中小零細事業所の雇用と労働組合の目標間の不一致である。

　通常の労働組合は、長期勤続を通じた雇用の質を高めることも主要な目標にするという点において、企業内部の労働市場の形成と緊密な関連を持つ。つまり、安定的な「定着」が主要な関心事なのである。しかし中小零細事業所の雇用は、長期勤続が不可能であり、絶え間ない「移動」が起きているという点から、円滑な移動のための多様な相談および就業支援サービス、移動を前提とした所得の保障、移動の危機を緩和できる社会保障制度などが必要である。ところがこうしたことは、いまだに労働組合の目標になっていない。

　第二点、中小零細事業所の雇用と、既存の労働組合の活動方法および単位間の不一致である。

　通常の労働組合は、賃金および労働条件に対する交渉および団体協約締結が主な活動であり、一つの現場や企業が基本的な単位（unit）である。しかし中小零細事業所では、賃金および労働条件に対する交渉および協約締結が困難であり、基本的な労働法の遵守や行政指導、新しい慣行または制度の模索、多様な形態のキャンペーンなどがより必要である。また、賃金および労働条件に関連した問題を超えた協議が要求される。併せて周辺部の雇用における基本的な単位は、現場や企業でもあり得るが、市、郡、区、洞など、生活上の単位と重なることもあり得る。地域を重視する必要がここにあるのである。

　第三点は、中小零細事業所の雇用と既存の労働組合の構成員間の不一致である。

　通常の労働組合は、典型的な賃金労働者を構成員とする。しかし周辺部の雇用では、典型的な賃金労働者は見当たらず、絶えず雇用形態や業務上の地位が変わるだけでなく、賃金労働者から非賃金労働者へ、労働力人口から非労働力人口への変動の可能性が大きい。また、労働者であること自体が否定される余

地もあり、組合の構成員を賃金労働者に限定した場合、組織化が困難である。

　第四点は、産別転換自体が、中小零細事業所の雇用の組織化を目的としたものではないという点において、組織化の方法上の不一致がある。このことは、先に述べた労働組合の代表性と関連してすでに指摘したので、ここでは説明を省略する。

　第五点は、中小零細事業所の雇用と労働組合の活動範囲間の不一致である。

　既存の労働組合は、就職後の雇用保護に力を注ぐ。しかし、周辺部の雇用は、雇用の質が低いため、就職後の保護ではなく、質の高い雇用の創出が必要である。そのため労働組合が雇用の創出に直接、間接的に介入する必要がある。

5．おわりに

　これまで 10 余年間の労働者の組織化努力にもかかわらず、労働組合組織率が次第に低下しているだけでなく、特に非正規労働者や中小零細事業所での組織率が下落している原因を考察してきた。本章では、産別転換からみえる「組織化戦略の限界」と中小零細事業所の労働者に対する「組織化戦略の不在」を強調した。

　ならば対案は何だろうか。先に指摘したように、一つは、産別転換戦略の限界を超えること、例えば「二重の装置」を廃止して、組合員の代表でなく全労働者の代表に産別労組が変わることである。もう一つは、労働組合の新しい役割モデルを開発することである。

　筆者は、去る 2011 年 11 月 3 日に開かれた全国女性労働組合主催のシンポジウムで、「労働組合の新しい役割モデル」を提案した。一言でいうなら、労働と福祉を連繋する戦略と要約できる。

　とは言っても、労働組合の組織形態や活動内容が突如として変わることは難しいという点から、二つの試みに注目しながら、段階的な発展を模索しなければならないだろう。第一に、最近の全国女性労働組合や外国人労働支援団体の共済会についての肯定的な検討である。全国女性労働組合仁川支部は、2010 年 1 月 15 日に地域の脆弱階層を対象として、退職金および老後の資金支給を目標とした共済会を設立し、今後は、住居、健康、生活相談まで拡大すること

を模索している。また、外国人労働者の医療共済会は、地域に医療ネットワークを結成し、健康保険未加入者である外国人労働者に対して、健康保険よりも安い医療保障を実施している。

　第二に、政府が推進する社会的企業や地域の自活センターで実施する地域雇用‐福祉ネットワークに労働組合が積極的に介入したり、労働者の協同組合のような新しい雇用モデルを開発したりすることである。

　また、労働市場の中心部と周辺部の格差がより拡大される状況で、この二つの戦略は同時に進められなければならない。あわせて、今後の労働組合の定義や形態についての根本的な再検討および法制度的変化を模索しなければならないだろう。

注

1) 最近の最高裁判決に関しては、パク・ジェソン（박제성、2010）を参照。
2) 現行の派遣労働者保護などに関する法律（派遣法）では、製造業の直接生産工程に対する派遣労働を禁止しているが、基隆電子は派遣労働者が生産ラインを運営して、2005年7月に労働部から不法派遣の判定を受けてもそれを変えようとしない。
3) 韓国で複数労組は2010年7月1日から許可されている。したがって、それまでは企業または事業所単位では複数労組は許可されていなかった（労働組合および労働関係調整法附則第5条）。そのため、既存の組合と組織対象が重複する新しい組合を作らなければならなかったり、加入制限がある場合、すべての既存の組合規約を変えなくてはならなかった。
4) 女性労組は、現在10の支部と7,000名余りの組織員を持つ最大規模の非正規職の単一労組である。
5) 資料：統計庁、全国産業体調査、各年度。
6) もちろん一般的拘束力（労調法第35条）、地域的拘束力（労調法第36条）によって、団体協約の効力拡大が可能であるが、ほんの一部に制限されているだけである。その上、使用者または常にその利益を代表して行動する者の参加を許可したり、労働者でない者の加入を許可したりする場合は、最初から労働組合としての存立が難しい（労調法第2条가（か）目、라（ラ）目）。さらに、労調法第7条によると、労働組合の資格を得られなければ、労働組合という名称を使用することができず、労働組合として活動するのが困難である。
7) 高麗大学病院は、団体協約第5条（組合員の資格と範囲）で、"組合員は所定の組合加入手続きを終えた者とする。但し、次の各号に該当する者は、組合員になれない。

1．労働組合および労働関係調整法第2条第2号の使用者に準ずるもの、2．課長級およびそれに準ずる者、3．インターン、レジデンス、臨床講師、4．教育公務員法に該当する者、5．機関長秘書および機関長の運転手、6．請願警察、電算要員、7．使喚［雑用員－訳者註］、嘱託、時間制勤務者、パートタイマー勤務者"と規定している。

参考文献

キム・スンホ、キム・ヨンドゥ、キム・ジョンジン、ユ・ヒョングン、イン・スボム［2007］『労働運動の再活性化戦略』、韓国労働社会研究所

パク・ジュソン［2010］「現代自動車の社内請負判決の意味」『労働レビュー』2010年9月号、韓国労働研究院

ウン・スミ［2010a］「労働組合の新しい役割モデルの研究」2010年全国女性労組主催シンポジウム発表文

─────［2010b］「企業別労使関係と組合員の代表性：保健医療労組と金属労組を中心として」2010年批判社会学会秋季学術大会発表文、pp.47-65

イ・ビョンヒ［2009］「賃金労働者の労働市場の移行と雇用保険」『雇用安全網と活性化戦略研究』韓国労働研究院

─────［2010］「ワーキングプアと労働市場の特性」『ワーキングプアの実態と支援政策』韓国労働研究院

チャン・ジヨン、ヤン・スギョン［2007］「社会的排除の視角からみた非正規雇用」『労働政策研究』7（1）、pp.1-22

チェ・オックム［2009］「ワーキングプア層の経済活動状態の転換および労働経験の類型化」『雇用安全網と活性化戦略研究』韓国労働研究院

(翻訳、文純実)

第10章

米国主導資本主義破綻後の中国の行方
——中国における格差拡大と労使関係の変化——

上原 一慶

1. はじめに

　2008年秋、サブプライムローン（低信用者向け住宅ローン）の破綻でニューヨーク株式市場が大暴落した以降、米国発の金融大恐慌、大不況が世界を同時に襲った。1980年代末以降、「ワシントン・コンセンサス」に基づく社会福祉の多くの領域からの国家の撤退、規制緩和、民営化、金融自由化等が「グローバリゼーション」の名で世界を席巻し、投資ファンド等による投機的な金融活動が野放しにされ、信用膨張が続いた結果であった。

　「ワシントン・コンセンサス」とは、米国国際経済研究所ジョン・ウィリアムソンが、1989年に発表した論文で定式化した概念である。債務国への融資の条件について米国政府、IMF、世界銀行などの間で成立した「意見の一致（コンセンサス）」を（!）財政赤字の是正、（2）補助金カットなど財政支出の変更、（3）税制改革、（4）金利の自由化、（5）競争力ある為替レート、（6）貿易の自由化、（7）直接投資の受け入れ促進、（8）国営企業の民営化、（9）規制緩和、（10）所有権法の確立、の10項目にまとめたものである（『Wikipedia』）。

　冷戦の終結、ソ連、東欧の社会主義体制崩壊のきっかけとなった1989年のベルリンの壁崩壊後、IMF、世銀及び米国財務省の間で広く合意された米国流

の新古典派対外経済戦略、「小さな政府」「規制緩和」「市場原理」「民営化」等の新自由主義を世界中に広く輸出し、米国主導の資本主義を押し広げようとする動きであった（丹羽宇一郎 2010）。

サブプライムローンの破綻は、社会主義への優越性を誇った米国主導の資本主義の破綻であった。

この恐慌、不況からの脱却過程では、米国、日本等の先進各国はマイナス成長に陥ったものの、中国、インド等は、なおプラス成長を持続し、先進各国の経済回復には中国、インド等が今後も成長を持続することが必須の条件となるという状況が生まれた。ここから「21世紀はアジア太平洋の世紀」ということが語られ、とりわけ中国に対しては「北京コンセンサス」という評価も生まれてきた。

「北京コンセンサス」とは中国問題専門家ジョシュア・クーパー・ラモが2004年に発表した論文などで、「ワシントン・コンセンサス」との対比で政治的民主化を伴わずに政府主導市場経済化を進める中国式統治モデルを評価した概念である（SankeiBiz2010・3・23）。

中国の発展は劉暁波のノーベル賞受賞決定に対する政府の対応にみられるように、民主化を伴わない発展であることは確かであるが、政府主導市場経済化は決して順調ではなく、さまざまな問題を生み出している。

2．不安定な発展

（1）「北京コンセンサスの終わり」

中国の研究者からも「北京コンセンサス」にみられる中国の発展への疑問が出された。北京大学国家発展研究院副主任の姚洋は米外交専門誌『フォーリン・アフェアーズ（FOREIGN AFFAIRS）』2010年2月号に、「北京コンセンサスの終わり－中国の権威主義的成長モデルは維持可能か」と題する「北京コンセンサス」否定論を発表した。

姚洋の論点は以下のようにまとめられる。一般に途上国の一人当たりGDPが1,000〜8,000ドルに達すると、経済発展は頭打ちになり、所得格差が拡大

して社会的紛争が起きがちとなる。中国はすでにこの危険水域に入っており、厄介な社会的兆候が現れている。中国の経済は拡大しているが、多くの人々は貧しくなったと感じ、不満を募らせている。特権を持つパワフルな利益団体や、まるで企業のように振る舞う地方政府が経済成長の恩恵を再分配して、社会に行き渡らせるのを阻んでいるからだ。経済成長と引き替えに共産党の絶対支配への同意を勝ち取る中国共産党の戦略はもはや限界に来ている。中国共産党が経済成長を促し、社会的な安定を維持していくことを今後も望むならば民主化を進める以外に道はない (『excite ニュース』2010年2月10日)。

　改革開放への転換は民衆に将来への限りない希望を与える一方、姚洋の指摘する通り、厳しい現実－格差拡大、失業増大、腐敗蔓延等－をも突きつけている。改革開放への転換以降、特に市場経済への移行が本格化した1990年代に入って以降、貧富の格差や失業問題等が深刻化した。

　中国の経済発展はこうした問題を抱えた不安定な発展である。しかし姚洋の期待とは異なり、民主化を伴わない発展である。

(2) 格差拡大と失業の増大

1) 格差拡大

　所得配分の隔たりを測る指数にジニ係数がある。最大値が1、最小値が0、数値が1に近づくほど所得格差が大きい。一般に、0.3以下は社会が公平な状態にあり、0.3〜0.4は社会の公平度が基本的に合理的であり、0.4超となると所得格差が過大な警戒状態、0.5超では両極分化の危険が生まれ、0.6以上となると社会的動乱がいつ発生してもおかしくない危険状態とされている。中国ではジニ係数の公式統計数字は発表されておらず、様々な推計が出されているが、ここでは信頼性の高い、世界銀行の『世界発展報告2006』による推計に依拠する。世銀報告によれば、改革開放以前は0.16であったジニ係数が2006年0.47となり、127国家の所得不平等情況指標によると、ジニ係数が中国より低い国家94、高い国家29で、高い国家のうち27はラテンアメリカとアフリカ、残りの2国はマレーシアとフィリピンであるとのことである。

　改革開放以降のジニ係数の増大は、労働者報酬のGDPに占める割合が低下し、経営者と政府への富の集中が進んだ結果である。国家統計局によれば、

1997年から2007年の10年間に労働者報酬がGDPに占める割合は53.4％から39.74％に低下している。この割合は先進国では50％を超える。この結果、社会の分裂が深まり、賃金を巡る騒乱が相次ぐようになった（『中国新聞網』2008年2月21日）。

労働者報酬の低下は、職員・労働者の賃金が最低賃金制度の確立にもかかわらず最低賃金基準より低い水準に押さえつけられたことにある。そうした情況をもたらしたことは、以下の点に求められよう（『人民日報』2010年5月19日）。

a）最低賃金制度が確立され労働法（1994年7月）と労働契約法（2007年4月）に規定されてはいるが、具体的実施については、主に国務院関連部門の政策文献を通して指導されており、拘束力が小さい。b）最低賃金をいかに設定するか、いかに調整するかは関連法律の規範中に原則的規定があるだけで、各地が最低賃金基準を確定する時、基準が不統一で、いくつかの地区は経済社会発展に基づいて適時に最低基準を調整していない。c）相当多くの企業は法律が規定する最低賃金を職員・労働者の"基準賃金"としており、いくつかの企業は食事・宿泊費を最低賃金からさっ引き、またある企業は労働時間を延長して、労働ノルマを高める等の手段によって最低賃金規定を変え、最低賃金制度から何とか逃れようとしている。d）最低賃金基準は低すぎかつ上昇が遅い。現在、大部分の省・自治区の最低賃金基準は当地の平均賃金の40％より低い。国際的には一般的に40％から60％である。同時に、最低賃金の増加速度は職員・労働者の平均賃金の増加速度より大幅に遅い。e）3分の2近くの職員・労働者の賃金が最低賃金付近を徘徊している。全国総工会（労働組合）の2009年末の調査によると、職員・労働者の月平均賃金と最低賃金基準との比較では、最低賃金基準より低いものが4.8％、最低賃金基準より高いが50元以下の高さしかないものが10.9％、50元から100元以下の高さが12.5％で、3者合計が28.2％を占めている。長時間労働の普遍的存在を考慮すると、実際の賃金が最低賃金基準付近の職員・労働者は一層多い。

ジニ係数からみると、消費をけん引し、内需を拡大する方向への政策転換が行われた2007年以後も、「両極分化」が生まれる危機に直面している。

中国の発展は貧富の格差を様々な分野まで広げるものであった。

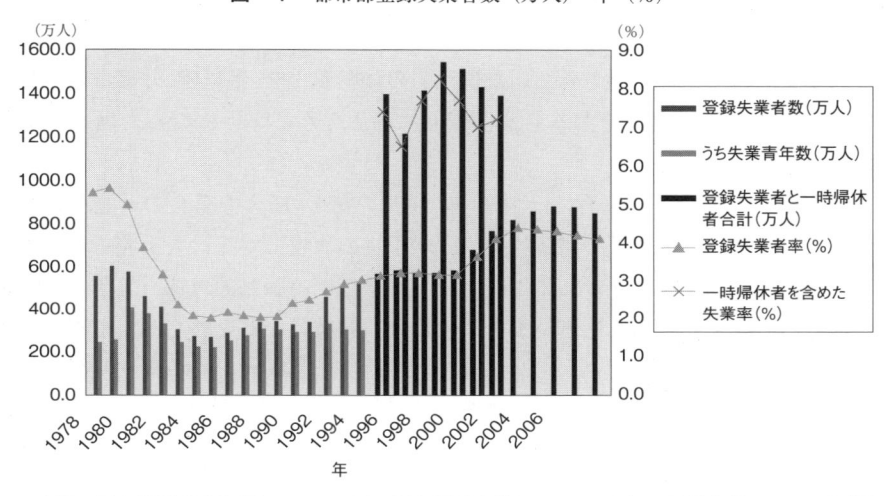

図 - 1　都市部登録失業者数（万人）・率（%）

出所：『中国労働統計年鑑』2007、172頁，『中国統計年鑑』2008、109頁。一時帰休者については、『中国統計年鑑』各年版。

2）失業増大

中国共産党第14回大会（1992年10月）以降市場経済への移行を本格化した中国は1995年、WTOに加盟申請し、2001年12月には加盟を成し遂げている。自由、無差別、多角的通商体制を基本とするWTO加盟に向けて、条件整備（国有企業の経営活動に対する国家の介入、優遇措置の除去など市場化の推進）が90年代後半以降進められ、市場経済化が本格化した。それ以降いったん沈静化した失業は、図 - 1にみられるように再び増大していること、特に一時帰休者を含めた失業が深刻化していることがうかがえる。

但し、一時帰休者を含めた失業は、人数、率とも99年にピークに達した後、一時帰休制度の廃止（2001年）から低下している。一方、登録失業（都市戸籍を持ち、男16〜50歳、女16〜45歳以内でかつ求職意欲はあるが無職であり、地元の就業サービス機関に登録している失業者のみを対象）は一時帰休制度が廃止された2001年以降急増し、03年をピークに高原状態にある。

こうした失業動向は、本格的市場経済化がこれまで温存されてきた国有企業にまで及んだ結果、都市部就業者の受け皿であった国有企業が余剰人員を排出

するようになったからである。

　また1992年10月の第14回党大会以降の市場経済への移行の本格化により、これまで「盲流」と見なされていた農民工の移動が1994年以降、「都市産業労働者の重要な構成部分である」と積極的に評価されるようになった結果でもあった。

　国有企業改革は、具体的には1993年11月の第14期3中全会の「社会主義市場経済体制確立の若干の問題に関する党中央の決定」で「社会主義市場経済システムの樹立」が提起されて以降、国有経済部門の戦略的再編、競争的分野からの国有企業の退出、国有中小企業の売却、私有化などをめぐって積極的に行われてきた。

　政府の対応は、改革開放以前の失業の消滅を建前とするのではなく、失業を容認した上で、緩和に努めることに移った。雇用に替わって効率が優先されるようになった。

　中国の発展は格差拡大、失業の増大をもたらしただけでなく、労働争議の増大をももたらした。国家統計局によると、2003年には22万6,000件余だった労働争議受理件数は、長年、労働争議の伸び、増加がGDPの伸びよりずっと低かったが、消費を牽引し、内需を拡大する方向への政府の政策転換後の08年で急増し、70万件に迫った。成長に伴い労働者の権利意識が急速に高まる反面、過酷な勤務体系が温存されていたからである。このうち報酬をめぐるトラブルは約3分の1を占めていた（『日本経済新聞』2010年6月3日）。

　中国の発展は格差拡大、失業増大等、多くの問題を内包した不安定な発展である。

3．飽くなき収奪に基づく発展

（1）就業構造の"非正規就業化"

　正規部門就業者削減、農民工の都市流入を背景とする失業の増大への政府の対策は、経済構造調整や改革の深化など市場経済化を一層推し進め、市場に雇用調整を委ねるというものであった。改革開放以前の労働部門が都市民衆の就

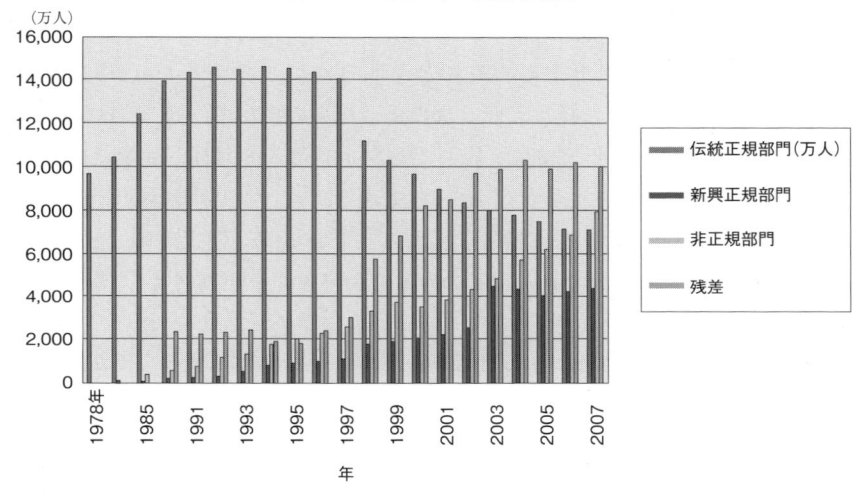

図 - 2 正規、非正規就業者数

凡例:
- 伝統正規部門(万人)
- 新興正規部門
- 非正規部門
- 残差

出所:『中国統計年鑑』各年版。

業を一手に引き受けることで失業をなくそうとした政策を根本的に否定し、失業を容認し、市場に雇用調整を委ね、政府は非正規就業の容認・増大等の就業増大措置をとって、失業率を社会が許容する範囲内にコントロールするというものであり、就業構造の非正規化が推し進められた。

図 - 2は正規就業部門労働者数と非正規就業部門就業者数の推移を見たものである。図中の伝統正規部門とは国有部門と集団所有制部門の二部門をまとめた概念である。

新興正規部門は、株式合作制単位、聯合経営単位、有限責任会社、香港・廈門・台湾資本投資単位、外資投資単位。

非正規部門とは、法によって設立された独立法人単位以外の非常に小さな経営単位であり、具体的には a) 個人、家庭あるいは共同で自営する、個人経営、家庭手工業、7人以下を雇用する個人独資企業等の零細経営実体、b) 社区(都市部のコミュニテイ)、企業、非政府社団組織に依拠して、就業と収入を創造することを主要な目標とする、生産自給的、公益的な労働組織、c) その他の損益自己責任の独立労働者、等から構成されるとされている(任遠・彭希哲主編2007)。私営企業は「企業資産が私人の所有に属し、8人以上を雇用する営

利的経済組織を指す」(『私営企業暫条例』第2条)とされているから、正規部門に分類されるはずである。しかし中華全国工商連合会は、中国の私営企業のうち同族経営が95％以上を占めることを明らかにしているし(『中国通信』2010年5月27日)、その経営実態は次のようなものである。a) 企業規模は一般に非常に小さい。07年までに登録した私営企業は518万社、従業員5,696万人であり、一企業当たり従業員は10人強である。b) 大部分の零細私営企業の就業形態も非正規就業と同様とみられることである(全国工商聯「2007年度中国民営経済発展分析報告」)。大部分の私営企業を非正規部門としてとらえた方が適切であろう。

都市部就業者数と、上記の各部門就業者数の合計との間に大きな差がある(例えば2007年の場合、都市部就業者総数2億9,350万人に対して各部門就業者数合計は1億9,692万人、その差は9,658万人［『中国統計摘要2011』45頁］)。この部分は公式統計では明示されていない「残差」であるが、都市戸籍者の統計から排除された農民工の就業数を示している。1990年代半ばからの農民工の就業者数の増大は、これまで「盲流」と見なされていた農民工の都市流入が積極的に評価されるようになったからである。

図-2は1990年代後半以降、伝統正規部門就業の大幅減少の一方、非正規部門就業者と農民工を合算した非正規就業がそれを上回って増大し、都市部就業を増大させていることを示している。1996～2007年についてみると、伝統正規部門就業が7,118万人減少したのに対し、非正規就業は1億6,846万人増大している。

雇用の多様化、非正規就業の増大現象は米国主導の新自由主義市場の拡大を背景に、先進国を含めて世界的に見られた。日本でも1980年代以降、正規職員・従業員の割合の減少の一方、パート、派遣、契約社員等の非正規就業の割合が増大し、1984年15.3％だったのが、2008年第一四半期段階には34.0％、従業員の3人に1人は非正規就業者であるという状況になっている(『労働経済白書』平成20年版)。

中国の非正規就業の増大は日本以上に著しい。非正規就業の人員構成を①都市部正規就業者から非正規就業に回された従業員－一時帰休者、②都市部正規就業部門の私営企業従業員、③個人経営従業員、④大量の農村から移転してき

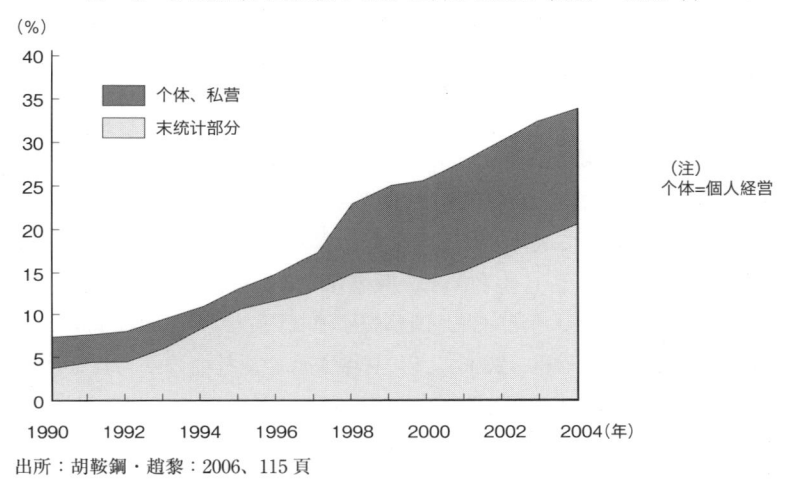

図-3 非正規部門生産額のGDPに占める比重（1990－2004年）

凡例：个体、私営／未統計部分
（注）个体＝個人経営
出所：胡鞍鋼・趙黎：2006、115頁

た労働者の4部門でとらえた場合、1978年0.16％、1985年3.51％と極めて少なかったが、2006年には59.43％と就業者の約6割は非正規就業者と激増した。就業構造の"非正規就業化"が大規模に進展している。

（2）飽くなき収奪に基づく発展

非正規就業の増大、就業構造の非正規就業化は、一時帰休者、失業者、農民工等の雇用の受け皿として失業問題解決の大きな役割を持っていたことは確かである。

胡鞍鋼・趙黎（2006）は、それに加えて図-3にみられるように非正規就業の増大の経済発展に対する大きな貢献を指摘している。1990～2004年、比較可能価格での計算では、都市部非正規就業部門の付加価値は年平均22.2％増、GDP年平均増加率（9.3％）の2.4倍、非正規就業部門生産額のGDPに占める割合は1990年7.5％、1996年15.2％、2004年34.2％と増加しているという。改革開放以降の高度経済成長は非正規就業部門の果たした役割が大きいことは確かである。しかし、胡鞍鋼・趙黎は非正規就業の増大を「将来、人々が選択する発展趨勢に合致している」とするがその労使関係をみると疑問である。非正規就業の労働実態は以下のようにまとめられる（社会保険研究所課題組、呉

宏洛　2007、李軍峰　2005)。

　　a) 労使関係の非正規化。臨時工、季節工、時間工等の非正規就業者の多くは雇用単位との間で労働契約を結んでおらず、随時に契約が中止される状況にある。労働契約が結ばれている場合でも、無書面のものや、法律違反や詐欺的方法で結ばれた労働契約も多い。b) 低賃金。一般的に各地の最低賃金基準に達する程度である。大体、企業側、労働者側双方が各地の最低水準より低くないという程度で協議して決めている。また労働時間が長いが、超勤手当は出さないのが一般的である。c) 養老保険、医療保険等の社会保険への低加入率。

　　農民工はさらに厳しい。党中央、国務院関連部門の調査報告によると以下の通りである（総報告起草組、2006）。a) 賃金が低く、社会の平均賃金との格差が不断に拡大している。農民工の実質労働時間は都市部の正規職員の50％超であるのに、月平均収入は彼らの平均賃金の60％に満たない。実質時間賃金は都市部正規職員の4分の1だ。b) 都市民衆がやりたがらない、きつく、苦しく、汚い、疲れる、危険な仕事に集中している。c) 労働時間は1日11時間、月労働日数は26日を超えている。また76％の農民工は祝日・休日出勤の超勤手当を受け取っていない。d) 農民工の労働契約締結率は12.5％にすぎない。e) 傷害保険加入率は12.9％、医療保険は10％前後、養老保険は15％位だ。f) 子女の教育等、都市政府が提供する公共サービスを受けていない。

　　非正規就業の増大は、新自由主義の市場経済に突入することに踏み切った後で、変化の激しい市場に適応し、コストを引き下げ、国際競争力を増強するために、正規部門の余剰人員を削減し、固定工制度を解体することなどを通して、正規就業だけではない就業形態の多様化を推し進める必要が生まれた結果である。非正規就業の労動　使関係は極めて劣悪であり、改革開放以降の高度経済成長は、不安定な発展であると同時に、非正規就業に対する飽くなき収奪に基づく発展であった。

4．政府の政策転換の実態

（1）労働契約法と就業促進法制定

　消費をけん引し、内需を拡大する方向への政府の政策転換は 2007 年 10 月の中国共産党第 17 回全国代表大会であった。またその直前（2007 年 6 月）の第 10 期全国人民代表大会常務委員会第 28 回会議「中華人民共和国労働契約法」（2008 年 1 月 1 日施行）と同 29 回会議「中華人民共和国就業促進法」（2008 年 1 月 1 日施行）の採択は、政府が非正規就業の劣悪な労働条件の改善に軸足を移したものであった。

　「労働契約法」は、労働契約を固定期限労働契約、無固定期限労働契約、一定の仕事の完成を期限とする労働契約と分けた上で、雇用側が勤続 10 年以上を数えるか、期限付き雇用契約を連続して 2 回結ぶかした労働者との契約を更新する際、終身雇用に切り替えなければならない、違反した場合は一般に月給の 2 倍の賠償を支払わなくてはならないと明記している。また雇用側が 20 人以上（20 人以下でも職員・労働者の 10％以上であれば）の人員を削減する場合は、30 日前までに工会あるいは職員・労働者全員に情況を説明し、彼らの意見を聴取した上で行政部門に報告することを義務付けている。他に労務派遣について、労務派遣単位は派遣労働者と 2 年以上の固定期限労働契約を結ぶこと、派遣労働者に仕事がない期間、労務派遣単位が所在地の最低賃金基準で賃金を支払うこと、派遣労働者と雇用単位の労働者とは同一労働同一賃金にすること、非全日制雇用（時間雇用）労働者の時給は所在地の最低時間賃金より低くてはならないことなどを規定している（『経済日報』2007 年 6 月 30 日）。

　「労働契約法」はまた、工会の役割を明記し、その強化の方向を打ち出している。すなわち「工会は、労働者が使用者と法に基づいて労働契約を締結し、履行するのを援助し、指導するとともに、使用者と団体協議機関をつくり、労働者の適法な権益を守らなければならない」と工会の労働者援助・指導の役割、権限の強化、労使関係の改善を打ち出している。

　「労働促進法」は、就業拡大、非正規就業者援助を県クラス以上の人民政府

の重要任務とすることを打ち出していた。非正規就業者援助面では、「各クラス人民政府は、措置をとって、非全日制雇用労働者等、敏活就業に適応した労働と社会保険政策を次第に整備、実施し、敏活就業者に援助とサービスを提供する」としている（『人民日報』2007年10月4日）。

（2）ルイスの転換点・少子高齢化の到来

　内需を拡大する方向への政府の政策転換以降、沿海、内陸を問わず、各地の最低賃金基準を引き上げる動きが進展した。また政府の政策転換は、広東省で続出していた賃上げを求めるストライキの波を中国北部や内陸部にも押し広げることになった。中国政府は2011年から始まった5ヵ年計画に賃金を2倍にする目標を盛り込み、賃上げを政策的に後押しする姿勢を鮮明にしているからだ。

　賃上げについて浙江省発展・改革研究所所長張卓良はa）経済情勢が持続的に回復し、企業の求人が急速に増加した、b）中・西部地区の開発が進み、農民工が近くで就業できるようになった、c）中央と各地の農業優遇政策効果が現れ、一部農民工が農業生産に戻っている。工業化の進展で農業部門の余剰労働力が底をつき始めたこと、発展にともなう人手不足を指摘した

（『Yahoo! JAPAN』;）。ルイスの転換点到来である。

　急速な少子高齢化の進展も人手不足の要因であった。1980年に本格導入した一人っ子政策の影響で、総人口に占める0〜14歳の割合は82年の33.6％から09年には18.5％にまで急低下し、急速に進む少子高齢化で「労働力不足」の時代は着実に忍び寄っており、中長期的に賃上げの流れは止まりそうにない（『日本経済新聞』2010年6月18日）。工業化の進展に伴うルイスの転換点と少子高齢化の到来である。賃上げは不可避である。

（3）政府の政策転換の現状

　政府の政策転換は、ルイスの転換点と少子高齢化の到来を背景に、格差の縮小、飽くなき収奪に基づく発展の変更をもたらしたのだろうか。

第10章　米国主導資本主義破綻後の中国の行方　　181

1）格差拡大、飽くなき収奪に基づく発展の現状

　ルイスの転換点、少子高齢化の到来は格差縮小をもたらしている。2000年の各地域の賃金上昇率は、東部（5.2％）よりも、中部（5.9％）と西部（8.3％）の方が高く、月額でみても東部の1,442元に対して、中部は1,350元、西部は1,378元と、地域間の差が小さくなってきている。その結果、中西部農民にとって、東部に出稼ぎに行くインセンティブが低下している。また、これまで1億5,000万人にのぼるとされてきた農村部での余剰労働力も解消されつつある。さらに1998年まで実質賃金の伸びは一貫してGDP成長率を大幅に下回っていたが、その後両者の関係が逆転するようになった。なかでも近年、農民工の賃金上昇率が正規労働者のそれを上回っており（関志雄、2010年4月28日）、身分格差に基づく貧富の格差が縮小し始めている。

　ルイスの転換点・少子高齢化の到来は地域間格差、農民工と都市労働者間格差を縮小するものであった。しかし競争・変化の激しい新自由主義市場の下で格差縮小は容易ではない。国際競争力を維持・増強するために、正規就業部門の余剰人員の削減などを通した非正規就業の増大・発展は日本でも進展しているが中国も同様である。非正規就業者に対する飽くなき収奪に基づく発展は維持されたままである。ルイスの転換点・少子高齢化の到来にもかかわらず地域間格差、農民工と都市労働者格差の縮小は容易ではない。

2）格差縮小の実態

　ルイスの転換点、少子高齢化の到来、政府の就業政策転換後の実態を示すものとして、「中国四川省、給与未払いで暴動、2人死亡、警官隊とも衝突」（『日経Web』2010年10月13日）という記事がある。記事によれば四川省都江堰市で2010年10月11日から12日にかけ、農民工数千人が給与の未払いに抗議して警官隊約1,000人と衝突、一連の混乱で農民工2人が死亡、100人以上が負傷したという。農民工らは四川大地震の被災者向け恒久住宅建設現場で労働していたが、11日夜、未払いだった4ヶ月分の給与を支払うよう建設会社に求めていたところ、突然刃物〒を持った暴漢に襲われ、2人が死亡した。その後、市内をデモ行進し、2度にわたって警官隊と衝突、警察車両10台を破壊したという。飽くなき収奪がルイスの転換点、少子高齢化の到来、政府の政策

転換後ももむきだしの暴力を用いて継続されている。

　こうした現実を反映して政府の政策転換以降、労働争議は22万6,000件余だったが08年には70万件弱に増大している。

　格差拡大、非正規就業に対する飽くなき収奪は依然として続いていることを見落とせない。こうした発展がもたらす民衆の不満・批判が政府に向かうのをそらすために民衆の目を外に向けさせる政策展開が行われる可能性は強い。

5．"一党独裁"の維持を前提とした発展

（1）工会の役割強化の実態

　政府の政策転換以降の工会の役割・権限強化の方針は「権威主義的成長モデル」の維持を前提としている。工会の党からの自立性は維持←トル　問題とされていない。

　2008年7月25日に中華全国総工会事務局局長が交付・施行した《企業工会主席選出方法（試行）》では、企業工会に対する共産党の指導、支配が次のように明示されている。

　工会主席の選出では、共産党による管理幹部、法による規範等の原則の堅持、主席候補者選定では、「企業共産党組織と上級工会は、企業工会主席候補者に対し考査を行い、任職条件に合致しないものを調整する」と明記されている。また選出された工会主席の指導系統については、「企業工会主席は、同級の共産党組織と上級工会による二重指導を受けるが、同級共産党の指導を主とする」と共産党指導の優位性が刻まれている。

　民衆が自らの権利を擁護する等で、工会を党から自立させ自らのものにしていくことが決定的に重要であろう。この点で注目したいのは広東省中山、仏山のホンダ部品工場の労働者ストである。生産がストップしたが、注目を集めたのは労働者が自主的に労働組合をつくり、会社側と団体交渉をして大幅の賃上げを実現したことにある。「自主的な労働組合」組織化へ労働者自身が乗り出したことは党からの自立を目指す動きが根強く存在していることを示めすものとして注目したい。しかし党から自立した労働者の組織化は極めて困難であろ

う。中山市でのストライキに、現地政府、警察当局、会社側は強硬な態度を取っている。警察がストライキ参加者に配ったチラシには、中国ではストライキは違法行為であり、違反者は 3 ～ 5 年の禁固刑に処するなどと書かれていた。会社側も、ストライキの違法性を強調して、早急の職場復帰を求めている〈『大紀元日本』2010 年 6 月 24 日〉。工会に対する共産党の指導、支配が堅持されており、労働組合は公認の総工会に限られているからだ。労働者が自主的に組合をつくって争議をすることは出来ず、争議に警察が介入したり自主労組を組織した指導者が逮捕されたりする。政府や総工会による賃上げは、労働者の争議は認めない官製賃上げである。したがって姚洋が期待する「民主化」の道にはかなりの困難が横たわろう。

(2) 民主化を伴わない発展の実態

劉暁波のノーベル平和賞受賞決定を受けて、故・毛沢東主席の元秘書で党組織部副部長だった李鋭や、共産党機関紙の人民日報元社長の胡績偉ら 23 人が、中国の憲法が定める「言論の自由」などが政府や党によって否定されているとして、その自由化を求める公開書類を 2010 年 10 月 12 日までインターネット上に発表したが、当局の指示によるとみられる削除が行われている（『asahi.com』2010 年 10 月 13 日）。

北京や上海、山東省などで民主活動家が劉暁波へのノーベル平和賞受賞決定を祝おうとしたところ、公安当局に妨害され、一部が連行された（『毎日 JP』2010 年 10 月 9 日）。

党の支配体制維持を目的とした措置である。

6．むすびに

中国の行方は、依然として「社会主義」を標榜する共産党の一党独裁の下で、格差拡大、非正規就業の増大等の諸問題を生み出している醜悪な資本主義を活用する道である。経済成長と引き替えに共産党の絶対支配への同意をかちとる道も依然として追求されている。

胡鞍鋼・楊韵新（2001）は、非正規就業化について、次のように評価してい

た。「農村人口の比重が大きく、低技能労働者が供給過剰である基本的国情が、中国の就業モデルを"非正規化"に向かわせている。非正規就業は中国の重大な失業問題を解決するだけでなく、将来、人々が就業モデルを選択する発展趨勢に合致している」

しかし、非正規就業が、「将来、人々が就業モデルを選択する発展趨勢に合致している」ととらえることは疑問である。むしろ、非正規就業の増大は、本格的な市場経済へ突入する過程で、変化の激しい市場に適応し、コストを引き下げ、国際競争力を増強するために、正規就業部門の余剰人員を削減し、固定工制度を解体することなどを通して、正規就業だけではない、就業形態の多様化を推し進めたことや、第二次産業(製造業)の縮小の一方、第三次産業の拡大という世界的な産業構造の変化を背景に、ユーザーの多種多様なサービス要求に対応できるように就業形態の多様化・柔軟化が要求されるようになったことなどの要因を見逃すべきではないであろう。さらに言えば、WTO加盟、対外開放の一層の進展に伴う外資導入の増大を背景に、市場原理主義の世界に組み込まれ、グローバルな経済一体化と企業競争が激化する状況下で強制され、正規部門の「外」だけではなく、正規部門「内」で、正規就業を削減、解体することによってもたらされた要因もみておく必要があると思われる。非正規就業の増大は、これらの要因の複合作用ととらえる必要があろう(社会保険研究所課題組)。上述した労使関係はまさにそうした実態を示している。

しかし経済成長と引き替えに"一党独裁"を維持することは容易ではない。"一党独裁"の維持を前提とした不安定な発展がもたらす問題を外に向けさせる政策が展開され、大国主義、民族主義が強まり、国際的孤立を招くであろう。姚洋は「共産党の指導の下でも民主化は進むだろう」と述べているが疑問である(『日本経済新聞』2010年10月21日)。

格差拡大等諸問題は、一党独裁体制の下ではいずれ爆発する可能性がある。日本、国際社会はこうした中国の行方を見すえ、民主化、国際協調の必要性を訴えるべきだ。

第 10 章　米国主導資本主義破綻後の中国の行方　　185

引用文献

学術文献：
中国語：
胡鞍鋼・趙黎「我国典型期城鎮非正規就業与非正規経済（1990-2004）」『精華大学報（哲学　社会科学版）』）2006 年第 3 期第 21 巻
任遠・彭希哲主編『2006 中国非正規就業発展報告』重慶出版集団・重慶出版社　2007　その他
総報告起草組「中国農民工問題研究総報告」国務院研究室課題組『中国農民工調研報告』中国言実出版社　2006
社会保険研究所課題組「霊活就業群体社会保険研究報告」香港中文大学 http://www.social-policy.info/959.htm?
呉宏洛　2007　『転型期的和諧労動関係』社会科学文献出版社
李軍峰　2005　『中国非正規就業研究』華南人民出版社

日本語：
関志雄「ルイス転換点の到来を示唆する『民工荒』──産業高度化の契機に──」『中国経済新論』2010 年 4 月 28 日
丹羽宇一郎「財界だって格差社会はノー」『文藝春秋』2010 年 3 月号

年鑑類
日本語：『労働経済白書』『世界銀行世界経済発展報告』
中国語：『中国統計年鑑』

新聞類
日本語：『毎日新聞』『毎日 JP』『YOMIURI ONLINE』『asahi.com』『日本経済新聞』『日経 Web』『日中友好新聞』
中国語：『経済日報』『人民日報』『中国新聞網』

その他
『excite ニュース』20
『THINKING `LIVE』
『Wikipedia』
『Yahoo! JAPAN』
『中国通信』
『大紀元日本』

第 11 章

東アジアにおける格差問題の意義
―― 論文へのコメント ――

野村 正實

　東アジアの韓国、中国、日本のいずれにおいても、大きな経済格差・社会格差が社会的関心を集めている。格差問題をテーマとする東アジア国際学術フォーラムに出席して報告を聞く中で、そしてその報告をもとに本書に収録された論文を読む中であらためて、私はいくつかの感想をいだいた。

　私がコメントする本書第Ⅱ部と第Ⅲ部の論文はいずれも、フォーラムのテーマに沿ったものであるが、取り上げた論点やアプローチはそれぞれに個性的である。そのため、まずはじめに個々の論文についてコメントし、最後に総括的な感想を記したい。なお、文中において敬称は省略する。

1．岩田正美「若者と社会的排除」

　岩田論文は、社会的に排除された若者がどのような実態にあるのか、事例紹介をまじえながらビビッドに描いている。ネットカフェで暮らす若者は住居を喪失しており、就業も派遣労働がほとんどでその日暮らしである。彼らの親にも生活上の問題があり、貧困が親から子へと家族的に再生産されている。1998年のリーマンショック後に、ネットカフェで暮らす若者がマスコミの注目を浴びるようになった。しかし住居を喪失した貧困者は、それ以前からも存在していた。そうした貧困者は、貧困を隠蔽する装置のために、見えない存在となっ

ていた。その装置とは、会社や店が提供する寮や宿泊所、あるいは寄せ場、ドヤ街であった。こうした場所に囲い込まれた貧困者は、路上のホームレスとは異なり、人目につかない存在であり、社会の関心を引かないものであった。社会的に排除された人たちは、声を出す道そのものが閉ざされている。彼らの社会参加を可能にする方法が模索されなければならない。

以上のような岩田論文は、これまで貧困問題を研究課題としてきた研究者によるものだけに、説得力がある。しかしもう少し説明してほしかった点があった。それは、なぜ日本において貧困問題が長いあいだ関心をもたれてこなかったのか、という点である。

岩田論文が指摘するように、寮や寄せ場でともかくも屋根の下で生活をしていたことが貧困を隠蔽する装置となっていたことはたしかである。路上のホームレスに比べ、寮や寄せ場で生活している人たちは、マスコミの注目を浴びることはないであろう。しかし、マスコミだけでなく、社会問題に強い関心をもっている社会科学者も、貧困問題に目を向けようとしなかった。日本で貧困問題を一貫して研究テーマとしてきたのは、江口英一を中心とするグループだけであった、といっても過言ではない。江口グループの一人である川上昌子は、江口グループの貧困研究は「他からはあまり評価されない孤独な研究であった」（江口英一／川上昌子［2009］『日本における貧困世帯の量的把握』法律文化社、197）と述懐している。江口グループの中心メンバーとして岩田も同じ感慨を抱いているはずである。貧困研究はなぜ「孤独な研究」になっていたのであろうか。

日本において貧困問題が隠蔽されてきた理由として、岩田論文が指摘するように、寮や寄せ場という隠蔽装置が重要な役割を果たしてきた。しかしなお、それだけでは説明として不十分と思われる。1990年代初頭にバブルが崩壊するまで、日本の失業率は国際的に見て異様に低く、失業率だけを見れば、日本は戦後ずっと、完全雇用であった。仕事に就きたいと考えるものは、何らかの仕事が見つかった。その仕事の少なくないものは、所得が低かったり労働条件が劣悪だったりした。しかしともかく、仕事に就くことはできた。そして日本社会は、ともかくも仕事に就いている人たちについて、彼らの仕事の質を問わなかった。このことが貧困問題を覆い隠してきた最大の要因であったように私

には思える。

　もしそうだとすれば、一見すると完全雇用状態に見える日本の経済社会がどのような形でワーキングプアを再生産していたのかを問う必要があるだろう。これまで労働研究も貧困研究も、こうした視角から日本の経済社会を分析することを怠ってきた。貧困研究を担ってきた岩田に、この点についてどう考えるべきなのか、教えてほしかった。

　また、岩田論文は、日本では社会的に排除された人々は労働組合からも排除されてしまっているために、排除された人たちが声をだす道がない、と指摘している。しかしイギリスやフランスを見ると、社会的に排除された人々は暴動という形で声をあげている。なぜ日本では社会的に排除された人々が静かなのであろうか。この点についても、岩田の考えを知りたかった。

2．チャン・ジヨン
「韓国の労働市場の構造と社会的排除」

　チャン論文は、韓国の労働市場を、安定した生活を享受できる一次労働市場と、低賃金と不安定雇用の二次労働市場に区分する。そして韓国の労働市場の特色として、3点を指摘する。(1) 1997年の通貨危機以後、一次労働市場は縮小し、二次労働市場が拡大した。(2) 1990年代中盤と2000年代中盤を比較すると、一次労働市場から二次労働市場へ転落する危険率は変わらないが、二次労働市場から一次労働市場への上昇はさらに困難となった。(3) 通貨危機以後、二次労働市場から未就業に移動する危険率は高まった。二次労働市場にいる労働者や自営業者という高リスク社会層こそが社会保険によるセーフティーネットをもっとも必要としているにもかかわらず、韓国ではまさしくこの社会層がセーフティーネットから排除されている。

　チャン論文の分析は明快である。論文の主張は説得的であり、韓国の労働市場が劣化していることがよくわかる。しかしなお、韓国の労働市場を理解するために、チャンの考えを聞きたいと思ういくつかの論点が残った。ここでは3点を記しておく。

　第1に、二次労働市場と自営の関係についてである。二次労働市場は、不安定であろうとも、雇用の世界である。自営業は雇用関係の世界ではない。し

かしまちがいなく、自営業は二次労働市場と密接な関係を有している。とりわけ韓国は、就業者に占める自営業の割合が、日本や他の先進国に比べてずっと高い。そうした韓国においては、一次労働市場と二次労働市場という労働市場だけでなく、自営業を組み込んだ分析をしないと、二次労働市場の意義も十分に理解したことにはならないであろう。自営業は、韓国の労働市場とどのようにリンクしているのであろうか。

第2に、1997年の通貨危機以後、雇用の質は劣化した。それはチャン論文によって実証されている。しかし他方、韓国では1997年以後も大学進学率は上がり続け、韓国の大学進学率は世界でナンバーワンになった。生活の悪化にもかかわらず、そして大学を卒業しても有利な雇用機会は望めないにもかかわらず、なぜ大学進学率は上がり続けたのであろうか。また、大学進学率が上がり続け、同世代の中で8割もの若者が大学卒業者になったことは、韓国の労働市場にインパクトを与えたはずである。それはどのようなものであったのだろうか。

第3に、韓国経済は通貨危機から立ち直り、2011年の現在、好景気を享受している。ウォン安による輸出拡大という要因を認めたうえで、チャン論文が指摘した雇用の質の劣化は、韓国経済の復活とどのような関係にあるのであろうか。雇用の質が劣化したがゆえに経済が復活したのか、それとも、劣化にもかかわらず復活したのであろうか。あるいは、雇用の質の劣化は短期的には経済の復活に貢献したが、これから中長期的に韓国の経済と社会に否定的な影響を与えるのであろうか。

3．厳善平「中国の三農問題と都市農村格差」

厳論文は、三農問題（農業生産の不安定化、農村の疲弊・荒廃、農家所得と都市住民の所得格差の拡大）を取り上げる。経済発展にともなって第一次産業の重要性は相対的には減少したが、中国はいまだ巨大な農民をかかえる農民国家である。改革開放がはじまってから、農業は軽視され続けた。その結果として三農問題が発生した。2003年に発足した胡錦濤・温家宝政権は、三農問題に目を向けざるを得なくなった。胡錦濤・温家宝政権は三農問題を最重要課題

と位置づけた。新たな政策のもとで、食糧生産は増え、農村の教育、医療、インフラストラクチャーも向上した。しかしそれにもかかわらず、農村と都市の所得格差は拡大を続けている。

　厳論文は、三農問題を手際よく分析している。しかし中国の三農問題は、農業にかんする制度が日本と中国とでは根本的に異なっているので、日本では正確に理解することがむずかしい。

　厳論文は都市と農村の所得格差が拡大していることを指摘している。農村の改善にもかかわらずなぜ都市と農村の所得格差が拡大するのか、説明が欲しかった。

　また、農村内部における格差はどのようになっているのであろうか。農村については、改革開放以後、郷鎮企業の急速な成長や、裕福な「万元戸」の急増が報道され、農村における富裕層の形成が話題になった。しかし日本では近年、郷鎮企業の動向や農民裕福層についてほとんど報道されていない。都市と農村の所得格差を縮小することが中国共産党にとって重要な政策課題となっていることは理解できたが、農村内部における格差は現在、どうなっているのであろうか。都市内部における格差とくらべて農村内部における格差はどのような特徴を有しているのだろうか。

　農村と都市の格差、農村内部における所得格差は、中国の集団土地所有権という独特の土地所有権の在り方と、関係があるのであろうか。土地所有権は集団的であり、農民には使用権のみが与えられるという中国の農業制度は、農業の生産性や富の分配にどのようにかかわっているのであろうか。

　厳論文では、中国では戸籍制度のために農民が農民という身分に固定され、都市に移動しても都市住民として処遇されない、と指摘している。途上国では、農村から都市への人口移動が大量になされ、都市における労働市場の底辺を形成したり、あるいはインフォーマル・セクターを形成している。中国の戸籍制度は、農民を農民身分として固定することによって、多くの途上国で形成されている都市底辺労働市場やインフォーマル・セクターとは異なる特色の労働市場を作り出しているのであろうか。

4．遠藤公嗣「日本における非正規雇用の拡大と個人加盟ユニオンの展開」
ウン・スミ「韓国における非正規労働者組織化に対する再検討」

　日本においても韓国においても、非正規雇用は増大し、社会問題として関心を集めている。遠藤論文は日本について、ウン論文は韓国について非正規労働者の組織化を分析している。この二つの論文は、テーマがまったく同じであるため、まとめてコメントしたい。

　遠藤論文によれば、日本における現在のような非正規雇用の問題は、1990年代後半からはじまった。それ以前の非正規雇用は主婦パート労働者と学生アルバイトであった。90年代後半から非正規の雇用形態が多様化し、また、男性の非正規労働者が増加した。非正規労働者の組織化については、大きく分けて二つの道がある。一つは企業内組合が主体となるもので、非正規労働者を企業内組合が組織化する、あるいは、企業内組合が非正規労働者のみの企業内組合結成を援助する、というものである。もう一つは、個人加盟ユニオンによる組織化である。個人加盟ユニオンは、企業の枠にしばられないで、正規従業員であろうと非正規労働者であろうと、個人単位で加盟することができる。現状では、企業内組合による組織化も個人加盟ユニオンによる組織化も、少しずつ進展はしているものの、不十分である。

　ウン論文によれば、韓国における非正規労働者の組織化は1997年の通貨危機を契機としてはじまった。ナショナルセンターによって全国レベルで、産別組合によって産業レベルで、地域労組などによって地域レベルで組織化の試みが同時におこなわれた。しかし非正規労働者の組織化は失敗した。失敗の理由として二つの大きな理由があった。一つは産別組合に転換したにもかかわらず、傘下の支部が規約や協約によって組合員資格を非正規労働者に開放していない。もう一つの理由は、非正規労働者と密接な関係にある中小零細企業の労働者は頻繁な労働移動と下降移動を特徴としている。労働組合への組織化は、労働者が定着していることを前提としており、その前提を欠いている非正規労働者や中小零細企業の労働者の組織化が困難である。

　遠藤論文とウン論文によれば、非正規労働者の組織化は日本においても韓国

においても1990年代後半からはじまった。そして日本においても韓国においても組織化はなかなか進んでいない。そうした現状にたいして遠藤論文とウン論文はそれぞれ次のような提言をしている。

　日本について非正規労働者を組織化する方法として、遠藤論文が提唱するのは、個人加盟ユニオンへの支援である。個人加盟ユニオンは、企業内組合と違い、雇い主がだれであろうと加盟できる。雇い主を変えることが多い非正規労働者を組織化するには、企業内組合よりも個人加盟ユニオンが適している。しかし個人加盟ユニオンは財政基盤も弱いので、外からの援助が必要である。企業内組合は労働者の連帯という大義から個人加盟ユニオンに資金援助をおこなうべきである。また、公共福祉の観点から公的資金が個人加盟ユニオンに給付されるべきである。

　韓国についてウン論文が提唱するのは、産別組合が自己変革し、すべての労働者の代表となることである。組合員資格は非正規労働者にも全面的に開放されるべきである。また、労働組合は、非正規労働者にとって魅力的な労働組合の新しい役割モデルを提示しなければならない。たとえば、労働と福祉を連携させるような戦略である。また、協同組合のような新しい雇用モデルの開発も必要である。

　なぜ非正規労働者の組織化がなかなか進まないのか、遠藤論文とウン論文が指摘する点は首肯できる。また、賃金が低く雇用も不安定な非正規労働者が組合を結成し、あるいは組合に加入し、労働雇用条件の改善に努めることに、私はもちろん賛成である。ただ、私は、非正規労働者の組織化の見通しについて悲観的である。非正規労働者の組織化は、たとえ成功するとしても、限定的にとどまるであろう。

　資本主義の祖国イギリスで最初に誕生した組合はクラフト・ユニオンであった。それは、労働者の中でもっとも恵まれたグループの組織であった。その後の産業別組合にしても、あるいは日本や韓国の企業内組合にしても、いずれも相対的に恵まれた労働者グループの組織であった。労働組合が、労働条件のもっとも劣悪な労働者グループによってではなく、恵まれた労働者グループによって結成され、恵まれた労働者グループの組織として存続してきたという事実は、労働組合の本質を考えるとき、重要な意義をもっている。労働組合は、すべて

の労働者グループをまとめ上げるという意味での「労働者の団結」を実現するものではないであろう。非正規労働者が自ら労働組合を結成したり、あるいは労働組合に加入することが困難なのは、労働組合の本来的性格に起因しているように思われる。

　イギリスのクラフト・ユニオンに触れたが、私は19世紀前半のイギリス資本主義と現代の資本主義とのあいだに類似点があると考えている。1980年代にはじまり1990年代から加速化したderegulation＝規制撤廃の動きは、一言でいってしまうならば、19世紀前半の原生的労働関係に戻れ、ということであった。原生的労働関係のもとでは、労働条件は自由な雇主と自由な労働者が自由に交渉すればよい、とされた。熟練を有する恵まれた労働者グループはクラフト・ユニオンを結成し、自らの労働条件を確保した。もっとも弱い労働者グループであった女性と児童は長時間・低賃金の劣悪な労働条件におかれた。20世紀末から21世紀初めの日本や韓国においては、恵まれた労働者グループは企業内組合や産業別組合に組織され、非正規労働者という弱い労働者グループは、組織もなく劣悪な労働条件に苦しんでいる。もちろん、劣悪な労働条件といっても、19世紀前半の労働条件にくらべれば、相対的には改善されている。

　19世紀前半の原生的労働関係において、自らの利益を主張しえない弱者であった女性と児童は、初期工場法によって「保護」されることになった。「保護」といっても、労働時間の制限だけであったが、ともかくも法律が雇主と労働者との「自由な交渉」による超長時間労働を制限した。現代の原生的労働関係において弱者である非正規労働者は、やはり立法によって保護されることになるのではないか。もちろん、そうした立法がなされるためには、選挙、世論、社会運動が必要となる。非正規労働者の労働条件改善に向けた労働組合の役割は、こうした世論を喚起することにとどまるのではないだろうか。

5．上原一慶「米国主導資本主義破綻後の中国の行方」

　上原論文は、「北京コンセンサス」あるいは「権威主義的成長モデル」と呼ばれる中国の経済発展モデルが、高い経済成長をもたらすと同時に、さまざま

な問題を生み出していることを指摘する。格差の拡大、失業の増大、就業構造の非正規化である。中国政府は非正規雇用の劣悪な雇用条件を改善する政策、工会の強化を打ち出し、格差の拡大に歯止めをかけようとしている。しかし、社会主義を標榜する共産党の一党独裁の下で、資本主義を活用する道がとられており、格差拡大、非正規就業の増大などの問題を生み出している。これからも不安定な発展は続くであろうし、場合によっては爆発する可能性もある。

　上原論文が指摘する中国の問題点は、たしかにその通りであろう。しかしそうした問題点が生まれる理由やメカニズムについて、もう少し立ち入った説明が欲しかった。

　資本主義の初期においては、非資本主義的セクター＝農業の人口が膨大であるため、非資本主義的セクターから資本主義的セクターに無制限的な労働力供給がおこなわれる。資本主義の発展にともなって非資本主義的セクターにおける過剰人口が解消すると、非資本主義的セクターから資本主義的セクターへの労働力供給は制限的になる。その転換点をルイスの転換点という。ルイスの転換点を経過するまでは、非資本主義的セクターの賃金は、需要がどれほどあっても上昇しないが、ルイスの転換点を経過すれば、非資本主義的セクターにおける賃金は限界生産力に応じて上昇すると考えられている。ルイスの転換点は、農村と都市との所得格差について直接説明するものではない。非資本主義的セクターにおいて賃金が上昇しても、都市における賃金が、たとえば都市における開発ブームなどの結果として急上昇するならば、ルイスの転換点にもかかわらず、都市と農村の所得格差は拡大する。また、都市における賃金が上昇しないのであれば、ルイスの転換点を経過することによって都市と農村の所得格差は縮小する。

　上原論文は、中国はルイスの転換点を経過した、と指摘している。上原論文は、一方では「ルイスの転換点、少子高齢化の到来は格差縮小をもたらしている」と記し、他方で「ルイスの転換点・少子高齢化の到来にもかかわらず地域間格差、農民工と都市労働者格差の縮小は容易ではない」とも書いている。また、「格差拡大等諸問題は、一党独裁体制の下ではいずれ爆発する可能性がある」とも主張されている。ルイスの転換点を経過したので格差は縮小しつつある、というのか、格差は拡大しているので「爆発」の可能性もある、というのか、

よく理解できなかった。

　改革開放政策が実施されてから、中国経済は驚異的な発展を遂げた。発展の裏側で、上原論文が指摘するように、中国は深刻な政治・経済・社会問題をかかえている。格差問題をはじめ、官僚や共産党幹部の腐敗、環境問題、少数民族問題、人権問題など、容易に解決することのできない問題が山積している。その意味で上原論文が指摘するように、「"一党独裁"の維持を前提とした不安定な発展」であることはたしかである。しかし中国経済が当面している最大の問題は、バブル崩壊の可能性ではないであろうか。もともとバブル発生の可能性が強かったところに、2008年のリーマンショックが中国に波及することを食い止めるために中国政府は4兆元という巨額の景気刺激策をとった。その結果、ゴーストタウンのようなマンション群、走る車のごく少ないハイウエー、採算の見通しもない高速鉄道網など、外部の者には異様に見える膨大な投資が加速化した。中国の国内政治が安定するための前提は、経済成長を維持することである。歴史の教訓によれば、バブルが発生してしまったのであれば、ソフトランディングは不可能である。バブル崩壊が中国にもたらす影響ははかり知れないであろう。

6．東アジアにおける格差問題の意義

　コメントの最後に、東アジアにおける格差問題について考えていることを記しておきたい。

　格差問題が政治的にもっとも深刻なのは、中国であろう。中国における格差問題は、「支配の正当性」に直結しているからである。「支配の正当性」とは、支配する側が唱える支配の論拠にとどまらず、支配される側が支配を受容する論拠でもなければならない。マックス・ウェーバーは、「支配の正当性」の類型として、有名な3類型——伝統的支配、カリスマ的支配、合法的支配——を提示した。しかし私がここで考えている「支配の正当性」は、より具体的なものである。

　国民によって選出されたのではない中国共産党は、どのような論拠から権力を握っているのであろうか。

中華人民共和国が建国された当初は、「支配の正当性」は、平等主義のイデオロギーであったと思われる。平等主義は、革命前の中国と革命後の中国との比較という形で強調された。革命後になって、革命前の時代に買弁資本によって労働者がいかに搾取されていたか、悪辣な地主によって農民がいかに過酷な生活を強いられていたか、繰り返し語られた。そして、革命によって資本家や地主は打倒され、中国は平等な社会となった、と宣伝された。平等主義が革命後の中国共産党による「支配の正当性」の根拠とされた。しかし革命後の中国も、革命前の中国と同じく貧しい国であり、平等主義は、実際には、すべての人民が貧しさの中で平等であるという、貧しさを共有した平等主義であった。中国共産党による「支配の正当性」は、こうした平等主義から出発した。

　しかしこのような論拠による支配の正当化は、1950年代末の大躍進政策によって有効性を失った。大躍進政策の中で数千万人が餓死したといわれている。中国共産党がどのような論拠を掲げようとも、このような悲惨な状況では、中国共産党による「支配の正当性」は成立しない。

　「支配の正当性」を失った毛沢東が、それにもかかわらず権力を握り続けようとしたとき、彼が動員できた人的資源は、まだ判断能力が十分に備わっていない少年少女たちだけであった。少年少女たちは、大躍進政策が悲惨な結果に終わった責任は毛沢東と中国共産党にあることを教えられなかったし、大躍進の意味を自ら考える力量もなかった。少年少女たちは、神格化された毛沢東を心から尊敬し、毛沢東の呼びかけに応じて紅衛兵となり、文化大革命の主力部隊となった。カリスマ的支配が実現した。しかし少年少女たちに対するカリスマ的支配は、明確な目標も理念も提示できなかった。「造反有理」というスローガンは、造反のための造反を生み出した。文化大革命は、経済活動を大混乱におとしいれ、社会の紐帯を解体した。

　1976年に文化大革命が終息したとき、中国共産党は「支配の正当性」を有していなかった。この危機的な状況のもとで最高実力者となった鄧小平は、改革開放政策をはじめた。改革開放政策は、経済活動を再開させるというにとどまらず、「支配の正当性」を新たに築く試みでもあった。意欲ある者はだれでも豊かな生活を手に入れることができる、それを保証するのが中国共産党である、という論理が「支配の正当性」のあらたな論拠となった。そして、この論

拠は、天安門事件にもかかわらず、今日まで有効なものとして維持されてきた。

豊かな経済生活を得るチャンスを与えることが支配の正当性の論拠となっている。高い経済成長が続けば、今は貧しい生活でもやがて豊かな生活を手に入れることができる、という論理が説得的であるためには、生活水準の全体的な向上とともに、経済格差の縮小が必要である。経済成長にもかかわらず格差が拡大していくことは、支配の正当性の論拠を弱めることになる。

中国共産党が現在もっとも恐れているのは、バブルの崩壊であろう。バブルが崩壊し、経済的停滞が長期化すれば、中国共産党はふたたび「支配の正当性」の危機に直面する。その場合、中国共産党の支配を正当化する論拠となるものは、もうほとんど残っていない。もしあり得るとすれば、それはナショナリズムであろう。しかも漢民族のナショナリズムであろう。しかし漢民族のナショナリズムと、それがもたらす危険について論じるのは、ここにおけるコメントの範囲を大きく超えている。

中国と違って、日本と韓国には政治的民主主義が存在している。そのため、格差問題や経済停滞の問題が支配の正当性の危機に結びつくことはない。とはいえ、格差問題のあり方は、日本と韓国においてかなり異なっている。

第一に、韓国では格差問題が選挙を通じて政治に影響を与えている。2011年10月のソウル市長選挙がその好例である。韓国の報道によれば、パク・ウォンスン野党統一候補が与党ハンナラ党の候補者に圧勝したのは、20代から40代の市民の支持によっている。生活不安におびやかされていることにイ・ミョンバク大統領が対策をとらないため、こうした若い層が与党を見限った、と分析されている。非正規雇用はまちがいなく生活不安をかきたてている。それが選挙を左右したのである。

日本では非正規雇用が好ましくないという世論や、正規雇用と非正規雇用との大きな格差は望ましくないという意見は存在するものの、それが選挙の重要な争点にはなってはいない。韓国では格差問題が社会問題から政治問題へと発展しているのにたいし、日本では、社会問題にとどまっている。

第二に、韓国においては、非正規労働者が主体的に立ち上がり、差別や雇用不安に対して異議を申し立てている。ウン論文によれば、韓国では断食座り込みやテント座り込みはもちろんのこと、焼身自殺のような極度に激しい抗議も

おこなわれている。日本では非正規労働者による集団的な抗議運動はおこなわれていない。非正規労働にかかわる大きな運動として、2008年末から2009年初に東京の日比谷公園でおこなわれた「年越し派遣村」がある。リーマン・ショックで契約を打ち切られた派遣労働者に宿所の提供や生活援助を目的としておこなわれたこの運動は、NPOと個人加盟ユニオンによって組織されていた。派遣労働者自身の運動ではなかった。

　日本と韓国とのあいだでなぜこのような違いが生じているのか、さまざまな理由が考えられる。正規労働者と非正規労働者との比率について、韓国の方が非正規労働者の比率が高いために、韓国社会全体に雇用不安が広がっている。韓国では非正規労働者の中で男女比率の差が大きくないのにたいして、日本では女性にくらべて男性の非正規労働者の数が少なく、男性の雇用状態を重視する日本社会では非正規労働者の問題が韓国ほど深刻な問題とは考えられていない。日本では若者の非正規労働者は学校からのドロップアウト、社会適応力の欠如などから自ら招いた雇用状態であるという自己責任論が根強く、非正規労働は社会全体の深刻な問題であるという認識が弱い。

　しかしこうしたすぐに思いつく理由が本当の理由であるのかどうか、これから本格的な検討がなされなければならない。私は、雇用慣行、仕事にたいする価値観、それに何よりも資本主義のあり方について、本格的な日韓の比較研究が必要であると考えている。

　現在、ヨーロッパのユーロ危機が世界経済を脅かしている。アメリカにおいては世論が二極化し、政治の機能不全が生じている。Tea Party 運動と Occupy Wall Street 運動は、その二極を目に見える形で表している。世界経済はますます脆弱になり、東アジア諸国においても国内における経済格差を拡大させる可能性が強い。格差問題は、これからも大きな社会問題であり続けると思われる。

第Ⅳ部
東アジアにおける健康格差と医療保障制度の課題

第 12 章

日本における社会格差と健康

福田 吉治

1. はじめに

　この 10 年来、日本において社会格差の拡大が社会的な問題となっている。日本の社会格差拡大の議論が活発となり、また、欧米の健康政策において健康格差が優先的に取り組むべき課題となっていることを背景に、日本でも「社会格差と健康」が注目されている。地域においてはいわゆる「医療崩壊」が進み、わが国の健康格差および医療格差を議論し、その縮小を重要な政策課題として取り上げる必要性が高まっている。ここでは、社会格差の拡大の議論を踏まえて、「過去」「現在」「未来」という切り口で日本の健康格差について論じてみたい。

　まず、言葉についてである。関連する言葉として、「較差」「格差」「不平等」「不公平」がある。厳密な区分は難しいが、「較差」から「不公平」に向かい、単なる統計的なばらつきから、価値観を含んだものへと変わっていくと考えてよい。英語では、格差 =difference、格差 =disparity、不平等 = inequality (inequalities)、不公平 = inequity と対応させることができる。また、ここでいう「健康格差」は、単純に Health inequalities ではなく、Social inequalities in health（もしくは、socioeconomic inequalities in health）と呼ぶのが適切で、そ

れは「unfair（不当）で、unjust（不公正）で、avoidable（回避的）で、unnecessary（不必要）な、そして、背景となる社会構造、政策的、経済的、法的制度によって傷つきやすくなった人々に負担を与える健康の違い」と定義される[1]。

本稿で述べる健康格差は、主に、集団内あるいは集団間に認められる単なる統計的なばらつきだけでなく、社会経済的背景を考慮した価値判断を含む健康の違いである。定義に沿えば「健康格差」よりも「健康の不平等」が適切かもしれないが、単なる数量的な違いを述べている場合もあり、本稿でも厳密な言葉の使い分けはしていない。

2．過去

（1）日本人の健康水準の向上と平等な社会

日本人の健康水準は、昭和期に入り大きく向上した。昭和初期での平均寿命男性46.9年、女性49.6年は、昭和22年には男性50.1年、女性54.0年、昭和25～26年には男女とも60年を超え、その後も一貫して延伸した[2]。国際比較では、2008年現在、男性ではいくつかの国（アイスランド、スイスなど）に次ぐが、女性は第1位、男女合わせた健康寿命では第1位と、世界最高水準の健康状態を保っている[3]。

日本人の健康水準向上の背景はさまざまである。結核対策や母子保健などの公衆衛生施策の全国展開を可能にした保健所中心のトップダウン型の施策は大きな効果を上げた。特に母子保健対策の効果は特筆すべきで、乳児死亡率（出生千対）は昭和22年の77から今日の3以下まで急速に低下した[2]。産科・周産期医療の発展とともに、母子手帳や健診に代表される公衆衛生・地域保健サービスが死亡率の低下に貢献し、母子手帳は多くの国で応用されている。

公衆衛生以外にもさまざまな要因が日本人の健康水準向上に寄与している。この分野のパイオニアである英国のMarmotらの考察によると、経済的な発展、食生活、公衆衛生施策に加えて、平等性の高い社会文化的背景、地域社会における人々の強い結束が大きく寄与したと結論している[4]。絶対的所得ではなく、

集団内の所得格差の大小がその集団の健康水準に影響するとする「相対的所得格差仮説」では、日本は「小さな所得格差と高い健康水準」の例として論じられている[5]。

(2) 健康水準向上に関する研究

日本の健康水準の向上に寄与した要因は相互に関連しているため、どの要因が決定的な役割を果たしたかを明らかにすることは容易でないが、経年的なデータの解析を用いた検討がいくつかなされている。都道府県別を単位とした健康指標と社会経済指標のデータを相関・回帰分析によって統計学的に検討することができる。Hasegawaは女性の初等教育[6]、Takanoらは地方への所得再配分制度[7]、Ishitaniらは上下水道の普及[8]を健康水準の向上要因として注目した。

著者らは、全国の市区町村を単位に、死亡率と地域の社会経済的要因との関連を分析した[9]。地域の社会経済的要因として、学歴（短大卒業以上の割合）、一人当たり所得、高齢者割合、居住面積、失業率等を指標として用いた。その結果、1970年代から1990年代かけて、死亡率とこれらの指標との関連が弱くなっていることが示された。すなわち、「社会経済的に恵まれていない地域は死亡率が高い」という関係が弱くなったのである。

さらに死因別に分析すると、地域の社会経済的要因と死亡率の関連の低下は脳血管疾患が強く関連していた[10]。脳血管疾患において、死亡率と社会経済的要因の関係性が弱まり、また同時に脳血管疾患の死亡率が急速に低下することで、全死因死亡率と社会経済的指標との関係が小さくなったのである。一方、自殺や不慮の事故では、社会経済的指標と死亡率の関係は依然として強く、社会経済的に恵まれていない地域でこれらの死亡率が高いことが示されている。がん（悪性新生物）では、乳がんのように逆の関係のものもあり（社会経済的指標が豊かな地域ほど死亡率が高い）、部位によって関係性が異なった[10]。

社会経済的要因と健康水準との関係を調べるための方法として、SII（Slope Index of Inequality）という指標を用いた分析がある。これは、横軸に社会経済指標（例えば一人当たり所得）を0～1に、縦軸に健康指標をとり、回帰式の傾きを用いて（正確には傾きを健康指標の平均で割る）、算出することができる。

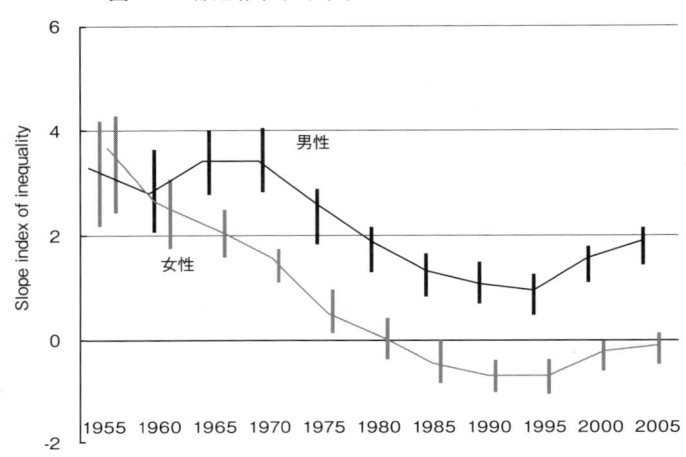

図-1　都道府県平均寿命と一人当たり所得の関連

注）Slope index of inequality（SII）の時系列変化数値が高いほど、平均寿命と所得の関係が強い（高所得＝長寿命）。縦線は95％信頼区間。
資料：Fukuda, et al. BioScience Trend, 2007（文献11）にデータを追加。

SIIは社会経済的指標と健康指標の絶対値に依存しないため、健康指標間の比較や時系列変化の観測に活用することができる。著者らは、SIIを用いて、都道府県の所得格差と死亡率および平均寿命の関係を定量化し、健康格差の変化を観察した[11]。その結果、1950年代から1990年代にかけて格差の減少が観察され、所得の健康への影響が小さくなったことが示された（図-1）。

以上のことから、20世紀の後半、日本の健康水準は向上し、その向上は地域による格差（統計学的なばらつきとともに、社会経済指標との関係性）の縮小を伴っていた。その背景要因としては、経済的発展、教育水準の向上、公衆衛生施策、疾病構造の変化等に加えて、所得再配分政策を含めた格差是正施策、平等や社会的結束を重んじる社会文化があったと言える。

3．現在

（1）社会格差の拡大

1990年代後半から、社会格差の拡大が社会問題化した。これらの議論は、経済学、社会学、教育学からの問題提議であった。早くから社会格差に警告を鳴らした代表が橘木俊詔と佐藤俊樹である。経済学者である橘木は、『日本の経済格差』[12]等の中で、所得格差が拡大していることを統計データに基づいて提示し、「一億総中流」に象徴される社会の平等・安定意識が揺らぎ始めたことを問題視した。社会学者である佐藤は、『不平等社会日本』の中で、専門職や企業の管理職につくエリートたちの階層相続が強まり、いわゆる「階級社会化」が日本でも進んでいることを指摘した[13]。

社会格差の拡大はデータとして明確に示された。所得格差の国際比較では、OECD加盟国で、日本の貧困率（所得の中央値の50％未満である相対的貧困率）は14.2％で、OECD加盟国では4番目の高さである[14]。さらに、一人親の世帯（多くは母子家庭）では、OECD加盟国の中で貧困率が最も高く、特に、就労世帯の貧困率は58％と極めて高い。就労しても貧困から抜け出せないという、いわゆる「ワーキングプア」の状況を示すデータとなっている[15]。

教育については、格差の世代間移転が問題となっている。例えば、東京23区の小学校における修学援助率と学力には強い負の相関があり、家庭の経済的側面が学歴に影響していることは明らかになっている[16]。1950年代から継続的に行われている「社会階層と社会移動全国調査」（SSM調査）を用いて、格差の世代間移行の実態が示されている[13]。こうした格差の状況は、努力しても報われないために諦めてしまう「意欲格差社会」あるいは「希望格差社会」と呼ばれる社会的風潮を作りつつある[17,18]。

社会格差が拡大した背景や要因についての詳細は成書に譲るが、一般的には、バブル崩壊後の長期不況、新自由主義に基づき、非正規雇用者を多数生みだした労働政策、富裕層を優遇した税制度、公的教育費の削減による教育の不平等の拡大などが挙げられている[19]。

(2) 社会格差の健康影響

　健康に直接的に関連した社会的動向としては、非正規雇用の増加や生活保護世帯の増加がある。特に注目されているのは、自殺による死亡数の動向である。1998年に3万人を超え、その後、毎年ほぼ3万人を上回る数で推移している。自殺の予防は、健康分野だけでの対応は困難で、現在、地域での包括的な自殺予防対策、自殺の背景となるうつ病等の予防、さらに源流にある雇用等の社会的背景にまで踏み込んだ対策が進みつつある。

　前述のOECDのデータが示すように、一人親や子どもの貧困はわが国で重要な課題として注目されている。格差・貧困の世代間連鎖を止めるためにも、子ども、母子・父子家庭への対策が急務となっている。健康に関連したものとしては、気管支喘息等の悪化、受診の遅れ、低栄養、児童虐待、望まない妊娠などが社会格差・貧困、社会経済的要因との関連で論じられている[15]。日本での十分なデータはないが、胎児期の環境によって成人以降の生活習慣病が発症するという「胎児起源説」も注目されている[20]。

　社会格差とその健康影響を踏まえて、近藤は、(1) 最低年金額の引き上げなどの社会保障政策、(2) 最低賃金の引き上げ、不安定雇用の抑制などの労働政策、(3) 教育についての経済負担の軽減、学校教育や生涯教育を通じての「生き抜く力」の向上などの教育政策、(4) 相続税の強化や消費税の逆進性の是正などの税制の4つの分野での政策の見直しを提言している[21]。

　では、日本の健康格差は拡大したのだろうか。それについての明らかな根拠、具体的なデータを示すのは難しい。先に紹介したSIIを用いた分析では、2000年以降にSIIの値は大きくなり、少なくとも地域レベルでは、所得に伴う健康格差が拡大しつつあることが示唆された。個人レベルについては、過去に比較した格差の動向は十分に検証されるに至っていない。

(3) 社会疫学と健康の社会的決定要因

　1990年代から、欧米では、健康格差は公衆衛生の中心的な話題として論じられ、健康格差の縮小こそが公衆衛生の最重要な政策目標として掲げられた[22]。その学問的基盤として、疫学の一部として「社会疫学」が確立される

に至った。社会疫学は、「人口集団において、健康や症状の生起に関する社会構造や社会的因子を研究する疫学の一つの分野、あるいは一つの下位専門分野」と定義される[23]。健康の社会的決定要因（Social Determinants of Health：SDH）として、社会階層、社会経済的地位（socioeconomic status：SES あるいは socioeconomic position：SEP）、雇用形態（失業など含む）、さらに、居住状態、交通などの幅広いものが含まれ、1990年代後半からヨーロッパを中心に議論がなされ、多くのエビデンスが蓄積された[24]。これらの議論は、健康を重視する政策（例えば、健康都市政策）を促進するための基礎的学問として位置付けられてきた[24]。WHOは、社会的決定要因（SDH）の重要性を認識し、「SDHに関する委員会（Commission of Social Determinants of Health）」を設置し、2008年は報告書が出された[25]。

英国では、早くから社会階層間の健康格差が定量的に示された[22,26]。特に、Marmotらによる英国公務員のコホート研究である Whitehall study および Whitehall II study は、職業階層による健康格差、その背景や媒介要因としての生活習慣、職業ストレス等を検証し、その後の社会疫学研究の発展に寄与する多くの重要な知見を提示した[24,27]。また、米国では Berkman、Kawachi らのグループが、ソーシャルネットワーク、さらに、ソーシャルキャピタル等の研究へと発展させた[28-30]。

（4）日本の社会疫学研究と健康格差

これらの欧米での社会疫学研究の発展、国内における社会格差の拡大の議論に押されるように、日本の健康格差の研究が盛んになりつつある。2001年に関心ある研究者によって「社会疫学研究会」が開始され、その成果は『社会格差と健康』にまとめられた[31]。その後、多くの研究論文が日本からも発信されている。

先に示した地域を単位とした研究は、社会疫学のひとつである。近年、地域レベルの要因の健康影響が注目されている。マルチレベル分析の普及に伴い、個人レベルの要因を超えた地域・背景要因（例えば、地域環境、所得格差、ソーシャルキャピタルなど）の健康影響が検証されている[29]。わが国の都道府県を地域の単位とした研究では、一人当たり所得や個人所得に比較して、所得格

差と自覚的健康度との関連は不明瞭である[32]。生活習慣に関して、地域の一人当たり所得（都市の指標とも考えられる）は、女性の喫煙などの多くの健康リスク行動を高めることに関係する[33]。ソーシャルキャピタルの健康影響については、複数のグループが研究を進めており、関連性を示す結果が示されつつある[34-38]。

個人を単位とした社会経済的地位（学歴、職業、所得など）と健康水準との関連についての研究も日本においても徐々にエビデンスが構築されつつある。

Kagamimoriらのグループは、英国との比較において、日本の職業間の格差等について研究を進めている[39]。その後の公務員を対象としたコホート研究は、日本の健康格差について他国との比較を含めた貴重な研究成果を示している[40-42]。なお、英国との比較では、地域を単位とした研究であるが、英国に比較して日本の健康格差が少ないことが示されている[43]。

横断研究においては有病率とSESの関係が検証され、学歴と職業階層は高血圧、高コレステロール血症、糖尿病の有病に関連しているが[44]、必ずしも一貫した結果を得るには至っていない。また、自覚的健康度は質問紙でも把握しやすいため、複数の研究があり、総じて、低い所得・学歴・職業階層は低い自覚的健康度と関連する[44-49]。さらに、所得と愁訴・治療との関連を調べると、所得が低いほど多くの愁訴でその頻度が高く、治療中の割合も高い[50]。精神症状を示す者およびうつ病・うつ状態で治療中の者の割合も所得が低いほど高い[51]。ただし、精神症状のある者のうち治療をしている者の割合は所得の高い者で低く、高所得層において精神症状の治療への抵抗感がある可能性が指摘されている[51]。

著者らは、健康関連行動とSESについて、全国サンプリングを対象とした横断研究で分析した。喫煙等の健康リスク行動と低い社会経済地位との関連が認められる[33,52]。がん検診の受診においても、低い所得群は高い所得群に比較して受診率は半分以下で、日本においても予防・医療サービスの利用に社会経済的要因が強く関係していることを示唆する[53]。

より信頼性の高いデータを得るためには、横断研究よりもコホート研究が必要となる。ベースラインのSESとその後の健康アウトカム（例えば、死亡や罹患）との関係を検証するコホート研究は、欧米で広く行われているが、日本

では数が極めて限定されていた。しかし、学歴や所得などの SES も疫学・社会調査の質問項目として一般化し、わが国でも徐々にコホート研究による結果が示されつつある。地域住民を対象としたコホート研究では、顕著ではないが、低学歴は高い死亡リスクと関連することが確かめられている[54-56]。

(5) 医療格差

　日本は、昭和 36 年（1961 年）に国民皆保険を達成し、医療の平等性が国際的にも高く評価されている。しかし、近年、国民皆保険にほころびが生じている。自営業や農林水産業等が加入する国民健康保険では、滞納世帯が 436 万世帯、1 年以上滞納した資格証明書交付世帯が 30 万世帯に達している[57]。滞納者は保険未加入者ではないものの、保険未加入者と同様な状況に陥りやすい人が国民のある程度の部分を占めるようになった。

　社会格差の拡大による医療格差は確実に進みつつあるようだ。日本医療政策機構による 2008 年の調査では、低所得層の約 4 割が経済的な理由で「具合が悪かったのに医療機関に行かなかった」と答えている（高所得層の 2 倍以上）[58]。医療格差は医療現場の感覚としてはかなり強いものとなっている。医療機関を対象とした調査では、「経済的理由で治療費を支払わなかったり、検査や治療を拒否したりする患者が増えた」と回答した者は 50.5％であり、患者の懐具合を気にしながらの診療が一般的となりつつある現状が明らかになっている[59]。

　地域医療の関連では、日本はへき地医療対策を重要な政策として取り組んできた経緯がある。昭和 30 年代から「へき地医療計画」により無医地区およびそれに準じた地域等での医療確保施策を講じてきた。その結果、確実に無医地区（対象人口）は、1966 年の 2,920 地区（119 万人）から 2006 年の 787 地域（16 万人）に減少した[60]。特に、1972 年に創設された自治医科大学の卒業生によって全国のへき地医療が支えられている。「1 県 1 医科大学構想」等の医師増加政策が進められ、へき地・地域の医師不足の解消が進められた。ただし、医師の増加が医師の地域偏在には貢献しなかったことも指摘されている[61]。

　この数年、特に新医師臨床研修制度の導入以降、地域における医療崩壊という現象が起きている。この制度によってマッチングにより研修医は都市域の有

名病院を目指す傾向が強まり、それまでの地方大学の医局による医師養成と派遣システムの機能が低下した。その背景には、医療費抑制を進めてきた国策があるが、そのしわ寄せが地域における医師不足という形で現れた。今日の状況をみると、医療の地域格差について、地方大学の果たした役割が大きかったことがあらためてわかる。その役割と機能について是々非々はあるが、医師の質を担保しながら、関連病院という地域の病院のマンパワーを確保し、医師を派遣してきた大学の医局の役割は、地方の医療を支える上で大きな役割を担っていたと言える。地域の「病院」の医師不足が注目されているが、大学から病院、そして診療所（開業）という従来の医師のキャリアパスを考えると、医師不足が地方の「診療所」へ影響を与え始めるのは時間の問題かもしれない。

4．未来

（1）健康格差研究への期待

　健康格差を中心に据えた調査研究はこの数年いくつかの研究グループで行われている。日本公衆衛生学会でも、社会格差や健康格差からの政策提言も行われており、健康格差への理解は深まっている。しかしながら、健康格差の縮小こそが公衆衛生の中核的な目的であるというところまでは至っていない。保健医療サービスの平等アクセス、社会的弱者への重点支援などは、議論の隙間になっている感がある。数と質ともに増加した社会疫学研究によって、多くのエビデンスが蓄積され、健康格差の是正がより優先順位の高い政策課題となり、具体的な政策や事業が行われることを期待したい。

　近年、がん治療における格差がメディアでも話題となった。がん治療の格差解消（＝均てん化）を目的としたがん対策基本法が制定され、各都道府県でもがん対策基本計画が策定され、がん対策の推進が図られている[62]。この中では、海外とのドラッグラグの解消、治療への患者参加などに加えて、地域や医療機関によるがん治療の均てん化が大きな目的となっている。がん死亡の地域格差があり、医療機関による治療成績の違いはあるが、それがどの程度なのか、どのような要因が影響しているかについて十分な分析はなされていない。特定機

能病院から開始されたDPC (Diagnosis Procedure Combination：診断群分類) は多くの急性期病院に広がっているが、このデータを用いることで施設による医療の質の評価が可能となる[63]。今後、こうした分析によって医療施設や地域による医療の格差が定量化されることが期待される。

(2) 格差からの健康政策提言

健康格差の視点から健康政策を考えた場合に新しい示唆が生まれる。例えば、集団全体（地域住民、全職員など）に介入を行うことをポピュレーションアプローチと呼び（対して、リスクの高い者への介入はハイリスクアプローチと呼ぶ）、集団全体に対して効果があるために健康格差の是正につながる期待がある[64]。しかし、ポピュレーションアプローチに反応する集団は、健康に関心があり、介入前からリスクの相対的に低い傾向があるため、ポピュレーションアプローチでむしろ格差が拡大することが懸念される[65]。平成20年度に開始された特定健診・保健指導では、大企業の雇用者を対象とした健康保険組合に比較して、中小企業の雇用者や自営業者等を対象とする全国健康保険協会（協会けんぽ）や国民健康保険での受診率は低く、今後もその傾向が続きそうである。保険者の違いは働く企業の規模を反映することから、働く職場によって受ける予防サービスが異なり、その結果として疾病罹患・死亡等の格差が生まれることになる。

公衆衛生活動を5層に分けた「健康影響ピラミッド」(Health Impact Pyramid) が、Friedenによって提唱された（図-2）[66]。このピラミッドは、下層から (1) 社会経済要因への対策（所得や雇用などへの対策）、(2) 無意識の意思決定を健康的なものにする環境づくり（食品を健康的にする対策など）、(3) 効果が持続する予防介入（予防接種、スクリーニングなど）、(4) 治療（臨床介入）、(5) カウンセリングと教育から成る。下層ほど、集団全体へのインパクト（影響）は大きくなるとされている。このモデルの妥当性については検証する必要があり、また、それぞれの国で背景要因は異なるが、現在の日本の疾病予防政策は、特定健診・保健指導に代表されるように、集団へのインパクトがもっとも少ないとされる最上層のカウンセリングと教育を重視しているのは気がかりな状況である。

図-2 健康影響ピラミッド

集団への影響
小 ←→ 大

- カウンセリングと教育
- 治療
- 効果が継続する予防（スクリーニング、予防接種など）
- 無意識の意思決定を健康的なものにするように環境を変える
- 社会経済的要因への対策

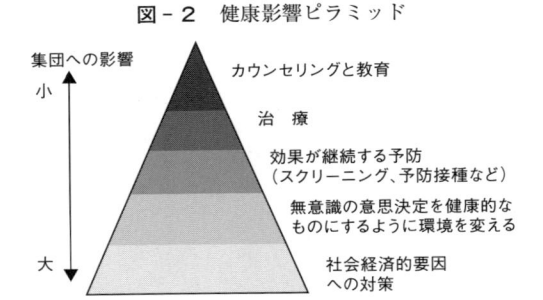

注）下層ほど集団への効果は大きくなるとされる。
資料：Frieden, Am J Public Health 2010（文献75）

欧米との比較研究を行った松田は、日本の健康格差対策の実施体制について問題点を整理している[67]。健康格差対策のみならず、日本では、国、都道府県、市町村と3層の行政構造により、あるいは社会保険を基礎とした医療制度であるために、地域の保健・医療の責任に関わる権限と責任が拡散していることを指摘している。さらに、具体的には、(1) 行政サービスの提供に向けた地方財源調整に、健康格差やその背景となっている社会・経済格差をどの程度斟酌するか、(2) 医療における資源配分について健康格差を組み込むか（組み込めるか）という点からの検討の必要性を論じている。

健康格差への取組は、概念や考え方、実態に関するデータ、格差縮小のための具体的対策など、難しい問題はあるが、今後の健康政策にあっては、健康格差は不可欠な視点となった。

(3) 国際的視点から

近年の社会疫学研究の結果、格差があることが確かめられ、また、社会格差も大きな課題となっているが、国際的な視点からは、日本の格差は相対的に小さいとされている。特に医療については、ほころびは出つつあるものの皆保険は一応維持され、地域の医療アクセスもある程度確保されている。他方、新興著しいアジア諸国では社会格差と健康格差はまだ大きく、平等な医療アクセスが確保されておらず、プライマリヘルスケアや公衆衛生の基本的インフラが整っていない国や地域も少なくない。

経済発展は社会格差と健康格差を生む要因にもなりうるし、逆に、格差の縮小を伴う健康水準の向上のための条件の一つでもある。経済発展の進むアジア諸国にとって、経済発展の中で社会格差と健康格差の縮小に一定の成功を成し遂げた日本から学ぶことは多いだろう。また、政策を支える学術的な面では、社会疫学を学んだ研究者が増えつつある日本が、より格差が問題となっているであろう国や地域での健康格差の問題に貢献することができるかもしれない。

折しも、Lancetにおいて、日本の特集号が出版された[68]。これは、過去50年の日本の皆保険制度を検証し、現在の課題を明らかにしようとしたものである。その中で、日本人の健康水準の著しい向上の背景として、20世紀初頭からの無償初頭義務教育、戦前からの社会保障制度、そして、1961年からの国民皆保険に代表される平等主義的な日本社会が挙げられている。超高齢化と経済低成長の中で、医療における効率性と公平性・平等性をいかに両立させるか、成功の有無にかかわらず、日本は世界のトップランナーとして注目されている。

注

1) Krieger N. A glossary for social epidemiology. J Epidemiol Community Health 2001;55(10):693-700.
2) 厚生統計協会. 国民衛生の動向:厚生統計協会;2010.
3) WHO. World Health Statistics 2010. Geneva: WHO; 2010.
4) Marmot MG, et al. Why are the Japanese living longer? BMJ 1989;299(6715):1547-51.
5) Wilkinson RG. Unhealthy Society. London: Routledge; 1996.
6) Hasegawa T. Japan: historical and current dimensions of Health and health equity. In: Evans T, et al. Wirth M, editors. Challenging inequities in health. New York: Oxford University Press; 2001. pp. 90-103.
7) Takano T, et al. The national financial adjustment policy and the equalisation of health levels among prefectures. J Epidemiol Community Health 2001;55(10):748-54.
8) Ishitani S, et al. Critical contribution of sanitation infrastructure and primary medical care to child health status in Japan from 1955 to 2000. J Med Dent Sci 2005;52(4):213-22.
9) Fukuda Y, et al. Municipal health expectancy in Japan: decreased healthy

longevity of older people in socioeconomically disadvantaged areas. BMC Public Health 2005;5:65.
10) Fukuda Y, et al. Cause-specific mortality differences across socioeconomic position of municipalities in Japan, 1973-1977 and 1993-1998: increased importance of injury and suicide in inequality for ages under 75. Int J Epidemiol 2005;34 (1) :100-9.
11) Fukuda Y, et al. Are health inequalities increasing in Japan? The trends of 1955 to 2000. Biosci Trends 2007;1 (1) :38-42.
12) 橘木俊詔．日本の経済格差――所得と資産から考える――．東京：岩波書店；1998.
13) 佐藤俊樹．不平等社会日本．東京：中央公論新社；2000.
14) OECD. Growing unequal? Income distribution and poverty in OECD country. Paris: OECD; 2008.
15) 子どもの貧困白書編集委員会．子どもの貧困白書．東京：明石書店；2009.
16) 上村敏之, 田中宏樹．検証格差拡大社会．東京：日本経済新聞出版社；2008.
17) 刈谷剛彦．階層化日本と教育危機．東京：有信堂；2001.
18) 山田昌弘．希望格差社会．東京：筑摩書房；2004.
19) 橘木俊詔．格差社会 何が問題なのか．東京：岩波書店；2006.
20) 藤原武男．健康格差と保健政策（3）：ライフコースアプローチによる胎児期・幼少期からの成人疾病の予防．保健医療科学 2007;56:90-98.
21) 近藤克則．健康格差社会．東京：医学書院；2005.
22) Acheson D. Independent Inquiry into Inequalities in Health. London: Stationary Office; 2000.
23) 日本疫学会．疫学辞典．東京：日本公衆衛生協会；2010.
24) Marmot M, et al. Social Determinants of Health. New York: Oxford University Press; 1999.
25) WHO. Closing the gap in a generation. Geneva: WHO; 2008.
26) Black D, et al. Inequalities in health: The Black report; the health divide. London: Penguin Group; 1998.
27) Marmot M, et al. Cohort Profile: the Whitehall II study. Int J Epidemiol 2005;34:251-6.
28) Berkman LF. Social Epidemiology: Social Determinants of Health in the United States: Are We Losing Ground? Annu Rev Public Health 2009.
29) Kawachi I, et al. Neighborhoods and health. New York: Oxford University Press; 2003.
30) Kawachi I, et al. Social capital and health. New York: Springer; 2008.
31) 川上憲人ら．社会格差と健康．東京：東京大学出版会；2006
32) Shibuya K, et al. Individual income, income distribution, and self rated health in

Japan: cross sectional analysis of nationally representative sample. BMJ 2002;324:16-9.
33) Fukuda Y, et al. Accumulation of health risk behaviours is associated with lower socioeconomic status and women's urban residence: a multilevel analysis in Japan. BMC Public Health 2005;5:53.
34) Fujisawa Y, et al. Social capital and perceived health in Japan: an ecological and multilevel analysis. Soc Sci Med 2009;69:500-5.
35) Hamano T, et al. Social capital and mental health in Japan: a multilevel analysis. PLoS One 2010;5:e13214.
36) Ichida Y, et al. Social capital, income inequality and self-rated health in Chita peninsula, Japan: a multilevel analysis of older people in 25 communities. Soc Sci Med 2009;69（4）:489-99.
37) 藤澤由和ら．地区単位のソーシャルキャピタルが主観的健康感に及ぼす影響．厚生の指標 2006;54（2）:18-23.
38) 本橋豊ら．ソーシャルキャピタルと自殺予防．秋田県公衆衛生学雑誌 2005;3:21-31.
39) Kagamimori S, et al. Socioeconomic status and health in the Japanese population. Soc Sci Med 2009;68:2152-60.
40) Martikainen P, et al. Socioeconomic differences in behavioural and biological risk factors: a comparison of a Japanese and an English cohort of employed men. Int J Epidemiol 2001;30:833-8.
41) Martikainen P, et al. A comparison of socioeconomic differences in physical functioning and perceived health among male and female employees in Britain, Finland and Japan. Soc Sci Med 2004;59:1287-95.
42) Sekine M, et al. Socioeconomic inequalities in physical and mental functioning of Japanese civil servants: explanations from work and family characteristics. Soc Sci Med 2006;63:430-45.
43) Nakaya T, et al. Geographical inequalities of mortality by income in two developed island countries: a cross-national comparison of Britain and Japan. Soc Sci Med 2005;60:2865-75.
44) Nishi N, et al. Effects of socioeconomic indicators on coronary risk factors, self-rated health and psychological well-being among urban Japanese civil servants. Soc Sci Med 2004;58:1159-70.
45) Anzai Y, et al. Relationship between health practices and education level in the rural Japanese population. J Epidemiol 2000;10:149-56.
46) Asada Y, et al. Analysis of health-related quality of life (HRQL), its distribution, and its distribution by income in Japan, 1989 and 1998. Soc Sci Med 2004;59:1423-33.

47) Honjo K, et al. Social class inequalities in self-rated health and their gender and age group differences in Japan. J Epidemiol 2006;16:223-32.
48) Wang N, et al. Perceived health as related to income, socio-economic status, lifestyle, and social support factors in a middle-aged Japanese. J Epidemiol 2005;15:155-62.
49) Yamazaki S, et al. Household income is strongly associated with health-related quality of life among Japanese men but not women. Public Health 2005;119(7):561-7.
50) 福田吉治. 健康格差社会〜低所得者ほど病気の死亡リスクが高まるか？〜. 西村周三監修. 医療白書. 東京：日本医療企画；2011, 8-16.
51) Fukuda Y, et al. Influence of income and employment on psychological distress and depression treatment in Japanese adults. Environ Health Prev Med 2011 (in press).
52) Fukuda Y, et al. Socioeconomic pattern of smoking in Japan: income inequality and gender and age differences. Ann Epidemiol 2005;15:365-72.
53) Fukuda Y, et al. Reduced likelihood of cancer screening among women in urban areas and with low socio-economic status: a multilevel analysis in Japan. Public Health 2005;119(10):875-84.
54) Fujino Y, et al. A prospective study of educational background and breast cancer among Japanese women. Cancer Causes Control 2008;19:931-7.
55) Fujino Y, et al. A nationwide cohort study of educational background and major causes of death among the elderly population in Japan. Prev Med 2005;40:444-51.
56) Fujino Y, et al. Prospective study of educational background and stomach cancer in Japan. Prev Med 2002;35:121-7.
57) 厚生労働省. 平成21年度国民健康保険（市町村）の財政状況等について；2011. http://www.mhlw.go.jp/stf/houdou/2r98520000011vw8.html
58) 日本医療政策機構. 日本の医療に関する2008年世論調査；2009. http://www.healthpolicy-institute.org/handout/2009-12-14_34_275989.pdf
59) 困った患者. 日経メディカル 2010:9;44-64.
60) 自治医科大学. 地域医療テキスト. 東京：医学書院；2009.
61) 小林廉毅. 医師数と医師の分布. 医療経済研究 2006;18(2):142-146.
62) 前田光哉. わが国のがん対策の動向. 肺癌 2010;50:206-210.
63) 松田晋哉. DPCと医療の質. 社会保険旬報 2008;2352:18-25.
64) 尾島俊之. 健康格差社会とポピュレーションアプローチ. 公衆衛生 2007;71:487-491.
65) 福田吉治. ポピュレーションアプローチは健康格差を拡大させる？ vulnerable population approachの提言. 日本衛生学雑誌 2008;63:735-738.

66) Frieden TR. A framework for public health action: the health impact pyramid. Am J Public Health;100 (4) :590-5.
67) 松田亮三. 健康と医療の公平に挑む. 東京：勁草書房；2009.
68) Lancet 2011, 378 (97969)：1049-116.

第 13 章

韓国の医療格差と医療保障制度
―― 「医療民営化」政策と「社会的苦痛」の深刻化 ――

ペク・ヨンギョン

1. 新自由主義における「格差の時代」の韓国

　出産率の低下に伴う労働力不足によって韓国経済は危機に陥っており、低出産・高齢化がこのまま長期化した場合、高齢者を養う責任をなすりつけられた若い世代にとって明るい展望がまったく望めないと予測されている。だがこれはそれほど遠い未来の出来事ではなく、すでに若い世代は「88 万ウォン世代」と呼ばれ、高い失業率と非正規中心の不安定な雇用に苛まれている。こうした社会状況を生き抜くために、という名目で韓国の親たちは、2007 年現在、家計の月平均総消費支出のうち 7.8 % ほどを教育費に充てており、月平均教育費の 65.2 % を私教育に投じている[1]。この私教育費支出の増加は、社会階層による教育機会の不平等を深刻化させ、地域格差をもたらしている。
　この過程において、より良い学区に移ろうとする親たちによりソウルのカンナム（江南）地区の住宅価格は急騰し、中産層においても住宅購入にかかった負債の返済と私教育費の支出により各家庭における可処分所得は減少し続けている。2010 年現在、国内総生産比家計負債率は 80 % を超え、可処分所得対比金融負債比率も 14 % に達しているという。これにともない、家計貯蓄率は 1988 年の 25.2 % から 2009 年現在 5.3 % という水準にまで下落した。結局、こ

うした状況下において子どもを生み、養育するということは、経済的な余裕がなければ不可能であり、取るべき選択ではなくなり、社会的低出産へとつながる様相を呈しているのである。換言すると、社会的に就業と福祉部門に要求される最低限のセーフティネットが欠如したまま、無限の競争へと駆り立てられる状況は、教育と自己開発に対する過度な投資へとつながり、過度な教育費と未来に対する不安は社会的危機となりうる低出産率へと帰結する。韓国社会は危機の結果が再び危機の原因を強化する悪循環構造にすでに陥っているのである。

このような危機的状況は、経済開発協力機構（OECD）に所属する先進国のうち最高といわれる韓国社会の自殺率からも見て取れる。統計庁によると、2009年の自殺者数は1万5,413人で、前年度に比べて19.9％も増加しており、一日平均で42.2人、34分に1人ずつ自殺者が出ているのである。さらに深刻なのは20～30代の若者と青少年の自殺が急増している点であり、10～30代死亡者の死亡原因1位が自殺という事実である。つまり青年層の死亡者の40％が自ら命を絶っているということになる。その原因として有名人の自殺を模倣する心理が挙げられることもあるが、1997年のIMF経済危機直後に急増した自殺率が多少減少した後、最近の経済危機とともに再び増加していることからもわかるとおり、自殺率の増加と暮らしの不安は決して無関係ではない。そして自殺の増加という問題は高齢層も例外ではない。韓国の自殺者のうち40％は65歳以上の高齢者であり、高齢者自殺率はOECD平均の5倍という。その原因としては、結局のところ、経済難や社会的保護の欠如などが最も大きな理由と考えられている。自殺率の増加はまた、競争から脱落した生活に対する不安を増幅させ、未来に対する危機感を呼び起こし、結局淘汰される瞬間まで競争の中で生き抜くために自己開発にすがりついて私教育や投機から抜け出せない人々を量産しているのが韓国社会の現実なのである。

実際、韓国社会の中産階級がIMF経済危機以降減少し続けているという多くの研究結果は、こうした不安感が根拠のないものではないと物語っている。グローバル化がもたらす未来を展望したHarald ShumannとHans Peter Martinは、これからの世界は人口のわずか20％による労働で経済を維持することは難しくなく、したがって残りの80％は職をもたずとも20％の人口が与えてく

れる娯楽や食料を受けて生きていくしかないだろうと主張する。この有名な「20対80社会論」が、いまや現実として現れ始めているのである。職や所得、福祉を独占する20％と、社会の中に存在しつつも排除される80％の間の格差は段々と大きくなっていくだろうという主張は、IMF経済危機以後の韓国社会を説明する上でも非常に有効である。経済危機以降の構造調整において終身雇用という概念は消え去り、雇用不安が持ち上がり、多くの非正規雇用が量産される間にも、教育、労働、医療など、分野を問わず市場原理が強調され、公共領域は競争原理の導入による経営合理化という名の下に民営化が進められた。

現代韓国社会で起こっているこうした現象と、日本で近藤克則が「健康格差社会」と概念化した現象、すなわち社会経済的格差の拡大が社会的不安感を増大させることによって個人の活力を弱めてしまい、結局は健康の格差を再び引き起こす現象はその本質において通じるところが大きいと考えられる。本稿では、現代韓国において社会的格差を正当化し社会保障と公共性を縮小してきた政策が、医療の領域においてはどのようにして進められているのかという問題について医療民営化議論を通じて検討しつつ、なぜこうした政策が健康格差を拡大するしかないのかを考えてみたい。

2．健康格差と社会的苦痛

格差社会に対する問題意識を健康研究と結びつけてきた研究者たちは、社会経済的な要因と生物学的な要因はつながっており、結局のところ社会経済的な格差をもたらす政策が健康においても格差を増大させるため、健康を個人の責任として見るよりも社会的な文脈から研究すべきであると主張する。『反貧困』の著者である湯浅誠も、格差の責任を個人に求める新自由主義的「自己責任論」を強く批判する。湯浅は、日本は経済大国として知られているが、実状は社会的セーフティネットが崩れ始め、足を踏み外せば貧困の底までそのまま滑り落ちてしまうような「滑り台社会」であると主張し、日本政府が「資本主義社会」において格差があるのは当然であり、また格差が生まれるのはそうした生活を選択した人々の自己責任であるとして、格差社会を正当化していると指摘する。少しずつ広がりつつある格差を個人の責任としてしまう議論を幇助するのは格

差そのものを助長することに変わりなく、したがって格差そのものを克服するためには格差に対する社会的責任を議論するしかないと研究者たちは語る。

筆者はこうした議論の問題意識を受けつつ、韓国の医療民営化問題を議論する上で医療人類学においてしばしば使われる「社会的苦痛（Social Suffering）」という概念が有効であると考える。社会的苦痛とは、政治的、経済的権力が人々に及ぼす影響に始まり、そうした権力が社会問題に対応する方式を通じて引き起こされることもある（Kleinman, Das and Lock 1997, ix）。筆者が健康問題を論じるのに社会的苦痛という概念を特に有用であると見る理由は、この概念が、医療、福祉、法、道徳、宗教といった、一般的にそれぞれ別個の問題として扱われる問題群に対して統合的にアプローチできるからである。ある論者は似たような問題意識から「構造的暴力（structural violence）」という用語を使用することもあるが、筆者は社会的苦痛という概念が個人の問題のもつ社会的・政治的次元をより明確にし、社会的格差の問題と健康格差の関係をよく示しつつも、人々の経験に注目することで前者と後者の間の多様な媒介方式についても議論することが可能になると考える。

事実、社会的苦痛は、ある社会的公論の基礎や支配的な価値が変化する中で、各個人の抱える問題を表現する手段が見出せなくなったときにより深刻になる傾向がある。現在、健康と医療をとりまく問題の中には、公共医療の崩壊と各個人の健康を脆弱にし、未来に対する不安感を増大させる問題ももちろん大きな比重を占めている。ところがこれと同時に社会的連帯が崩壊していく社会においては、個人が合理的な選択と考える対象そのものがすでに制約を受けることになるのである。したがってこうした状況で行われる瑣末な決定すべてが政治的、経済的、制度的問題に関わっているにもかかわらず、各個人は自らの選択を単に個人的な選択としてのみ見なすことからくる苦痛も大きいといえる。例を挙げると、癌にかかる可能性に備えて保険に加入したり、子どもの未来のためにへその緒を個人バンクに保管したり、子宮頸癌のワクチンを受けるかどうかは韓国の中産層が日常的に悩んでいる問題であるが、まさにこうした日常的に行われる選択がどのようにして医療公共性崩壊の原因かつ結果として作用するのかについて省察するのは容易ではない。ここで筆者が言いたいのは、すでに多くの論者がマクロな構造問題として社会的格差の問題やそれによる健康

格差を社会的苦痛であることを立証してきたが、ここからさらに論を進め、各個人が日常的に経験する健康に対する不安や健康のための選択もまた社会的問題の結果であり、同時に医療の公共性をより深刻に損なう装置として作用しているという事実、つまり個人の不安や選択をとりまく文脈そのものも社会的苦痛であることを認識してみたいのである。その中でも未来の不安に対する備えという性格をもつ医療保障制度を検討するためには、人々の健康に対する心配と個人の選択を社会的苦痛として認識する必要性がさらに高まっているのである。

3．韓国社会における医療民営化政策の展開

現代韓国社会において医療民営化が社会的苦痛の中心にあるという事実は、医療民営化という用語そのものが、2008年のいわゆる「キャンドルデモ」を通じて大衆によって確立された用語であるということからも知ることができる。米国産牛肉輸入問題や大運河建設反対、水道民営化反対、無制限的な競争を促す教育政策批判などとともに、医療民営化は、イ・ミョンバク（李明博）政権の政策基調を批判するために街へ飛び出した市民に暮らしの苦痛をもたらす現代の重大な問題として注目を浴びたのである。

それでは韓国における医療民営化政策とは何を指すのだろうか？この用語を使用する主体や意図、強調点によって医療先進化、産業化、私有化、営利化など多様に表現されるが、その核心は医療サービス部門の民間所有を全面的に容認し、運営権を民間に委譲することである。これに加えて、そうして委譲されたサービス運営の主な動力を「営利化」、つまり利潤の創出に求めるというのが医療民営化の核心であり、民営化は基本的に大企業化、財閥化を意味する。これは、これまで韓国保健医療サービスが現実的に営利を追求する過程において、少なくとも公には公共性を掲げていたのが、露骨に医療を商品として認めるものであり、より具体的には、それまで法的に禁止されてきた「営利法人の許可」および「海外の患者に対する誘引斡旋行為の許可」などを公に認めることを意味している。すなわち医療サービスが一次的に国民健康のためのものというスローガンを投げ捨て、医療民営化論は、医療が今や産業であり、したがっ

てこれを育てて国家の富を創出する国家の成長動力源とすべきであるということを当為として宣言するに至ったのである。医療民営化にともなうもう一つの現実的な変化は、保健医療政策においてそれまで保健医療問題を担当していた保健福祉家族部の責任と権限がすべて縮小されたことである。これは保健医療問題をもはや健康や福祉についての問題ではなく産業の問題とみなすことで実行されたのだが、多くの保健医療関連従事者の反発を買い、これにともない2009年10月には全国79の市民、労働、農民、保健医療、地域団体が集まって「医療民営化阻止および健康保険保障強化のための汎国民運動本部」を結成するにいたった。

　ところが韓国における医療民営化問題は、もちろんイ・ミョンバク政権の登場によって公式化されたわけであるが、その歴史的起源はより深いところにある。韓国の現代医療体制は、公共性を標榜しつつも、一方では公共性、あるいは平等という理念を左翼または北朝鮮と関連付けるイデオロギー的な地形のなかで存在してきた。特にパク・チョンヒ（朴正熙）政権期［1960～70年代：訳注］、医療や福祉問題は経済開発の議論や政権の正当性を確保するための宣伝論理によって大きく規定されてきた。これに対する反発として市民社会においては官制の画一性や規制を脱皮しようとする欲求が生まれ、それは多くの人々が1997年のIMF経済危機以降、市場論理の導入を進歩的なものとして受け入れてしまう基盤となった。国際的にも1980年代以後、先進国や開発途上国を問わず推進してきた保健医療改革は、消費者の選択と民間部門の役割拡大、市場要素と経済の導入を通じた公共部門の構造調整、保健医療部門における財政運営方式の変化など、新自由主義的路線に立脚したものが多い。韓国においても保健医療部門に対して新自由主義的な政策へと基調を旋回したのは2004年ノ・ムヒョン（盧武鉉）政権下においてであり、このことは社会を先進国化させうる方策、つまり改革として提示されたという点から問題の複雑さを垣間見ることができる。ノ・ムヒョン政権は2005年から国務総理傘下に「医療産業先進化委員会」を設置して本格的に多様な医療産業化政策を打ち出していったが、その内容の核心は、債権を発行して外国資本と国内の流動資本を引き寄せることで財源を調達し、国内外の投資を促進するために経済自由区域内に外国籍の病院の設置を許可し、さらにそれらに韓国人患者の診療まで許容し、医

療広告を許可して病院・医院の買収・合併が容易となるよう法律を改正、医療観光を活性化するための制度改善策を整えるなど、結局、大規模資本が投資して利益を得るのに有利な方向へと焦点が当てられていたのである。

しかしながら、ノ・ムヒョン政権において、こうした医療民営化政策が市民社会の反発のみならず政府内でも異見に直面してその推進が困難となった一方で、イ・ミョンバク政権では企画財政部が積極的に推進しはじめたという違いが見られる。これにともない、多くの市民は、政府が全医療機関が義務的に国民健康保険の療養機関として指定されている当然指定制を廃止し、結局国民健康保険そのものを民営化しようとするのではないのかという疑問をもつようになった。2008年6月、政府は外国人患者誘致のための誘致斡旋行為の許可と医療法人間の合併を認める内容の医療法改正案を発表し、医療法人の認定そのものについては明確な立場を示すことを避けつつも、済州特別自治道に限っては医療法人の設立が認められ、以後他地域においても地域の要請があれば拡大していくと公表することで、医療機関の営利法人化が長期間の政策基調であることを明らかにした。2009年1月には「未来の韓国を牽引する3大分野、17の新成長動力選定」を行いつつ、そこに高付加価値サービス産業のうち「グローバル・ヘルスケア」を含め、その間患者に対する誘致斡旋を認める医療法が国会を通過して2009年5月1日から施行されるにいたった。2009年5月には再び「新成長動力総合推進計画」を発表しているが、ここには海外患者誘致という目的のもと、国家認証制度の転換と医療紛争調整法の改正、医療観光ビザの新設など、具体的な内容とともに国内保険会社の海外患者誘致の認定、外国政府、外国系保険会社との患者送り出し契約推進などの内容も含まれている。

こうして現在推進されている医療民営化政策は、国民の健康増進よりも市場と営利を志向する利害関係者たちの利益追求という目的が優先されており、その政策内容には小資本医療供給者（開業医）、社会経済的疎外地域や集団に対する利害がほとんど含まれていないという問題がある。医療債権を発行する場合、信用等級が良好なブランド、認知度の高い首都圏の大型病院や一部の系列病院は恩恵を受けることができるが、既存の町村の医院は没落するしかない状況だ。また医療の民営化で必然的にもたらされる診療費の引上げ、医療機会に関する不平等の深刻化、営利的医療行為に医療資源が集中することで起こる必

要医療領域の空白化、買収・合併の活性化にともなう雇用不安定問題、医療過疎地の発生、営利的民間医療保険が患者を選んで加入を認めることで発生する保障弱体化問題などが予見されているにもかかわらず、これらの対策はまったく整えられていない。さらに医療民営化政策が掲げている目標値は虚構とも言えるものである。例えば2013年までに外国人患者を20万人誘致、5年間で16,000人の雇用を達成、生産誘発効果は4兆ウォンに達するだろうと発表して莫大な財政投入を決定したが、これらの数値が現実的に可能なのか、可能だとしても国内医療体制にどのような影響を及ぼすのかについての検討がまったくなされていない状況なのである。

　もちろんキャンドルデモにおいて見られるとおり、韓国政府が医療民営化政策を推進するからといって、政府の意図がそのまま実現されるわけではなく、また年間40兆ウォン規模に達する国民健康保険が一夜にして民営化されるというわけでもない。しかしながらKDI報告書によると、韓国の民間医療保険加入率は2008年現在すでに63.7％に達しており[2]、公的保険である健康保険が実際に発生する治療費の60％ほどしか保障してくれない状況において民営化政策の後押しまで受けることになれば、これからも私保険の比重がますます拡大することは自明である。特に2008年5月に導入された実損型保険は、疾病発生によって一定額が支払われた既存の定額型商品とは異なり、健康保険のように実際に発生した治療費によって費用を負担する商品であり、健康保険に及ぼす影響も大きくなった。つまり健康保険が保障してくれない本人負担費用を保障してくれるため、健康保険の保障性が良くなければ実損型商品市場が拡大する現象が発生するのである。したがって、これから健康保険療養機関の当然指定制度がなくなったり医療機関や保険会社間の誘引斡旋行為が認められれば、米国と同様に民間医療保険加入者に特定医療機関のみ利用するよう誘導することもありうるし、それによって加入者の統制も可能となるだろう。このように健康保険に対する不信を深め、健康保険の保障性が弱まることで、直接的な利害関係をもつ強力な当事者集団が形成され、市場論理と個人の選択の自由を強調する新自由主義的な時代の潮流のなかで、長期的に医療の公共性が弱まってしまうことを阻止することはますます困難な課題となりつつあると言える。

4. 医療民営化時代と健康格差の現実

　医療民営化はしばしば患者の海外流出や中小規模の病院の経営難、医療費の持続的な高騰など、保健医療の危機に対する対案として提示されてきたが、実際には危機への対案というよりは問題を悪化させる原因としての性格が強い。特に韓国においては、英国やオランダなど医療民営化改革を進めてきた国々に比べて、当初からほとんどの医療供給者が民間部門に所属しており、個人の医療費負担比率が相対的に高いことからもわかるとおり、医療の公共性が脆弱である。したがって公的領域の拡張を医療問題の根源として提示するのが不可能であるという点を想起する必要がある。つまり健康保険制度と営利行為規制に関するいくつかの条項を除けば、総合病院はすでに営利法人としての性格を強くしており、病院に雇用されていない医者の場合は自営業者という性格が強い。現実的にも医療従事者を配置しサービス内容を決定する上で医療人に課せられる制約はほとんどなく、このことは各領域において蔓延する医療不均衡や格差として表れている。事実、医療問題において表れる格差についてはまだまだ研究が必要であり、必要不可欠な統計であるにもかかわらず確保されていないものも多い。それでもまず先行研究によって明らかにされた事実を通じて、現代韓国社会における格差が持続するのみならず、さらに拡大していることを示してみたい。

　まず挙げられるのは地域格差である。地域別死亡率を比較するためには各地域の性別、年齢別構造を考慮して補正しなければならないが、こうして算出した標準化死亡率を見ると、ソウルでもっとも富裕な地域である江南区は人口10万人当たり354.9人であるのに比べ、所得水準の低い中浪区は486.8人ともっとも高い。ところが中浪区の標準死亡率も全国でもっとも高い慶尚南道昌寧郡の663人に比べればかなり低いほうに属しているのだ。この研究は韓国における社会的格差が実際に健康格差、そして寿命の違いにまで表れるという事実を示している（表 - 1）[3]。

　一方、国家的な低出産危機論が強調され、また出産が奨励されている中で、分娩が不可能な農漁村地域は増加する傾向にある。全国的に分娩が可能な病院・

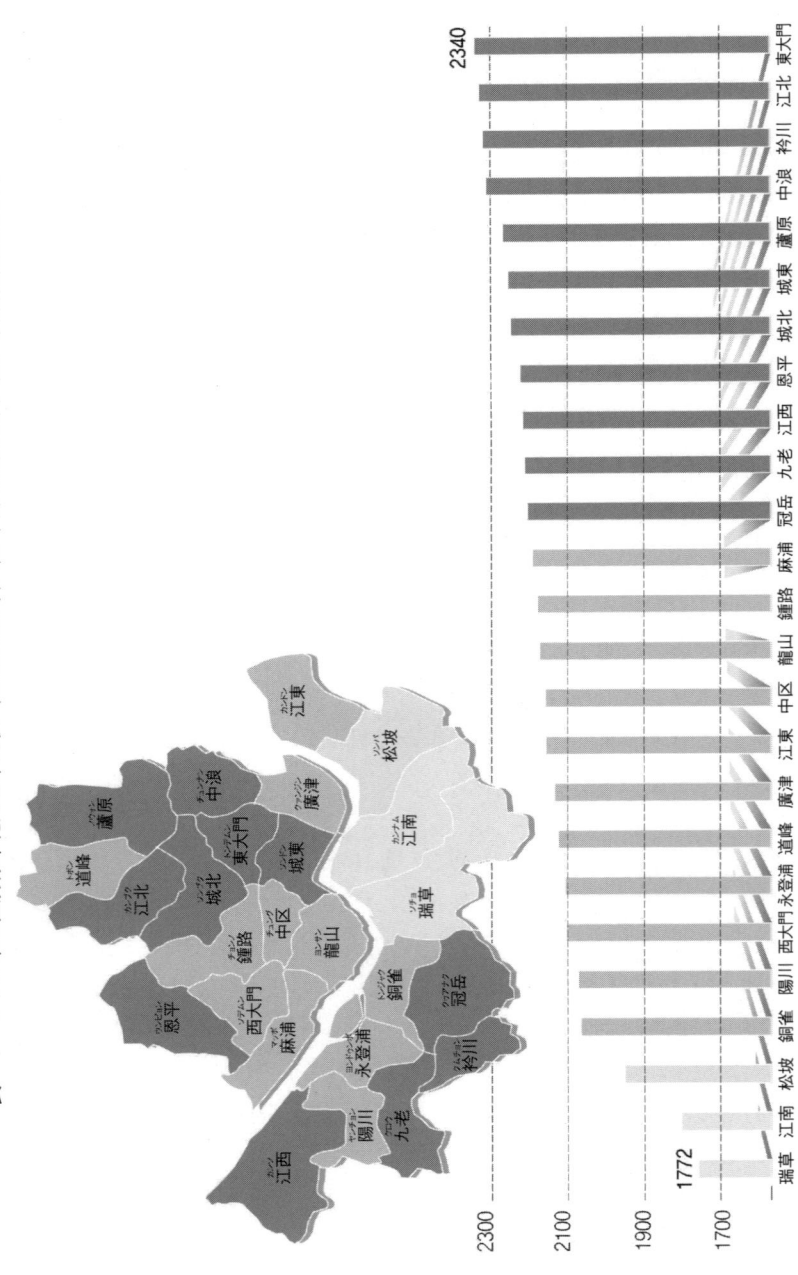

表－1 ソウル市の区別標準化死亡率比較（2000-2004年）（5年間10万人当り 性、年齢標準化死亡率）

資料：韓国健康衡平性委員会

第13章　韓国の医療格差と医療保障制度　　231

表 - 2　全国市郡区別産婦人科と整形外科医院数（2009年）

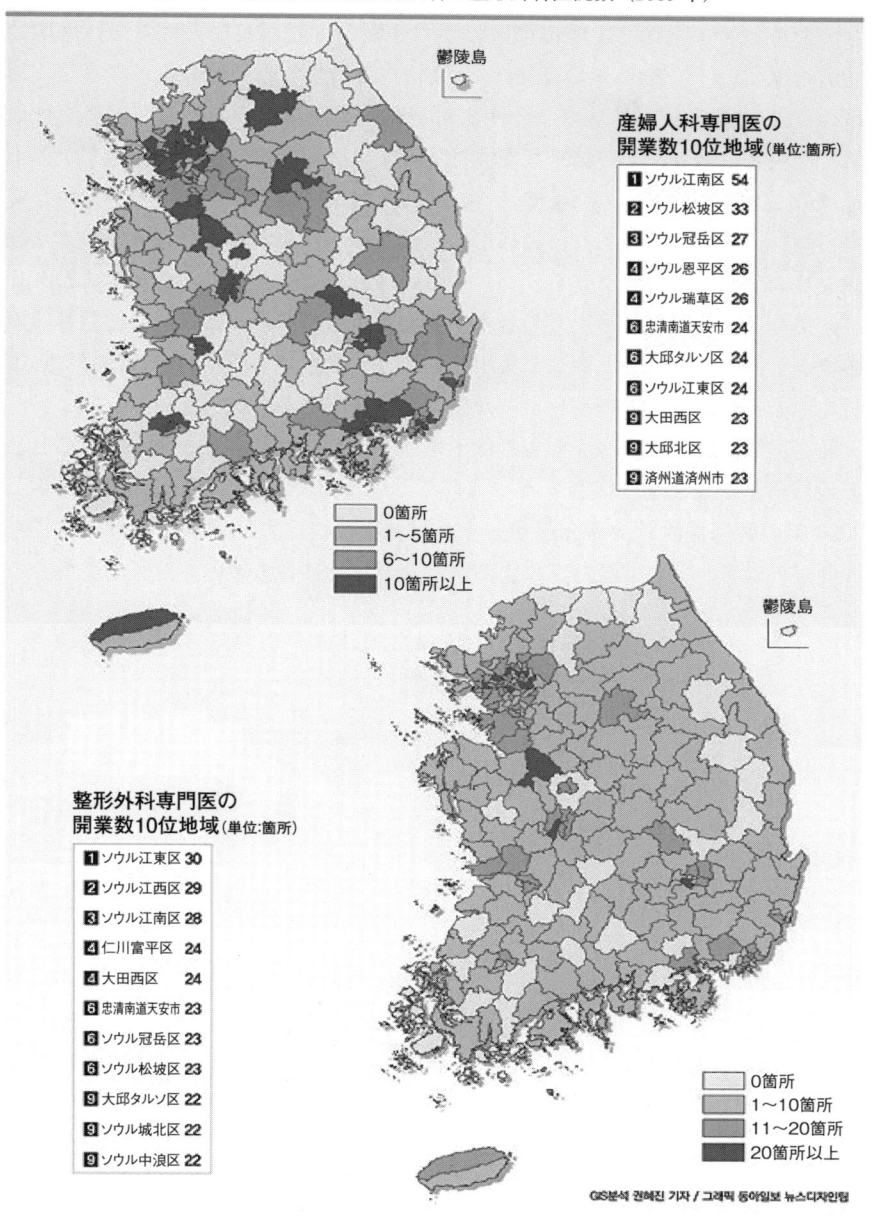

産婦人科専門医の開業数10位地域（単位:箇所）

1	ソウル江南区	54
2	ソウル松坡区	33
3	ソウル冠岳区	27
4	ソウル恩平区	26
4	ソウル瑞草区	26
6	忠清南道天安市	24
6	大邱タルソ区	24
6	ソウル江東区	24
9	大田西区	23
9	大邱北区	23
9	済州道済州市	23

凡例：
- 0箇所
- 1～5箇所
- 6～10箇所
- 10箇所以上

整形外科専門医の開業数10位地域（単位:箇所）

1	ソウル江東区	30
2	ソウル江西区	29
3	ソウル江南区	28
4	仁川富平区	24
4	大田西区	24
6	忠清南道天安市	23
6	ソウル冠岳区	23
6	ソウル松坡区	23
9	大邱タルソ区	22
9	ソウル城北区	22
9	ソウル中浪区	22

凡例：
- 0箇所
- 1～10箇所
- 11～20箇所
- 20箇所以上

GIS分析　権惠珍　記者／グラフィック　東亜日報　ニュースデザイン팀

医院の数は2005年の1,214箇所から2008年には954箇所へと357箇所も減少しており、特に全国231の市郡区のうち分娩が可能な産婦人科のない地域は2001年の21から2009年には48へと2倍以上増加した。ところがこうした地域の91%が郡単位の地域で、分娩死角地帯の問題はそのほとんどが農漁村地域で発生しており、その結果、農漁村地域では出産関連合併症の発病率が都市地域の1.25倍ほど高くなっている[4]。問題は毎年産婦人科そのものが減少している傾向にあることであり、大都市に産婦人科が存在する場合も、分娩より肥満クリニックや尿失禁クリニック、あるいは万能細胞を利用した女性美容クリニックなど、健康保険適用外の診療が増える傾向にあり、こうした営利目的の診療が可能な地域にのみ開院が集中しており、農漁村地域においては特に必須科を中心として医療の空洞化現象が拡大進行している(表-2)。

結局、問題は医療資源そのものは不足していないが、必要な資源を中心として地域格差がますます大きくなっているという点である。表-3は2000年と2006年の韓国保険社会研究院が行った保健医療資源実態調査と健康保険審査評価院の資料、そして統計庁による統計などを基に各地域の保健医療従事者の

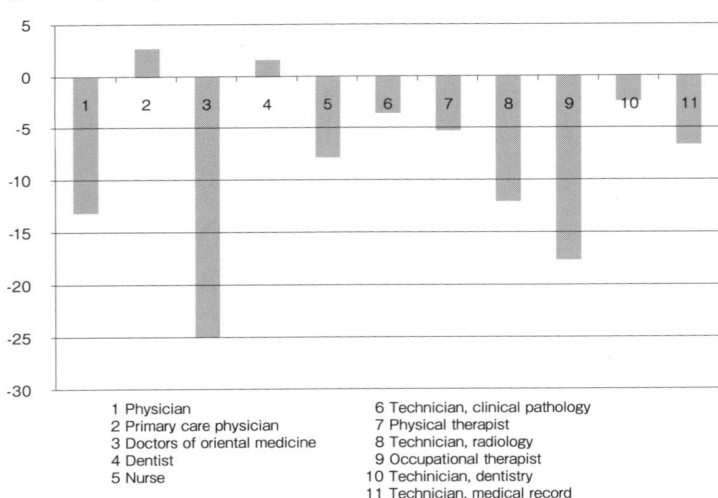

表-3　ジニ係数による保健医療従事者間の地域間分布の変化 (2000-2006)

1 Physician
2 Primary care physician
3 Doctors of oriental medicine
4 Dentist
5 Nurse
6 Technician, clinical pathology
7 Physical therapist
8 Technician, radiology
9 Occupational therapist
10 Techinician, dentistry
11 Technician, medical record

資料：Percent Change of Gini indices of various medical and paramedical personnels during 2000-2006 period (オ・ヨンホ, 2008).

分布について研究した結果を利用して筆者が表にまとめたものである。この表は保健医療の領域別に表れる違いの原因について区別できる方法を提示していないため、解釈をする上で注意を要するが、まず2000年から2006年まで全国的に西洋医学の医師のほかに看護士、韓医師（漢方医：訳注）、医療補助従事者や作業治療士などを含む全体的な医療従事者の分布不均衡がかなり改善されているのが見られる。これは医療が社会において占める比重が持続的に増加し、医療機関の数そのものは増加し続けていることによるものである。

　ところで重要な点は、こうした全般的な傾向において例外なのが歯科と一次診療を担当する医者という2分野である。この2分野はそれぞれ保険の適用がほとんど収益とならない分野（一次医療）や、あるいは保険がほとんど適用されず自費では患者がほとんど来院しない分野（歯科）である。それに比べてもっとも増加した分野は、保険が適用されない項目が多いにもかかわらず、韓国の医療消費状況において保険適用の可否と関係なく患者が多く訪れる漢方医院であるという点は示唆的である。この研究では、高齢化が進んだ地域であるほど、財産税納付実績の低い地域であるほど、そして健康水準が低いほど、医師不足、とりわけ一次診療を担当する医師の数が不足していると示されており、こうした特徴を総合すると主に農漁村や一部の人口が急速に増加している新都市地域において医師不足減少が深刻化していると結論付けることができる。ところが首都圏の中産階級が居住する新都市の場合、一時的に医療従事者が不足しているとしても、すぐに医療機関数は増えていく反面、公共医療による支援が必要な地域であるほど医療機関数はむしろ減少している場合も見られるのが現実である。

　一方、社会経済的な差は地域格差としても表れるが、弱者集団の登場としても表れる。非正規労働者の健康が正規労働者の健康状態に比べて自ら健康だと考える比率は全般的に低いという研究は発表されているが、実際に格差が拡大しているかについての研究はまだない。韓国産業安全公団は最近の統計において、移住労働者数が2007年末現在47万6,179人から2008年末には54万8,553人に増加するなか、2007年から3年間産業災害に遭った移住労働者も年々増えていると報告した。年度別被災者は2007年の3,967人から2008年には5,221人へと急増し、2009年には5,231人に達した。死亡者は2007年が87人、2008

年は117人、2009年は101人であった。法務部と公団がそれぞれ明らかにした移住労働者数と産業災害指数を通じて産業災害率を単純計算してみると、2007年は0.83％、2008年は0.95％、2009年には0.93％と推計される。これは国内全体の産業災害率（0.72％）に比べてそれほど高い水準ではないといえるかもしれないが、現実的に言葉の壁による意思疎通の問題から産業災害の事実が隠されたり、申告そのものが難しい不法滞在者の産業災害まで合わせれば、その数字は統計よりもずっと多くなることが予想され、2007年以前の統計が存在しないため長期的な推移を把握するのは困難だが、移住労働者数が増加する中で産業災害に遭う絶対的な数字が増えているのは確実だろう。

5．個人化した健康概念が生み出す悪循環と社会的苦痛

　新自由主義的政策に基づいて、個人の老後についても備える責任が各個人にあるという考えや、各個人の健康は自分で面倒をみるべきであるという考えは単に新自由主義政府や政策にのみ表れるものではもちろんない。我々は、これまで人間の歴史が疾病を征服してきた歴史であり、現在人々が経験している多くの疾病はいつの日か画期的な新薬や新しい治療法が解決してくれるだろうと信じる傾向がある。ところが同時に我々は、国家が提供する公共医療がこうした画期的な新薬を誰もが享受できる価格で提供してくれることは不可能であるということも熟知している。したがって各個人は自身の未来にありうる危険に備えるために個人的に保険に加入し、こうして営利を目的とする民間保険が拡大するにつれ国民健康保険財政は悪化して、医療従事者と援助は一次医療の領域よりも老化防止、肥満治療などの領域へ偏ってしまう。
　つまり自分の健康に対する不安や公的医療に対する不信は民間保険を強化し医療の公共性をますます弱めるのみならず、そうした不安感から受ける健康診断や未来に対する保険と考えて行う臍帯血（へその緒）保管、脂肪の万能細胞の保存、あるいは癌ワクチンなどはそれ自体として公共領域の医療をさらに歪曲させる悪循環をもたらすものである。海外から患者を誘致することに何の問題があるのかと考えることもできるが、韓国の大型総合病院が先を争って誘致する健康診断患者のほとんどは海外居住の韓国人である。彼らはたいてい、韓

国滞在期間のみ健康保険の資格を取り戻して健康保険の恩恵を受けることで健康保険の財政を悪化させる原因となっており、高価な医療施設や従事者が本来の意味における患者ではない彼らに優先されていることも大きな問題である。臍帯血保管の場合、個人化した健康概念は公共のバンクを通じて社会構成員全体が必要なときに使用できる方式より、自分の子どもや家族だけのための臍帯血保険に高額の費用を支払わせ、結局、社会全体として公共臍帯血バンクの縮小をもたらし、結果的に必要なときに臍帯血を得られなくしてしまい、さらに再び人々をして自分の未来は自分で備えねばならないと信じ込ませ、最終的には経済格差が健康格差へとつながっていくのだ。

　癌ワクチンの例においても、最近になって関心が寄せられている子宮頸癌ワクチン、より正確には人間乳頭腫ウィルス（ヒトパピローマウィルス、HPV）予防ワクチンの場合、子宮頸癌を予防するものとして知られはじめ、米国だけでなく韓国においても産婦人科学会を中心に健康保険ですべての女性に接種できるようにしてほしいという強力なロビー活動が行われている。このワクチンが費用に比べてどれほどの効果があるのかどうかも考えるべき問題であるが、韓国における何よりの問題は、低出産および低い診療報酬を理由に分娩を忌避する産婦人科学会が子宮頸癌ワクチンの普及に活路を見出そうとしていることである。ワクチン接種そのものは個人的に選択することのできる問題かもしれないが、1サイクル（ワクチン接種は数回に分けて受ける必要がある：訳注）を接種するのに約80万ウォンの費用がかかる子宮頸癌ワクチンを購買力のある一部の女性だけが受けることも、かといって健康保険の財政で援助をするのも、それぞれ問題があるだろう。だがそれよりも大きな問題は、子宮頸癌を予防するために必要なワクチンを接種するにしても、必ず受けねばならない費用の高い子宮頸部細胞陣検査、あるいはパップ・スメア・テスト（Pap smear test）のような利潤創出の助けにならない医療サービスを提供できる保健所が少しずつ減っているという事実である。子宮頸癌ワクチンの問題に関するすべての議論は効果に集中しており、ワクチンという医学的措置がもはや公衆保健の観点から行われる予防的措置ではなく、個人化された不安を動力としている商品になってしまったという事実を指摘する人はそれほど多くない。結局、政府が金にならない一次医療を放棄する間に、町にある一次医療機関は、数も少

なくなっているが、仮に命脈を維持するとしても肥満管理や万能細胞治療、あるいは背の高くなる薬など、高価な健康補助薬を販売することに血眼になっているのが現在の韓国における医療の現実である。一つの問題がまた別の問題を生み出す悪循環構造がすでに確固としたものになっているのである。ここに韓米貿易協定以降強化される医薬品の特許の問題、医療従事者の海外流出、看護従事者の不足などが合わさると、健康な社会を作るための努力など望むべくもないように見えるのも事実であり、ここでこうした問題を論じることもできない。

それでも本稿を終えつつ、最後に強調しておきたいのは、格差社会が生む健康格差問題と同様に、各個人が求める健康増進行為や健康に対する悩みもまた、社会的文脈において見つめる必要があるという事実である。新自由主義は医療サービスのみならず、移植のための臓器や生命工学の発展に後押しされる新しい治療法などを通じて、医療関連の商品化できる領域を無限に拡大し、規制を回避するための海外での万能細胞治療や代理母などの生殖観光においても見られるように、グローバル化した現実において商品化が実現される舞台も限りなく広がり続けてきた。こうした状況において、もはや自分が健康について感じる不安の社会的文脈や健康のための行為を、個人的な苦痛に対する自然な対応と見てしまっては、この悪循環の輪を断ち切ることは難しくなる。したがってこれを社会的苦痛として見ることで、個人的な省察を越えて健康と医療の問題を社会的・政治的な緊急議題とし、現実の変化を呼び起こすための重要な一歩となるだろう。

注

1) 統計庁、「2007年私教育費実態調査」2008.2.22 発表
2) KID 報告書、『民間医療保険加入と医療利用現況』2008.7.22 発表
3) ハンギョレ新聞社と韓国健康バランス学会の合同調査「性年齢標準化調査」ハンギョレ新聞、2006.1.15 発表
4) 2010年2月18日、大韓産婦人科学会発表資料、http://healthcare.joinsmsn.com/news/article/article.asp?total_id=4019324&cont_code=030025&Cate=&sub=

参考文献

Arthur Kleinman, Veena Das and Margaret Lock (eds.) (1997), *Social Suffering*, University of California Press.

Harald Schumann and Hans-Peter Martin (1997), *The Global Trap: Globalization and the Assault on Prosperity and Democracy*, St. Martin's Press.

近藤克則、『健康格差社会：何が心と健康を蝕むのか』、医学書院、2005

湯浅誠、『反貧困―「すべり台社会」からの脱出』、岩波書店、2008

신영전, 윤태호, 김명희 외,「건강불평등 완화를 위한 건강증진 전략 및 사업 개발」, 보건복지부, 2009.［シン・ヨンジョン、ユン・テホ、キム・ミョンヒ著、「健康不平等緩和のための健康増進戦略および事業開発」保健福祉部、2009］（韓国語）

오영호,「GINI 計數에 의한 주요 보건의료인력의 지역간 분포 변화」,『보건복지포럼』, 2008.5.［オ・ヨンホ、「GINI 係数による主要保健医療従事者の地域間分布変化」『保健福祉フォーラム』、2008.5］（韓国語）

윤태호,「우리나라 건강불평등 해서를 위한 정책 제안」,『예방의학회지』, 40 (5), 447-454, 2007.［ユン・テホ、「我が国における健康不平等解消のための政策提案」『予防医学会誌』40 (5)、447-454、2007］（韓国語）

이창곤 외,『추적, 한국의 건강불평등：사회의제화를 위한 국민보고서』, 도서출판 밈, 2007.［イ・チャンゴン、『追跡、韓国の健康不平等：社会イシュー化のための国民報告書』図書出版ミーム、2007］（韓国語）

（翻訳、宮川卓也）

第 14 章

中国の医療保険制度における医療格差の是正に向けて
―― 効率追求から公平性重視へ ――

袁　麗暉

1．問題の所在

　医療サービスは通常の財・サービスと異なる性質を持っているため、医療保障制度が必要となる。医療保険制度は医療保障制度の一つであり、その設立によって、医療サービスが持つ情報の非対称性から誘発されがちの「逆選択」や「モラル・ハザード」等の問題がある程度改善され、医療の公平性が保たれる。ゆえに、医療保険制度を採用している国にとって、その国の医療保険制度の設計はその国の医療サービスアクセス向上に大変重要な役割を果たしていると言える。

　中国は1970年代末から始まった経済体制転換によって、医療保険制度にも大きな変化が生まれた。経済改革の潮流にそって農村部のはだしの医者（barefoot doctor）[1]を中心とした合作医療制度が消えさり、代わりに「新型農村合作医療」（以下新農合と称す）が2003年から正式実行となった。都市部において、建国当初から実行していた公務員を対象とした公費医療制度と企業従業員に適用していた労働保険医療制度が都市従業員基本医療保険制度に変えられ、さらに都市従業員基本医療保険制度適用外の学生、児童、高齢者等非就業者のための都市住民基本医療保険制度が作られ、「皆保険」に向かって各医療

保険制度間の整合や改革が行われている。ただ、2億を超える出稼ぎ農民工の医療保険については、また各地で模索が始まっているところである。

しかし、経済発展に対応した新医療保険制度が設立されたにもかかわらず、中国には医療格差が生じている。中国衛生部が2008年に行った第4回国家衛生サービス調査の報告書「中国衛生サービス調査研究」によると、2003年から2008年の間、低収入人口が入院治療を受けられない比率は35.5％であり、全国平均より10％も高くなっていた[2]。一方、日本の大手旅行会社の中国富裕層向けの3泊4日107万円の「がん早期発見検診ツアー」がよく売れたと2009年6月25日の日本経済新聞に報じられていた。これらの現象は裕福層の人々が健康上リスクとされる行動を避け、健康に投資できる一方、低収入者が心理的に抑圧され、医療費のために受診を控えるという仮説の正しさを証明し、中国における大きな医療格差の存在を傍証するものであろう。

2003年10月に行われた中国共産党第16期三中全会において採択された「社会主義市場経済体制整備の若干の問題に関する中国共産党中央の決定」には、「人間本位を堅持し、全面的、協調的、持続可能な発展観を樹立し、経済・社会と人の全面的な発展を促進する」という方針が組み込まれた。さらに、2005年3月に行われた中国第10期第3次全国人民代表大会では「調和のとれた社会」の構築が提唱された。「人間本位」にしろ「調和のとれた社会」にしろ、それを実現するためには今中国に存在する「医療格差」を解消しなくてはならない。本稿では、中国の現行医療保険制度による医療格差に焦点を当て、その医療格差の現状を明らかにし、原因を探り、中国医療保険制度是正の方策を考えたい。

2．中国医療保険制度の展開

現在実行されている中国の医療保険制度には新農合制度、都市従業員基本医療保険制度、都市住民基本医療保険制度[3]がある。これらの制度はそれぞれ2003年、1998年、2007年に政府によって実行され始めたが、これらを分析するに当っては、まずそれぞれの発展史を簡単に把握しておこう。

（1）中国農村医療保険制度の変遷

　現行の新農合制度は2003年に中国国務院が公布した「新型農村合作医療制度の設立に関する意見」より実行し始めた。その前身は1950年代に創立された農村合作医療制度（以下旧農合と称す）である。

　旧農合制度は当時中国で行われた農業合作化運動の産物であり、人民公社（或いは生産大隊）を基盤に農業合作社、農民、医師の共同出資を利用し、保健所が作られ、任意加入で農民が一人2角[4]の費用を納付すると、訪問診療、予防保健サービス等が無料で受けられた。この制度は60年代中期から70年代にかけて、大きく発展し、1980年、旧農合制度の普及率は90％に達し（陳佳貴2001）、当時の3次医療体制（図-1）とはだしの医者制度と連動して、農民の健康状況の改善と医療アクセスの向上に大きく貢献した。

　1978年から中国が計画経済から市場経済へと転換し、農村部の社会・経済体制には大きな変化が生じた。1980年代前半にはほぼ全国的に農業経営請負制が展開しており、旧農合制度の基盤である人民公社が解体された。従って、基盤を喪失した旧農合制度の加入者は急速に減少し、中国衛生部の調査によると、旧農合制度を実行している行政村は80年の90％から85年の5％に減少した。

　旧農合制度の衰退は農村部住民の受診難の原因となり、1998年に発表された「第2次国家衛生サービス調査主要結果の初歩的報告」によると、当時の旧

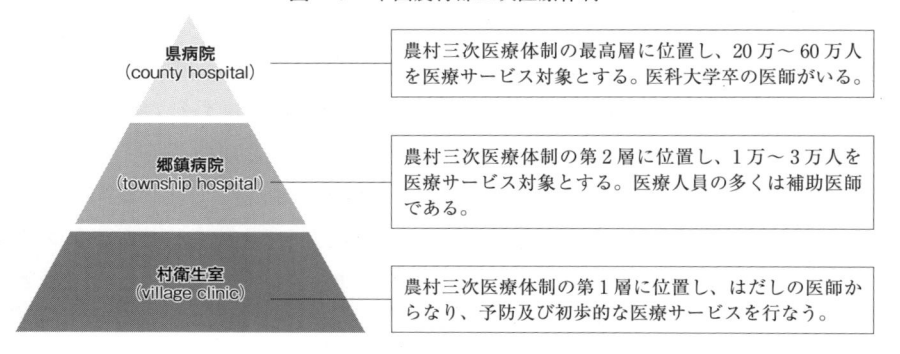

図-1　中国農村部三次医療体制

県病院（county hospital）	農村三次医療体制の最高層に位置し、20万～60万人を医療サービス対象とする。医科大学卒の医師がいる。
郷鎮病院（township hospital）	農村三次医療体制の第2層に位置し、1万～3万人を医療サービス対象とする。医療人員の多くは補助医師である。
村衛生室（village clinic）	農村三次医療体制の第1層に位置し、はだしの医師からなり、予防及び初歩的な医療サービスを行なう。

農合制度の加入率がわずか6.50％で、農村住民の医療費自己負担率が87.44％に達した（陳2001）。この問題を解決するため2003年1月「農村衛生工作の増強に関する中共中央及び国務院の決定」が公布され、新農合はここに誕生した。

（2）都市従業員基本医療保険制度と都市住民基本医療保険制度の展開

現在、中国の都市部住民が加入している医療保険制度には都市従業員基本医療保険制度と都市住民基本医療保険制度がある。都市従業員基本医療保険制度の前身は1951年2月創設された"労働保険制度"（労保制度）と1952年6月から実行された"公費医療制度"である。労働保険制度の対象は企業の被用者、その直系親族とその被扶養者である。この制度では保険料の支払いがなく、企業が全額を負担していたため、保険制度より企業の福利厚生に近いものであった。公費医療制度は公務員を始め、大学生、2級障害を持つ復員軍人等が加入対象である。公費医療にも加入者からの拠出がなく、実質上の無料医療保険であった。

しかし、経済改革に伴い、医療衛生費が著しく増加して、従来の都市部の医療保険制度は限界を呈していた。原因は以下四つの面から考えられる。

第一には、物価及び医療機関人件費の上昇、医療技術の進歩、人口高齢化等である。

第二には、企業改革による国有企業の経営悪化である。

第三には、非国有セクターの急成長である。労働医療保険は国有セクターに限定されていたため、非国有セクターから大量の無保険者が生まれた。

最後に、従来の制度は無料医療とも言える制度で、医療サービスの提供側と需要側にモラル・ハザードが発生し、過剰医療が大きな社会問題となった。そして、1998年に中国国務院が「都市部従業員医療保険制度の設立に関する決定」[5]を公布し、都市部では新しい医療保険制度が誕生した。

しかし、新しく作られた「都市従業員基本医療保険制度」では、被保険者は被用者本人に限定しているため、それまで「労働医療保険制度」の恩恵を受けてきた高齢者と児童、低所得者が医療保障を受けられなくなった。この問題を解決するため、2007年「都市住民基本医療保険制度」が設立され、学生、児童、

高齢者など都市部非就業者を対象とする医療保険制度が生まれた。

(3) 農民工を対象とする医療保険制度

　農民工は農村戸籍を持ちながら都市部で仕事に従事している出稼ぎ労働者のことを指す[6]。1949年に中国が建国し、都市部において資本集約型の近代産業化を実現するために、農民から低価格で購入した食糧を都市住民に配給することによって、都市部労働者の賃金水準を低く抑えることができ、工業部門への傾斜投資ができた。さらに、都市部の就業者になれば、家族手当、医療費の半額免除などを受けられることになり、これらの都市、農村部間の格差は農村部住民の都市部への流入に拍車をかけた。農民の都市部への流入による国家財政負担の増加等を防ぐため、1958年1月9日、中国人民代表大会常務委員会第91回会議は、「中華人民共和国戸籍登録条令（戸口登記条令）」[7]を採択、公布した。条令では、農村住民が都市へ流入する場合、都市労働部門での採用証明書、学校の入学証明などを戸籍登録期間内に提出しなければならないと規定され、都市と農村間の人口移動が厳しく制限された。この厳しい制限は1980年代半ばまで続いた。しかし、1970年代後半から経済改革開放によって都市部では労働集約型産業が発達し、労働力の需要が高まり、労働力の移動は一定程度に認めなければならなくなった。1980年代後半から政府の一連の政策緩和によって農村住民の都市への移動が容易となり、農民工という社会階層が現れた。21世紀に入ってから農民工の数は飛躍的に増大し、「2009年農民工監測調査報告」によれば、2009年の全国農民工の総人数は22,978万人に達し、その内、他地域へ移動した出稼ぎ者が14,533万人である。

　農民工人口急増をきっかけに、2000年以後、中央政府の農民工に関する公文書も農民工医療保険問題に言及し始めた。2003年、「都市へ就労する農民に対する管理に関する通知（国務院弁公庁関於做好農民進城務工就業管理和服務工作的通知）」を中央政府が公布し、農民工の勤務及び生活条件の改善について、条件が揃った地域に関して農民工の医療保険への加入方法を模索し、就業期間における医療問題を解決すると記述した。2004年に中国労働・社会保障部が「混合所有制企業と非公有制経済団体の就業者の医療保険加入の推進問題に関する意見（関於推進混合所有制企業和非公有制経済組織従業人員参加医療保険的意

見）」を公布、就業先と雇用関係を結んでいる農民工に対し、就業期間中の重病（大病）を保障する農民工医療保険制度を勧めた。そして、2006年国務院が「農民工問題の解決に関する意見」、労働・社会保障庁が「農民工の医療保険加入の拡大に関する通知」を公布し、これらの公文書の公布をきっかけに、各地が相次いで農民工医療保険制度の設立に乗り出した。現在まで、中国全国の20余りの省（市）において、農民工医療保険制度が実施されている。

（4）現行医療保険制度の特徴

中国医療保険制度は1978年からの経済体制転換につれて、70年代末から90年代初めの模索期、90年代初めから2002年までの構築期を経て、2003年から皆保険に向かっての全面推進期に突入した。新農合制度、都市従業員基本医療保険制度、都市住民基本医療保険制度は中国の医療保険制度の3本の柱という位置に付けられ、制度の設計はある程度全国画一にしている。対照的に、農民工を対象とする医療保険制度はどちらかといえば、三つの基本医療保険制度の下に付属している形になっていて、中央からの統一した制度のフレームが提示されていないため、地域によって色々な形式になっている。従って、基本医療保険制度と農民工を対象とする医療保険制度の特徴について、別々に述べたい。

1）三つの基本医療保険制度の特徴

新農合制度、都市従業員基本医療保険制度、都市住民基本医療保険制度の内容は表1で現わしている。

この三つの基本医療保険制度は表－1のとおりそれぞれ依拠する法規があるが、これらの法規はあくまでも各制度に対し国レベルのグランド・デザインであり、それよってまた省ごとにグランド・デザインが設計され、実際に各地で実行されている各制度が各地（県、市）レベルで省のグランド・デザインに合わせ、設定、運営されている。これは中国の基本医療保険制度の一特徴でもある。以下、この特徴を含め、基本医療保険制度の特徴を説明していく。

2）特徴その一：起付点（免責金）、給付上限、給付率の存在

三つの医療保険制度には起付点、給付上限、給付率が存在している（表－2、

第14章　中国の医療保険制度における医療格差の是正に向けて

表-1　中国における公的医療保険制度の相互比較

項目	新型農村合作医療制度	都市部従業員基本医療保険制度	都市住民基本医療保険制度
依拠する法規	中国国務院弁公庁『新型農村合作医療制度の設立に関する意見』[1]	『国務院が都市部就業者基本医療保険制度の設立に関する決定』[2]	『都市住民基本医療保険制度の実験的実行に関する指導意見』[3]
加入形態	任意	強制	任意
対象者	農村戸籍者（世帯単位）	都市戸籍の被用者本人（家族が含まれない）	城鎮職工基本医療保険制度適用外の学生、児童、高齢者等の非就業者。
保険料財源	加入世帯負担：20元以上／世帯・年[4]　財政補助：地方財政と中央財政から120元／人・年[5]	原則、被用者から賃金の2％、雇用主から賃金の6％を拠出、被用者の保険料全額と雇用主拠出金の30％を被用者個人口座に、残った部分は医療保険基金へ積み立て。（雇用主の拠出金割合は地域によって差あり）	加入者個人負担と財政補助　一般的に18歳以下、18歳～60歳、60歳以上年齢段によって納入金額と財政補助額が違ってくる。
運営主体	県政府	市政府	市政府
管轄省	衛生部	労働社会保障部	労働社会保障部
保障範囲	主に重病治療費の補償、外来治療費も一部補償	外来治療費は個人口座から支出、入院、重病治療費は医療保険基金から支出	主に重病治療費の補償、外来治療費も一部補償
給付方法	被保険者が一部負担（先に立て替え払いがある）	被保険者が一部負担	被保険者が一部負担

注1）『関于建立新型農村合作医療制度的意見』［国弁発（2003）3号］
　2）『国務院関于建立城鎮職工基本医療保険制度的決定』［国発（1998）44号］
　3）『国務院関于開展城鎮居民基本理療保険試点的指導意見』［国発（2007）20号］
　4）制度スタート時10元
　5）国発［2009］12号「国務院关于印发卫生体制改革近期重点实施方案（2009-2011）的通知」
出所：著者作成

3、4）。各制度は保険加入者が受診する病院のレベル（3級医療体制における位置）ごとに、免責金を課している。病院のレベルが高ければ高い程、免責金が高くなる。また、各制度は一回、或いは一年間の最高給付額も設定している。最後に、給付率は免責金と同じように受診病院のレベルによって設定され、病院のレベルが高ければ高い程、低くなる。

　新農合制度については、表-2、3、4のとおりである。都市従業員基本医

表-2　2005年257県の入院治療費給付起点（免責金）設置状況

	全国		東部		中部		西部	
	設置比率(%)	免責金中位数(元)	設置比率(%)	免責金中位数(元)	設置比率(%)	免責金中位数(元)	設置比率(%)	免責金中位数(元)
郷病院	68.9	200	56.1	400	81.8	100	72.6	100
県病院	74.7	305	60.7	500	85.2	300	83.9	200
県以上病院	78.6	500	63.6	900	90.9	551	87.1	400

出所：「中国社会保障発展報告2007」87頁

表-3　2005年257県の入院治療費給付上限設置状況

	全国		東部		中部		西部	
	設置比率(%)	中位数(万元)	設置比率(%)	中位数(万元)	設置比率(%)	中位数(万元)	設置比率(%)	中位数(万元)
郷病院	92.2	1.00	89.7	2.00	97.7	1.00	88.7	0.500
県病院	94.9	1.00	95.3	2.00	97.7	1.00	90.3	0.500
県以上病院	94.2	1.00	93.5	2.00	97.7	1.00	90.3	0.535

出所：「中国社会保障発展報告2007」88頁

表-4　2005年257県の入院治療費給付率（中位数）の状況

（単位：%）

	郷病院		県病院		県以上病院	
	最低給付率	最高給付率	最低給付率	最高給付率	最低給付率	最高給付率
全国	35	55	30	50	20	45
東部	30	60	25	50	20	48
中部	30	55	30	50	25	50
西部	45	50	30	45	25	40

出所：「中国社会保障発展報告2007」88頁

療保険制度については、入院免責金はその地域の従業員前年度平均収入の10分の1、入院給付上限は前年度平均年収の4倍前後を標準にしている。給付率もその地域の状況に合わせて設定されることになっている[8]。都市住民基本医療保険もその地域の状況に合わせて起付点、給付上限、給付率を設定するようにと『都市住民基本医療保険制度の実験的実行に関するガイドライン』[9]に書かれている。

第14章　中国の医療保険制度における医療格差の是正に向けて　　247

3）特徴その二：制度の地域性

前述したように、中国の医療保険制度が依拠する法規はあくまでもグランド・デザインであるため、保険が運営地域によって制度の具体内容に差が生じている。制度の地域性は二つの面を持っている。まず、保険加入者が医療保険制度を利用し受診する際、原則的にその地域の医療機関における受診しか認められない。二つ目、受診に対する免責金等具体内容について、地域によって違う。表-2、3、4のとおり、新農合の場合、東部、中部、西部に免責金、給付上限、給付率についてかなりの違いが存在している。現在、中国全国に少なくとも7,800余りの具体基本保険実施方案が存在すると言われ（杜2010）、免責金、給付上限、給付率について7,800余りのパタンが存在するといって過言ではない。

4）特徴その三：制度によって、保障重点及び保障レベルが違う

表-1のように、制度によって保障の重点が違う。従業員基本医療保険の場合、外来も入院も保障するが、他の2つの制度では入院への保障に重点を置いている。又、表-5でわかるように、各保険制度の保障レベルには大きな差が存在している。

なぜ、中国の基本医療保険制度はこういう特徴を持つデザインになっているかと言えば、政府が基本医療保険制度を設計する際、限られた医療資源・財源の効率的利用を重視したのが主な原因の一つと考えられる。

中国は建国当初から三級医療体制の設立に乗り出した。当時、医師等医療従

表-5　2008年中国医療保険制度保険料および保障レベルの状況

医療保険制度	平均保険料（元／人・年）	保障水準	外来給付受給率	入院給付受給率	入院給付率	1回当たり自己負担平均額／個人平均年収
都市従業員基本医療保険	1100-1200	70～80%	72.6%	94.8%	63.2%	31.8%
都市住民基本医療保険	250-300	50%前後	33.3%	79.2%	49.2%	38.2%
新農合	100	30%前後	33.5%	80.2%	34.6%	56.0%

出所：「2008中国衛生サービス服務調査研究」、杜（2010）、袁（2010a）を参考し作成

事者、医薬、病院、病床が極めて乏しい状況の下で、地域における機能分化と連携に重点を置く考えから、三級医療体制を作り上げた。発想はこうである、予防活動や初歩的な医療サービスは三級医療体制の最下層（農村では村衛生室、都会ではコミュニティの診療所）で行い、三級医療体制の最下層で治療できない病気であれば二級（農村では郷鎮病院、都会部では区の病院）へ、さらに重い症状なら三級（農村では県病院、都会では市以上の病院）へ、という考え方である。現在実行中の医療保険制度では、高レベルの医療機関での受診に高い免責金、低い給付率を設定していて、患者がいきなり大病院での受診を防ぐ、医療資源・財源の有効利用を図る思いがある。

5）農民工を対象とする医療保険制度の特徴

農民工医療保険制度の特徴と言えば、まずその形式の多様性を述べなければならない。

現在、各都市で実行されている農民工医療保険制度は大まかに2つの種類に分けられている。一つは遼寧省、北京市、深圳市、東莞市[10]等で行われている農民工を対象とする農民工医療保険制度で、もう一つは上海市、寧波等で行われている医療・年金・労災が一体となっている総合保険制度（2市の総合保険制度は農民工だけではなく、非当地の都市戸籍を持つ者も加入対象となっている）である。北京市などで行われている農民工医療保険制度について、保険基金の管理運用形式によって、さらに二種類に分けることができる。例えば、遼寧省、北京市では他の基本医療保険制度から独立した農民工だけを対象とする農民工医療保険制度を採用している。この場合、保険料は農民工医療保険専用基金にプールされる。これに対し、深圳市では、農民工の医療保険料は都市部基本医療保険基金にプールされ、都市部従業員基本医療保険および都市部住民基本医療保険との共同運用になる。

農民工医療保険の具体内容について、三つの基本医療保険制度と同じく、免責金、年間給付限度額、病院レベルによる給付率を設定している。この他、同じ就業者を対象とする都市部従業員基本医療保険の内容と比べ、農民工医療保険制度は以下の特徴を持っている。

まず、農民工医療保険の保険料は基本的に企業が全額負担し、就業者医療保

第14章　中国の医療保険制度における医療格差の是正に向けて　　249

険制度に比べると、納付料率が低くなっている。次は農民工医療保険には個人口座が設定されておらず、主に入院を保障することである。

　農民工医療保険制度の設立は戸籍が農村戸籍であることだけに、同じ都市で働きながらも農民工が受けられる医療保障に都市戸籍を持つ就業者との間に大きな格差をもたらした。
　また、三つの基本医療保険制度についても、地域経済発展の不均衡を考えて、低所得層への所得再分配を過度に進めることを防ぐため、免責金、給付上限、給付率を設定したことによって制度間、地域間に大変大きな医療格差をもたらしているのである。以下、この二つの側面から中国医療保険制度による医療格差を分析する。

3．中国の医療保険制度による医療格差の現状と原因分析

（1）基本医療保険制度における医療格差

　中国政府は現行基本医療保険制度の給付比率を高め、加入者の拡大等の措置を取ることで保険加入者自己負担の減少や無保険者数の減少に繋ぐ、住民の医療アクセス向上に一定の役割を果たしている（図2、3）。

図-2　新農合保険加入状況と給付状況推移図

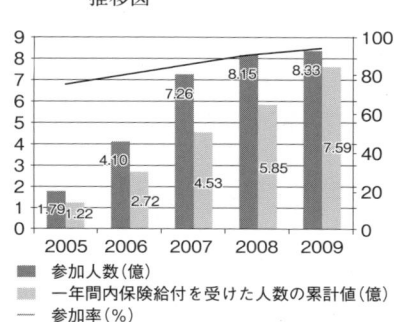

- 参加人数（億）
- 一年間内保険給付を受けた人数の累計値（億）
- 参加率（％）

出所：中国衛生部『2010中国衛生統計年鑑』より作成。

図-3　都市部保険制度加入状況推移図

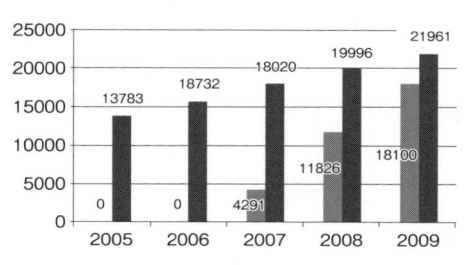

- 都市住民基本医療保険制度加入人数（万人）
- 都市従業者基本医療保険制度加入人数（万人）

出所：中国衛生部『2010中国衛生統計年鑑』より作成。

しかし、各制度間及び同一制度内の異地域間において、大きな格差が生じているのも事実である。以下、格差の状況について説明する。

1) 制度間に存在する格差とその原因

表-5のとおり、都市従業員基本医療保険の加入者は他の2つ制度の加入者に比べ、外来給付、入院給付を受ける人数が遥かに多い。逆に、自己負担額の個人平均年収に占める率について、都市従業員基本医療保険の加入者のほうが一番低い。新農合の場合、自己負担する一回の入院費用は個人平均年収の56％にもなり、農民にとって"看病貴（診療費が高い）"は依然存在している。

制度間格差の原因は制度に置く保障重点の違いと制度の設計時"応益原則"の適用にあると考えられる。例えば、外来給付受給率については従業員基本医療保険加入者のほうが他の保険制度の2倍以上にもなっている。これは表-1で説明したように、従業員基本医療保険は外来も入院も保障する方針を持っていて、他の2種類の制度では入院保障を重点にしていることが原因と見られる。入院給付受給率について、先に言及したように、すべての医療保険制度が入院を保障するという方針を持っているため、制度間の格差は外来ほどではない。それでも従業員基本医療保険のほうが他の保険より15％前後高くなっている。これは従業員基本医療保険の免責金が他の保険に比べ相対的に低く（入院費が免責金より高くなっている確率が高い）設定されていることや、保険を使える医療機関が相対的に多いことなどが原因として考えられ、制度によって保障レベルの設定の違いに原因がある。表-5のように、制度の設計時、加入者が支払う保険料の額によって保障水準を決めるという"応益原則"が働いたのである。しかし、医療保険制度には応能負担によって医療の均等化を図る目的があって、応益原則を適用させ、扶助原理を軽視すれば、格差が生じることは必至である。

2) 同一制度に存在する格差

現行医療保険制度の特徴その二（p.247）で説明したように、中国中央政府は制度のグランド・デザインを与えただけで、地方の経済状況に見合う具体的制度内容の設計権限を保険運営の県・市に与えている。従って、各地の経済発

表 - 6　2008 国家衛生サービス調査、農村部結果

(単位:%)

	受診費全額自費率	経済的理由による未受診率	自主退院率	経済困難を原因に自主退院率
東部農村	59.4	14.8	32.7	30.0
中部農村	70.6	22.1	40.3	34.0
西部農村	70.3	24.7	42.5	41.7

出所:「2008 中国衛生サービス調査研究　第4次家庭健康調査分析報告」279頁、290頁、326頁より作成

表 - 7　2008 国家衛生サービス調査、都市部結果

(単位:%)

	受診費全額自費率	経済的理由による未受診率	自主退院率	経済困難を原因に自主退院率
大都市	22.6	33.0	22.1	18.9
中等都市	48.7	36.7	29.3	23.0
小都市	76.9	46.4	40.1	42.0

出所:「2008 中国衛生サービス調査研究　第4次家庭健康調査分析報告」279頁、290頁、326頁より作成

展状況に見合うように設計されている制度は制度による地域の格差をもたらしている。

表-5のとおり、新農合制度の場合、東部は中部、西部に比べると、入院給付金上限の設定率が遥かに低い上、入院給付金の中位数は中部の2倍、西部の約4倍である。表-4では、東部の入院給付率はやはり中部、西部より高く設定していることがわかる。表-2では、免責金について東部地域では中部、西部地域より高く設定しているが、免責金が設定している地域の比率を見ると、東部は他の地域より遥かに少ない。このような設計の結果、地域における医療アクセスの格差を生んだと言えよう(表-6)。

都市の場合について、表-7で現わしているように大都市、中等都市、小都市の間にも医療格差の存在を確認できる。これらの格差も都市部の医療保険制度が地域によって免責金等の具体内容の違いから発生した格差と考えられる。

(2)農民工医療保険制度と基本医療保険制度間の格差問題

表-8は、農民工医療保険制度と基本医療保険制度間の格差を分析するに当

表8-1　北京市医療保険制度比較1

	年間保険料、保険料の負担		保険料への財政補助の有無	保障範囲	保険を利用できる医療機関
	雇用先	個人			
農民工医療保険	北京市平均月給*0.6*2%*12	なし	なし	入院、救急	4か所を選べる
都市従業員基本医療保険	前年度本人の平均月給*9%*12	前年度本人の平均月給*2%*12	なし	外来、入院、救急	保険病院のすべて
都市住民基本医療保険		老人、障害者300元、児童100元、無職者600元	460元	外来、入院、救急	保険病院のすべて
新型農村合作医療保険		520元（注b）	あり（注c）	外来、入院、救急	保険病院のすべて

注a：個人口座には保険加入者の保険料の一部が振り込まれ、外来費用、救急費用、薬局で購入する薬の薬代及び入院時の免責金の支払いに充てることができる。
注b：新型農村合作医療保険の加入対象は世帯になっているため、世帯の年間保険料は520元*世帯人数
注c：財政補助は区によって多少違いがある。

表8-2　北京市医療保険制度比較2

	外来免責金	入院保険免責金	外来給付率	入院給付率	年間外来最高累計給付額	年間入院最高累計給付額
農民工医療保険		1300元（年度内2回目から650元）		80%〜		5万元
都市従業員基本医療保険	注d	前年度市就業者平均年収*0.1	注d	85%〜	注d	10万元
都市住民基本医療保険	650元	老人・無職者1300元、児童650元	5割	老人・無職者6割、児童7割	2000元	老人・無職者15万元、児童17万元
新型農村合作医療保険	1級病院なし、2、3級病院あり	1級病院なし、2、3級病院あり	3割〜	5割〜	3500元（注e）	18万元

注d：就業者基本医療保険制度では、個人口座が設置され、そこにプールされた保険料で外来費用を賄うために、免責金、給付率、年間外来最高累計給付額を設定していない。
注e：北京市平谷区の給付額である。
出所：新型農村合作医療保険：北京市「北京市衛生局関於推進2009年本市新型農村合作医療統籌補償工作的意見」
　　　都市住民基本医療保険：北京市「北京市人民政府関於印発北京市城鎮住民基本医療保険弁法的通知」京政発[2010]38号
　　　新型農村合作医療保険：「平谷区2010年新型農村合作医療医療統籌補償調整方案」
　　　農民工医療保険：「北京市外地農民工参加基本医療保険暫行弁法」京労社弁発[2004]101号
　　　北京市「関於調整職工基本医療保険和城鎮居民大病医療保険最高支付限額有関問題的通知」

図 - 4　2003〜2008 年齢別入院率（%）

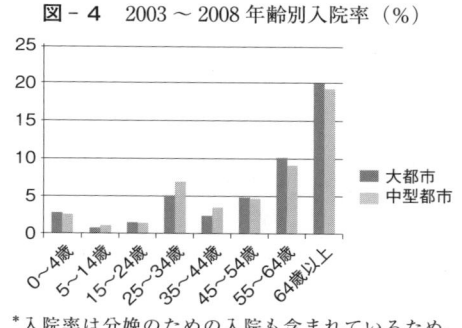

*入院率は分娩のための入院も含まれているため、25〜34歳の年齢層の分娩入院が多いのを受けて、この年齢層の入院率が高くなっていると推測できる。
出所：袁 2011a

図 - 5　2003〜2008 職業別受診率（%）

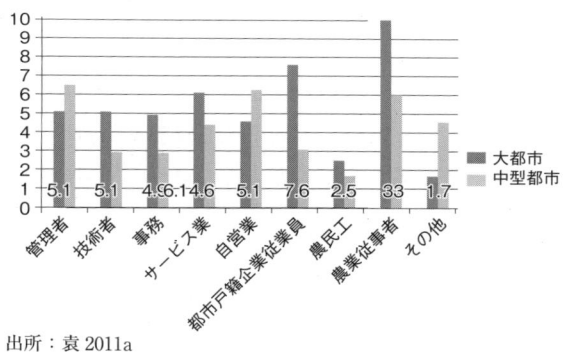

出所：袁 2011a

たり、北京市が現在採用している各医療保険制度を比較してみたものである。表 - 8 から、農民工医療保険制度は他の制度と比べ、幾つかの面で格差が存在することは明らかである。

　まず、農民工医療保険は他の制度に比べ、保障範囲が狭く、外来への保障がない。しかし、図 - 4 が示しているとおり、16歳〜50歳の農民工人口の比率は 96％（袁 2011a）に達し、入院率は低いことが事実である（図 - 4）。北京だけではなく、中央政府の「重病を重点に」という方針の下では、多くの地域の農民工医療保険制度は外来への保障をしていない。これは農民工が他の職業

従業者に比べ低い受診率（図-5）になっている一因であることは否めない。

続いて、保険が利用できる病院が大変限られている。北京での農民工医療保険の利用は4か所に限られている。それ以外の病院になると、全部自己負担になる。これも農民工の受診率に影響を与えた可能性が高い。

最後に、年間最高給付額も全ての医療保険のなかで一番低く、入院給付率は都市従業員基本医療保険に比べると低くなっている。

4．中国医療保険制度格差を是正するために

医療保険制度の格差は医療アクセスの格差の一因であり、早急に解決すべきである。以下、二つの側面から医療保険制度格差の是正について論ずる。

（1）効率重視から公平性重視へ

いままで説明したように、現行の各医療保険制度、効率重視という出発点から、違う制度間および同一制度に対し異なる地域間の免責金、給付最高額、給付率の異なる設計になっている。この効率性を重視する設計が医療格差の一因である。しかし、医療経済学から見ても、このような設計は限られている医療資源・財源の有効利用に果たして本当に役に立っているかどうか疑問が残る。

まず、高レベルの医療機関での受診について高い免責金、低い給付率を設定することで高レベルの病院での受診を控えようと考える患者がどれくらい出てくるかに問題がある。なぜなら、高い医療技術ならばその代替サービスが少な

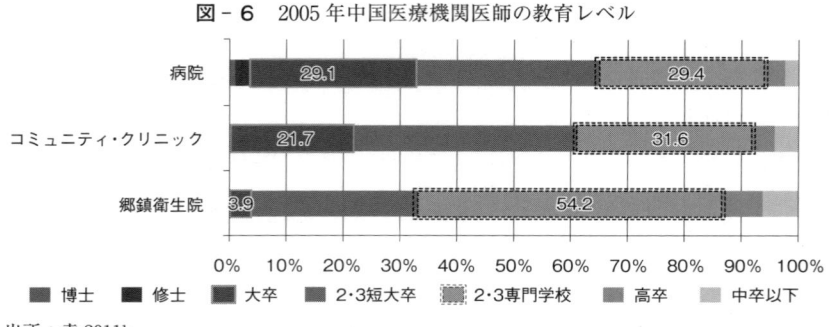

図-6　2005年中国医療機関医師の教育レベル

病院　29.1　29.4
コミュニティ・クリニック　21.7　31.6
郷鎮衛生院　3.9　54.2

0%　10%　20%　30%　40%　50%　60%　70%　80%　90%　100%

■博士　■修士　■大卒　■2・3短大卒　▦2・3専門学校　■高卒　■中卒以下

出所：袁 2011b

いため、価格弾力性が低いのである。また、中国の医療機関に勤める医師の教育レベル状況（図-6）から見ても、この設定では高レベル医療機関での受診量をコントロールできるよい方法ではないことが分かる。

次に、免責金、給付最高額、給付率には医療保険制度がもたらすモラル・ハザードの問題を防ぐという効果も期待されている。しかし、医療サービスに関するモラル・ハザードは医療サービスの需要側にも提供側にも存在する可能性がある。免責金、給付最高額、給付率の設定は需要側に存在するモラル・ハザードに対し一定の効果があるかもしれないが、提供側に対し、抑制力は殆どないと考えられる。特に、保険より医療機関への診療報酬支払方式が出来高払方式（今中国は出来高払方式を採用している）になっている場合、これらの設定はモラル・ハザード防止より保険加入者の受診を妨げる可能性のほうが大きい。

従って、中国の医療保険制度による医療格差を是正するために、下記の私案を提示したい。

1）免責金、給付最高額、給付率の病院レベルによる設定の撤廃

上述したとおり、病院レベルによる免責金、給付最高額、給付率の設定は、技術レベルの高い医療サービスの価格弾力性が低いことや、出来高払方式の下で医療サービス提供側のモラル・ハザードの抑制について無力であって、医療アクセス格差を作り出す以外何ものでもないので、撤廃すべきである。しかし、医療保険制度を採用することがモラル・ハザードの発生を可能にしていることは間違いないので、それを抑制するため、病院レベルに関係なく一定の免責金、給付率を設定することが考えられる。

但し、病院レベルに関係なく免責金、給付率を設定しても、制度間、地域間の設定に大きな差があれば、格差の縮小の実現ができないのである。この制度間、地域間の格差を縮小するため、さらに以下の方法が考えられる。

2）保険料の徴収方式の改善

まず、新農合保険制度の保険料について、現行の一人当たり一律同じ金額を徴収することをやめ、加入家庭の年収に応じて保険料を徴収する必要がある。こうする場合、保険制度の再分配機能が発揮され、制度間の格差、地域間の格

差を縮めることが望める[11]。

　次に、都市従業員基本医療保険と住民基本医療保険の「個人化」を是正すべきである。都市部の医療保険制度は加入対象を世帯ではなく、個人を加入対象にしている。家族は、高齢や病気、失業などの理由により最低限度以下の生活に陥るリスクをプールするという経済的機能がある。従って、個人単位ではなく、家庭を単位にし、保険料を徴収することは現在所得格差がかなり大きい中国の現状にふさわしいやりかたである。これによって、いままで一律非従業員に行き渡った財政補助が援助を必要とする対象に行き渡り、格差を縮小することができる。

3）応益原則重視から扶助原理への重視

　1）、2）の案によって保険料収入の増額が期待され、給付率の向上に繋がり、格差の縮小を期待できるが、制度間の格差について、さらに応益原則重視から扶助原理重視へ踏み切る必要がある。もし、現在の医療保険制度が応益原則を重視のままなら、中国の農村、都市部における経済格差がなくならない限り制度間の格差が存在すると言える。

（2）農民工医療保険制度問題点の解決

　農民工医療保険制度が他の基本医療保険制度との格差、特に地域の都市部従業員基本医療保険制度との格差について、根本の問題点は政府の指針であると考えられる。

　2006年国務院が公布した「農民工問題の解決に関する意見」の中で、農民工の権益について都市戸籍を持つ就業員と同じように取り扱うべきと主張しつつ、医療保障について、農民工重病専用基金の設立を通じ農民工就業期間の重病保障を解決し、条件が整った地域なら仕事が安定している農民工の都市部従業員基本医療保険への加入を勧めるという2重基準を作った。前述した農民工を対象とする各地の医療保険制度は農民工の重病保障のための制度である。この2重基準が存在している限り、格差が存在するであろう。従って、医療保険について、就業者ならば、農村戸籍であろうが都市戸籍であろうが、同じ医療保険制度に加入させることが問題の解決の糸口である。

5．むすび

　医療サービスの特性によって、それを市場メカニズムに委ねる際、病気を患う人々が所得の減少・喪失による医療費の負担能力が低下する一方、医療技術の進歩は医療コストを上昇させ、患者の支払い能力と医療費のギャップが拡大する、という医療ニーズとコストの負担の不適合が度々生じる。この「市場の失敗」を解消するため、多くの国では医療保険制度を通じ、負担能力とコストのバランスを取っている。また、医療保険制度は所得再分配の機能も持っている。この再分配機能によって医療機会の均等化が図れる。

　中国も医療保険制度を実施する国の一つである。しかし、経済体制の変化に対応し設計してきた制度が大きな格差を生むことになっている。まず、中国医療保険制度の3つの柱とされている新農合保険、都市従業員基本医療保険、都市住民基本医療保険について、制度間の格差と個々の制度における地域間の格差が存在している。これらの格差の原因は医療保険制度を設計する際、効率重視を優先し、公平性の追求を軽視したことにあると考えられる。しかし、効率重視で採用している病院レベルによる免責金、給付率などの設定は高い技術レベルの医療サービスの価格弾力性、医療提供側によるモラル・ハザードの可能性等によって医療資源・財源の効率的利用にどれほど貢献があったかという疑問を持たれたまま、一目瞭然の制度による医療格差をもたらしている。また、現行制度の保険料徴収方式にも公平性に欠けている側面がある。新農合では加入世帯の所得を考えず、一人当たり一律の保険料を徴収していることや都市部の医療保険制度は個人での加入という形をとることで、再分配機能の妨げとなり、医療格差の原因になりかねないのである。さらに、制度間の格差の一番大きな原因として応益原則重視である。

　3大基本医療保険制度における格差の他、農民工医療保険制度と3大基本医療保険制度間にも格差が存在する。多くの農民工は都市部で同じ仕事を従事している都市戸籍を持つ就業員に比べ、受けられる医療保険の内容が劣っている。この問題は戸籍制度による問題と考え、戸籍制度の改革から解決するという考えも間違いではないが、戸籍で区別せず、就業者ならば、一律従業員基本医療

保険に加入させるという策は現段階での一番手早く格差を無くす方法であるかもしれない。

本稿では、現行中国医療保険制度による格差を分析し、改善案を提示した。しかし、ある国の医療保険制度がその国の医療保障システムの一部に過ぎないことを忘れてはいけない。多くの国の場合、医療保険制度以外に、医療・保健サービスの提供システムや、薬価制度等も医療アクセスの向上に深く関わっている。さらに、この幾つかの制度はお互いに関連性を持っているため、制度間の協調性を重視する必要がある。中国も同じである。本稿は医療保険制度に限って医療格差について説明してきたが、実際、中国の医療保険制度は医療提供システム、薬価制度に深い関係を持ち、医療提供システム、薬価制度の同時改革がなければいくらよい医療保険制度ができても、医療格差の解消には繋がらないことであろう[12]。2010年から、中国は新たに医療体制の整備を行って、医療保険制度、病院改革、薬価制度について制度の調整が行われている。これからもこれらの動きが医療制度の改革、改善をもたらす整合性のあるものであるかどうか厳しく考察していく必要がある。

注

1) はだしの医者：中国語で"赤脚医生"と呼ばれ、中学校を卒業した農村の若者が大学、研究病院で半年の医療教育を受けて、農村に戻り、上級医療機関の医師の指導を受けながら予防保健、医療行為を行う人々のことである。1985年、郷村医生と呼ばれるようになった。
2)「2008 中国衛生サービス調査研究」143 頁
3) 中国語で新型農村合作医療制度、城鎮職工基本医療保険制度、城鎮居民基本医療保険制度と言う。
4) 1 人民元 = 10 角
5)「関於建立城鎮職工医療保険制度的決定」、中国国務院、1998 年
6) 本文では狭義の農民工を研究対象とする。広義的には、農民工は故郷を離れ都市部で働く人々だけではなく、故郷から離れず農業以外の仕事に従事する人々も含まれる。
7)「戸籍登録条例」が公布されるまで、戸籍に関する規定は 1951 年に公安部が公布した「都市戸籍管理暫時的条例（城市戸口管理暫行条例）」、1955 年国務院全体会議第 11 次会議が認めた「経常戸籍登録制度の設置に関する国務院の指示（国務院関

第 14 章　中国の医療保険制度における医療格差の是正に向けて　　259

　　於経常戸口登記制度的指示)」がある。
8)『都市部従業員基本医療保険制度の設立に関する国務院決定』1998
9) 中国国務院　2006
10) 東莞市では、都市部従業員医療保険制度を、総合医療保険と入院医療保険とに分け、農民工は入院医療保険に入ることになっていて、事実上は農民工医療保険制度と同じである。深圳市も同じ状況である。
11) 新型農村合作医療制度は任意加入になっているため、家庭収入に応じ保険料を徴収する場合、逆選択現象を考慮して、強制加入に変更することが必要となる。
12) 中国医療提供システムの問題点について『山口経済学雑誌』59巻3号「中国医療提供システムの展開とその課題について」を参考願いたい。

参考文献

陳佳貴、『中国社会保障発展報告 1997-2001』、社会科学文献出版社、2001、279-280 頁、282-283 頁

杜長宇、「開放視角下我国多元基本医療保険体制的辯証分析」、『中国衛生政策研究』、2010.7、34、35 頁

袁麗暉 (2010a)、「中国の医療保険制度における医療格差問題」、『山口経済学雑誌』59 巻 1・2 号、2010、83-106 頁

袁麗暉 (2010b)、「中国医療提供システムの展開とその課題について」、『山口経済学雑誌』59 巻 3 号、2010、103-125 頁

中国衛生部信息中心、『2008 中国衛生服務調査研究』、中国協和医科大学出版社、2009.11、57、61、64 頁

中国衛生部、『2010 中国衛生統計年鑑』、ネット版

陳佳貴・王延中、『中国社会保障発展報告 2007』、社会科学文献出版社、2007

中国国務院 「都市へ就労する農民に対する管理に関する通知（国務院弁公庁関於做好農民進城務工就業管理和服務工作的通知)」、国弁発［2003］1 号、2003

中国国務院、「農民工問題の解決に関する意見」、2006

中国労働・社会保障部「混合所有制企業と非公有制経済団体の就業者の医療保険加入の推進問題に関する意見（関於推進混合所有制企業和非公有制経済組織従業人員参加医療保険的意見)」 労社庁発［2004］5 号、2004 年

張英莉、「新中国の戸籍管理制度（上)」、『埼玉学園大学紀要（経営学部篇)』、19〜32 頁、No.4

堀井敬太、「中国の戸籍制度と労働力管理政策について」、『同志社政策学研究』、11〜13 頁、2006.07

福島淑彦、王輝、「中国の二重労働経済と経済発展」、『NUCB JOURNAL OF ECONOMICS AND INFORMATION SCIENCE』Vol.49 No.2、323〜338 頁、2005.03

厳善平、「農民工問題の諸相」、『東亜』、72 〜 83 頁、2007.03
中国国家統計局、「2009 年農民工観測調査報告」、2010.03
肖瑶等、「基於深圳市外来農民工医療保険模式的研究」、『中国衛生事業管理』、No.263、333 〜 336 頁、2010
石広偉・于紅、「農民工医療保険模式分析」、『中国衛生経済』、29 巻 7 号、17 〜 19 頁、2010
李玫・楊潔敏、「我国城市流動人口医療保障模式比較研究」、『人口研究』、33 巻 3 号、99 〜 106 頁、2009
北京市、「北京市外地農民工参加基本医療保険暫行弁法」、京労社弁発［2004］101 号
北京市、「関於調整職工基本医療保険和城鎮居民大病医療保険最高支付限額有関問題的通知」
上海市政府、「上海市外来就業者総合保険暫行弁法」上海市人民政府令　第 34 号、2004.08
上海市政府、「上海市城鎮職工基本医療保険弁法」　2008.03
寧波市政府、「関於印発寧波市外来務工人員社会保険暫行弁法的通知」甬政発［2007］101 号、2007.10.15
関於建立東莞市社会基本医療保険制度的通知　東府［2008］51 号
中国国家統計局「2009 年農民工監測調査報告」、2010

執筆者紹介 （執筆順）

序文・第2章
横田伸子（奥付参照）

第1章
塚田広人（奥付参照）

第3章
陳建平（ちんけんぺい）：山口大学 経済学部 教授

第4章
石井由理（いしいゆり）：山口大学 教育学部 教授

第5章
岩田正美（いわたまさみ）：日本女子大学 人間社会学部 教授

第6章
チャン・ジヨン（張芝延）：韓国労働研究院 研究委員

第7章
厳善平（げんぜんへい）：同志社大学大学院グローバル・スタディーズ研究科教授

第8章
遠藤公嗣（えんどうこうし）：明治大学商学部 教授

第9章
ウン・スミ（殷秀美）：大韓民国 国会議員、前 韓国労働研究院研究委員

第10章
上原一慶（うえはらかずよし）：大阪商業大学経済学部教授、大阪商業大学 比較地域研究所所長、京都大学経済学部名誉教授

第11章
野村正實（のむらまさみ）：明治大学特別招聘教授

第12章
福田吉治（ふくだよしはる）：山口大学 医学部地域医療推進学教授

第13章
ペク・ヨンギョン（白英瓊）：韓国放送通信大学校文化教養学科 准教授

第14章
袁麗暉（えんれいき）：山口大学経済学部 専任講師

訳者紹介

第6章　チャン・ジヨン論文
　　　　佐藤静香（さとうしずか）：東北大学経済学研究科　客員准教授

第9章　ウン・スミ論文
　　　　ムン・スンシル（文純実）：中央大学商学部　助教

第13章　ペク・ヨンギョン論文
　　　　宮川卓也（みやがわたくや）：ソウル大学校科学史・科学哲学協同課程　助教

《編著者紹介》

横田伸子（よこた　のぶこ）
　山口大学大学院東アジア研究科　教授
　津田塾大学学芸学部国際関係学科卒業
　ソウル大学校社会科学大学博士課程修了（経済学博士）
　《主要論文・著書》
　「韓国における労働市場の柔軟化と非正規労働者の規模の拡大」法政大学大原社会問題研究所『大原社会問題研究所雑誌』No.535、2003年6月号.
　「1990年代以降の韓国における労働力の非正規化とジェンダー構造」法政大学大原社会問題研究所『大原社会問題研究所雑誌』No.632、2011年6月号.
　『韓国の都市下層と労働者―労働の非正規化を中心に―』ミネルヴァ書房、近刊.

塚田広人（つかだ　ひろひと）
　山口大学経済学部　教授
　一橋大学経済学研究科博士後期課程単位取得退学
　PhD（Sociology, Copenhagen University）
　《主要著書》
　『社会システムとしての市場経済』成文堂（単著）、1998年
　Economic Globalization and the Citizens' Welfare State, Ashgate（単著）、2002年

山口大学大学院東アジア研究科　東アジア研究叢書　1
東アジアの格差社会

2012年8月30日　第1版第1刷発行

編著者　　横田伸子・塚田広人
（Ⓒ山口大学・遠藤公嗣〔第8章〕2012年）

発行者　　橋　本　盛　作

発行所　　株式会社 御茶の水書房

〒113-0033 東京都文京区本郷5-30-20
電話 03(5684)0751, FAX 03(5684)0753

印刷／製本：東港出版印刷

定価はカバーに表示してあります
乱丁・落丁はお取替えいたします。

Printed in Japan
ISBN978-4-275-00985-2　C3036

「貧困」の社会学――労働者階級の状態	鎌田とし子 著	菊判・四二〇〇円
日鋼室蘭争議三〇年後の証言	鎌田　鎌田哲宏・とし子 著	A5判・六七三〇円
地域産業変動と階級・階層	布施鉄治 編著	A5判一五〇六〇円
現代日本における不安定就業労働者	加藤佑治 著	A5判・八五四〇円
労働時間短縮――その構造と理論	下山房雄・大須賀哲夫 著	A5変・一八二一〇円
ドイツ労資関係史論	野村正實 著	A5判・六五三五〇円
イギリスの炭鉱争議（一九八四～八五年）	早川征一郎 著	A5判・六二三四〇円
在日朝鮮人女性による「下位の対抗的な公共圏」の形成	徐阿貴 著	A5判・五四二九〇円
現代中国の移住家事労働者	大橋史恵 著	A5判・三二七八〇円
新自由主義と労働	法政大学大原社会問題研究所　鈴木玲 編	A5判・四二三二〇円

御茶の水書房
（価格は消費税抜き）